经济学实验系列教材
总编 杨灿明

Economics Experiment Series

# 证券投资实验教程

Securities Investment Experiment Course

（第二版）

李建华 张 戡 编著

中国财经出版传媒集团
经济科学出版社
Economic Science Press

**图书在版编目（CIP）数据**

证券投资实验教程/李建华，张戬编著．—2版．—北京：经济科学出版社，2020.12
ISBN 978－7－5218－2246－5

Ⅰ．①证…　Ⅱ．①李…②张…　Ⅲ．①证券投资－高等学校－教材　Ⅳ．①F830.91

中国版本图书馆CIP数据核字（2020）第263921号

责任编辑：于海汛　李　林
责任校对：隗立娜
责任印制：李　鹏　范　艳

**证券投资实验教程**
**（第二版）**
李建华　张　戬　编著
经济科学出版社出版、发行　新华书店经销
社址：北京市海淀区阜成路甲28号　邮编：100142
总编部电话：010－88191217　发行部电话：010－88191522
网址：www.esp.com.cn
电子邮箱：esp@esp.com.cn
天猫网店：经济科学出版社旗舰店
网址：http://jjkxcbs.tmall.com
北京密兴印刷有限公司印装
710×1000　16开　21.75印张　390000字
2021年1月第2版　2021年1月第1次印刷
ISBN 978－7－5218－2246－5　定价：58.00元
**（图书出现印装问题，本社负责调换。电话：010－88191510）**

# 总　序

实验教学是高等教育的一个重要组成部分，是培养大学生实践能力的重要环节之一，它与理论教学共同构成了高校完整的人才培养体系。

我国经济管理实验教学起步于20世纪50年代，其发展过程可以分为三个阶段。

第一个阶段是20世纪90年代以前。从1953年开始，随着工业经济、商业经济、农业经济等传统部门经济学科的设立，我国一些高校就相继建立了工业技术实验室、农业技术实验室、商品学实验室和财务会计实验室。这些实验室拥有当时国内外比较先进的实验设备，为培养新中国经济管理人才发挥了重要作用。

1977年，国家恢复高考制度以后，我国高等教育进入了一个发展的新时期。随着各高校经济管理专业恢复招生，许多高校在充实和加强原有实验室的基础上，随着商品养护、经济信息等新兴的交叉学科的建立，还相继建成了商品养护实验室、信息管理实验室等。

在这一阶段，我国的经济管理实验教学有两个特点。一是实验教学依附于理工类课程。20世纪50年代以来，我国经济管理专业都不同程度地开设了理工类课程，如工业经济专业的冶金工业技术学、机械工业技术学、纺织工业技术学、电工学、电子学、机械制图；商业经济专业的商品学等，这些课程都有相应的实验教学内容。二是实验的目的主要不是培养学生从事经济管理的直接动手能力，而是提高学生对生产技术与流程的感性认识。学生从事经济管理实际工作能力的培养，主要是通过校内实习工厂、农场、商店、银行进行的。

20世纪90年代至2000年是我国经济管理实验教学发展的第二个阶段。这一阶段，电脑技术的普及带来了教育技术的革命性变化，为了在经济管理人才培养中广泛利用现代信息技术，我国高校在加强原有实验室建设的基础上，又先后建立了电算化会计实验室、电子商务、财政税务、银行证券、保险、宏观经济分析、ERP等实验室。

这时我国经济管理实验教学呈现出两个新的特点。一是实验教学不再局限于理工类课程，经济管理课内实验项目逐步建立起来，如企业薪酬制度设计、ERP、电子商务、财政税收、证券投资分析、项目评估、企业竞争模拟、电算化会计等方面的应用软件在教学中得到了广泛的应用。二是电脑成为实验教学的主要工具。

进入21世纪以来是我国经济管理实验教学发展的第三个阶段。国家对创新型人才的需求凸显出来，胡锦涛总书记明确提出要把“建设创新型国家作为面向未来的重大战略”。这一战略给高校提出了培养创新型人才的要求。创新型人才不仅要有精深的理论知识，而且要有较强的实践能力。为此，教育部于2005年启动了“质量工程”建设，并把加强实验教学体系的建设列入了质量工程的一项重要内容。

在质量工程的推动下，我国高校的经济管理实验教学发生了巨大的变化。这时，实验教学的目的已不再局限于验证理论。强化学生对理论的感知，培养学生的实践能力和创新能力已成为实验教学的首要目的。同时，实验教学逐步摆脱对理论教学的依附，独立的实验课程逐步形成，并纳入了本科全程培养方案，独立的实验课程与理论课内实验相结合的实验教学体系逐步形成。

新的实验教学体系建设中，教材建设处于龙头地位，因为教材是体现教学内容和教学方法的知识载体，是教学的基本工具，也是深化教学改革，培养创新型人才的保证。中南财经政法大学经济管理实验教学中心于2007年获批国家级示范中心建设单位以后，一直把教材建设摆在重要位置。在教育部的领导和兄弟院校的帮助下，我们立足于传统的实验教学基础，秉承教育部“以学生为本、知识传授、能力培养、素质提高、协调发展的教育理念和以能力培养为核心的实验教学观念”，在实验教学队伍的建设，实验室硬件与软件的建设，综合型、设计型、应用型实验项目的开发，多元化的实验教学模式、科学的实验教学管理体制的建设等方面又做了大量的探索，并取得了长足的进展，为我们面向社会推出高质量的实验教材奠定了坚实的基础。

经济学实验系列教材和管理学实验系列教材的推出，是我校经济管理实验教学体系建设中的一项重要成果。其中经济学实验系列教材主要包括《经济学实验教程》《政府采购实验教程》《证券投资实验教程》《财税实验教程》《统计数据分析实验教程》等，管理学实验系列教材包括《人力资源管理实验教程》《电子商务实验教程》《企业资源计划实验教程》《审计实验教程》《管理科学实验教程》等。根据教育部确立的实验教学理念，我们编写这两套系列教材时，注重彰显三个特点：

第一，坚持传授知识、培养能力、提高素质协调发展教育理念，在内容选择和教学方法上，注重学生探索精神、科学思维、实践能力和创新能力的培养，形成与理论教学既有机结合，又相对独立的统筹协调的氛围。

第二，从人才培养体系整体出发，建立以能力培养为主线，分层次、多模块、相互衔接的科学系统的实验项目体系，实验项目的选择考虑基础与前沿、经典与现代的有机结合。注重提高综合性、设计性和创新性实验项目的比重。

第三，在倡导多种实验教学方法和手段的同时，注重引入、集成现代信息技术手段的应用；注重与实践的紧密结合；充分体现学生在学习中的中心地位。

现代意义上的实验教学在我国还是一个新生事物，一切还在探索之中。我们推出这两套系列教材，既是为了满足我校经济管理人才培养的需要，也是希望通过这两套教材与兄弟院校共享我们的教学资源，为推动我国高校经济管理实验教学的发展和人才培养质量的提升做出我们的一点贡献。在编写这两套系列教材的过程中，我们深感责任重大，学校和经济科学出版社给予了大力的支持和帮助，使这项工作得以顺利进行。最后希望使用本系列教材的广大师生能有所收获，并给教材的进一步完善提出宝贵的意见。

**编委会**

2010 年 4 月于中南财经政法大学

# 第二版前言

本书第一版问世以来，受到了众多读者的广泛好评，多所高校将本书作为课程指定教材，不少证券从业人员将本书作为业务参考书，一些个人投资者将本书作为证券投资的重要参考资料。读者在使用本书的过程中，提出了很多积极的修改建议，期待作者进一步完善本书。

近十年来，中国证券市场飞速发展，无论是从交易品种、交易规模还是投资者数量上来说，都已位居世界前列。与此同时，中国证券市场的基础性制度安排也发生了重大变化，《证券法》《公司法》以及交易所的交易规则已经进行了数轮修改。中国证券市场在整体架构和制度体系方面日趋成熟和规范，在市场功能方面不断得到完善，在国民经济中发挥着举足轻重的作用。

因此，本书第二版需要与时俱进，以充分地满足读者的需要，适应新时代证券市场的发展。第二版主要进行了以下修订：(1) 大幅修订了各实验单元的内容。一是根据最新的交易规则，修改了相关实验的操作方法和操作流程；二是根据最新的学术研究成果和证券市场的发展状况，更新了各实验单元的知识点；三是以同花顺软件为例，更新了常用证券分析软件的功能介绍；四是增补更新了各实验单元的综合思考题。(2) 设计了新的实验单元。为了满足近年来迅猛增长的证券市场衍生品交易和量化交易实践的需要，结合证券市场的主流发展趋势，设计了有关金融衍生品和量化交易的实验单元。(3) 修订了第一版的少量文字性错误。在具体分工上，李建华副教授完成了第二、第三、第六、第十实验单元的修订，新增编写了第八实验单元“金融衍生工具与风险管理实践”；张戬副教授完成了第一、第四、第五、第七实验单元的修订，新增编写了第九实验单元“量化投资实践”。

希望第二版教材在证券投资实验与实践方面能为广大读者和授课老师提供更好的服务，也希望读者们喜欢第二版教材并继续提出宝贵意见。

李建华　张戬

2020 年 12 月于武昌

# 第一版前言

创新能力和实践能力的培养是现代高等教育最重要的培养目标之一，这种能力的培养方式之一就是开设实验课。随着我国资本市场突飞猛进的发展，投资者从事证券投资活动日益普遍和频繁。为了适应社会对专业人才的需求，国内财经类高校各专业都普遍开设了证券投资学课程，相应的证券投资实验教学也发展很快，这不仅延伸和拓展了证券投资理论教学的内容，同时，也增强了学生学习的积极性和主动性，培养了学生理论联系实际的能力和创新精神。在高校经济管理类实验科目中，证券投资实验环境是最贴近证券市场实际运行环境的实验课程之一。随着互联网和免费证券分析软件的应用和普及，开展证券投资实验教学的成本越来越低。通过实践教学，模拟证券投资活动的各个环节和投资决策过程，体会证券市场的风云突变和投资者心理变化过程，对于学生更深刻地理解和把握证券投资理论与方法具有重要的意义。

为了满足高等财经院校金融学、投资学等专业《证券投资学》和《证券投资分析》等课程开展实验教学的需要，我们编著了这本《证券投资实验教程》。本教程是我们在近十年证券投资实验教学实践的基础上凝练而成的，是对财经类高校证券投资实验教学的一种积极尝试。

本教程由李建华副教授、张戡副教授共同拟订大纲并编著而成。全书共分为八个实验单元，其中第一、第二实验单元是基础篇，第三、第四、第五实验单元是分析篇，第六、第七实验单元是理论篇，第八实验单元为综合性投资实践篇。其中，李建华副教授编写了第二、第三、第六、第八实验单元，张戡副教授编写了第一、第四、第五、第七实验单元。

本书在编写过程中，得到了中南财经政法大学新华金融保险学院、中南财经政法大学经济与管理国家级实验示范中心的领导和同事们的大力支持和热情帮助，本校投资学专业2008级硕士研究生张磊、李晓娟、李嵩、赵大恒以及金融学专业2008级硕士研究生龙科君、李亚白和何露为本书的资料收集、图表制作提供了帮助，在此，我们一并致谢。

本书的编写参考了国内外相关学者的研究成果和观点资料，具体情况参见书末的参考文献清单，在此，编著者致以诚挚的谢意！

鉴于编著者水平有限，加之时间匆促，本书第一版难免存在错误、遗漏或不足之处，恳请各位读者不吝赐教，相关意见和建议可以直接发送编著者的信箱：ljh9001@163.com 或 zhangkan@znufe.edu.cn，也可通过出版社传达，我们将在本书再版时加以修订和完善。

李建华　张戡

2009 年 11 月于武昌

# 目　录

第一
实验单元

# 证券投资预备知识

## 实验目的

1. 了解全球主要证券市场的基本概况及主要交易品种；
2. 熟悉证券交易的主要程序；
3. 比较不同交易制度的差异；
4. 掌握实验报告的撰写方法。

## 本单元知识要点

### 一、中国内地主要证券市场与交易品种

#### （一）中国内地主要证券市场

**1. 上海证券交易所**

上海证券交易所成立于1990年11月26日，同年12月19日开业，归属中国证监会直接管理。其主要职能包括：提供证券交易的场所和设施；制定证券交易所的业务规则；接受上市申请，安排证券上市；组织、监督证券交易；对会员、上市公司进行监管；管理和公布市场信息。

上证所市场交易采用电子竞价交易方式，所有上市交易证券的买卖均须通过电脑主机进行公开申报竞价，由主机按照价格优先、时间优先的原则自动撮合成交。

经过多年的持续发展，上海证券市场已成为中国内地首屈一指的市场，一大批国民经济支柱企业、重点企业、基础行业企业和高新科技企业通过上市，筹集了发展资金，转换了经营机制。

2019年6月13日，上交所正式推出科创板。2019年7月22日，科创板首批公司上市。科创板是独立于主板市场的新设板块，设立科创板并试点注册制是提升服务科技创新企业能力，增强市场包容性，强化市场功能的一项资本市场重大改革举措。通过发行、交易、退市、投资者适当性、证券公司资本约束等新制度

以及引入中长期资金等配套措施，增量试点、循序渐进，新增资金与试点进展同步匹配，有助于在科创板实现投融资平衡、一二级市场平衡、公司的新老股东利益平衡，并促进市场形成良好预期。

**2. 深圳证券交易所**

深圳证券交易所（以下简称“深交所”）成立于1990年12月1日，是为证券集中交易提供场所和设施，组织和监督证券交易，实行自律管理的法人，由中国证监会直接监督管理。深交所致力于多层次证券市场的建设，努力创造公开、公平、公正的市场环境。主要职能包括：提供证券交易的场所和设施；制定本所业务规则；接受上市申请、安排证券上市；组织、监督证券交易；对会员和上市公司进行监管；管理和公布市场信息；中国证监会许可的其他职能。

作为中国内地两大证券交易所之一，深交所自成立以来，借助现代技术条件，建成了辐射全国的证券市场，累计为国民经济筹资4000多亿元，对建立现代企业制度、推动经济结构调整、优化资源配置、传播市场经济知识，起了十分重要的促进作用。

2004年5月，深交所在主板市场内设立中小企业板块。自成立以来，中小企业板在推动中小企业规范发展、支持自主创新国家战略、激活民间投资、促进区域经济协调发展、带动就业和创业方面，发挥了积极作用。

2009年10月，深交所开设了创业板市场，首批28家创业板公司于2009年10月30日集中在深交所挂牌上市。创业板市场是主板市场的二板证券市场，在上市门槛、监管制度、信息披露、交易者条件、投资风险等方面和主板市场有较大区别（参见表1－1），其目的主要是扶持中小企业，尤其是高成长性企业，给中小企业提供更方便的融资渠道，为风险投资和创投企业建立正常的退出机制，为自主创新国家战略提供融资平台，推动多层次的资本市场体系建设。

**表1－1　主板、中小板、创业板和科创板上市条件的比较**

| 项目 | 主板 | 中小板 | 创业板 | 科创板 |
| --- | --- | --- | --- | --- |
| 市场类型 | 场内市场 | 场内市场 | 场内市场 | 场内市场 |
| 公司类型 | 大型成熟企业 | 中型企业 | 高成长性、创新型企业、中小企业 | 成长型科创企业 |
| 上市制度 | 核准制 | 核准制 | 核准制 | 注册制，上交所负责审核，证监会20天决定是否注册 |

续表

| 项目 | 主板 | 中小板 | 创业板 | 科创板 |
|---|---|---|---|---|
| 存续期 | 3 年 | 3 年 | 3 年 | 3 年 |
| 盈利要求 | 最近 3 个会计年度连续盈利，且累计净利润 >3000 万元；或营业收入累计 >3 亿元 | | 最近 2 年连续盈利，累计净利润 ≥ 1000 万元；或者最近 1 年盈利，最近 1 年营业收入 ≥ 5000 万元 | 允许符合科创板定位的、尚未盈利或存在累计为弥补亏损的企业上市，按照市值指定 5 套标准：<br>（一）预计市值 ≥10 亿元，最近两年净利润均为正且累计净利润不低于人民币 5000 万元或最近一年净利润为正且营业收入不低于人民币 1 亿元；<br>（二）预计市值 ≥15 亿元，最近一年营业收入不低于人民币 2 亿元，且最近三年研发投入合计占最近三年营业收入的比例不低于 15%；<br>（三）预计市值 ≥20 亿元，最近一年营业收入不低于人民币 3 亿元，且最近三年经营活动产生的现金流量净额累计不低于人民币 1 亿元；<br>（四）预计市值 ≥30 亿元，且最近一年营业收入不低于人民币 3 亿元；<br>（五）预计市值 ≥40 亿元，主要业务或产品需经国家有关部门批准，市场空间大，目前已取得阶段性成果，并获得知名投资机构一定金额的投资。医药行业企业需取得至少一项一类新药二期临床试验批件，其他符合科创板定位的企业需具备明显的技术优势并满足相应条件 |
| 现金流要求 | 最近 3 个会计年度经营活动现金流量净额累计 >5000 万元 | | 无 | |
| 净资产要求 | 最近一期末无形资产占净资产比 ≤20%；最近一期末不存在未弥补亏损 | | 最近一期末净资产 ≥ 2000 万，且不存在未弥补亏损 | |

**3. 中国金融期货交易所**

中国金融期货交易所是经国务院同意，中国证监会批准，由上海期货交易所、郑州商品交易所、大连商品交易所、上海证券交易所和深圳证券交易所共同发起设立的金融期货交易所。中国金融期货交易所于 2006 年 9 月 8 日在上海成立，注册资本为 5 亿元人民币。中国金融期货交易所的成立，对于深化金融市场改革，完善金融市场体系，发挥金融市场功能，具有重要的战略意义。

中国金融期货交易所的主要职能是：组织安排金融期货等金融衍生品上市交易、结算和交割；制定业务管理规则；实施自律管理；发布市场交易信息；提供技术、场所、设施服务；中国证监会许可的其他职能。

中国金融期货交易所采用电子化交易方式，不设交易大厅和出市代表。金融期货产品的交易均通过交易所计算机系统进行竞价，由交易系统按照价格优先、时间优先的原则自动撮合成交。

中国金融期货交易所实行结算会员制度，会员分为结算会员和非结算会员，结算会员按照业务范围分为交易结算会员、全面结算会员和特别结算会员。实行结算会员制度，形成多层次的风险控制体系，强化了中国金融期货交易所的整体抗风险能力。

## （二）上海证券交易所交易品种

### 1. 股票

上海证券交易所的股票品种包括 A 股和 B 股。

A 股的正式名称是人民币普通股票。它是由我国境内的公司发行，供境内机构、组织或个人（不含台、港、澳投资者）以人民币认购和交易的普通股股票。A 股不是实物股票，以无纸化电子记账，实行“T+1”交割制度，有涨跌幅限制，参与投资者为中国大陆机构或个人。

B 股，即人民币特种股票，是以人民币标明流通面值，以外币认购和交易的特种股股票。

### 2. 证券投资基金

上海证券交易所的上市基金包括封闭式基金和交易所交易基金（ETF）。

封闭式基金是指基金的发起人在设立基金时，限定了基金单位的发行总额，筹足总额后，基金即宣告成立，并进行封闭，在一定时期内不再接受新的投资。基金单位的流通采取在证券交易所上市的办法，投资者日后买卖基金单位，都必须通过证券经纪商在二级市场上进行竞价交易。封闭式基金属于信托基金，是指规模在发行前已确定、在发行完毕后的规定期限内固定不变并在证券市场上交易的基金。

ETF 是一种跟踪“标的指数”变化，且在证券交易所上市交易的基金。投资人可以如买卖股票那么简单地去买卖跟踪“标的指数”的 ETF，并可以获得与该指数基本相同的报酬率。

ETF 通常由基金管理公司管理，基金资产为“一篮子”股票组合，组合中的股票种类与某一特定指数（如上证 50 指数）包含的成份股票相同，股票数量比例与该指数的成份股构成比例一致。例如，上证 50 指数包含中国联通、浦发银行等 50 只股票，上证 50 指数 ETF 的投资组合也应该包含中国联通、浦发银行等 50 只股票，且投资比例同指数样本中各只股票的权重对应一致。概括地说，指数不变，ETF 的股票组合不变；指数调整，ETF 投资组合要作相应调整。

### 3. 债券

上海证券交易所上市债券分为债券现货和债券回购两大类。其中，债券主要包括国债、地方政府债、企业债、公司债、可转换债券等品种。

国债是中央政府为筹集财政资金而发行的一种政府债券，是中央政府向投资者出具的、承诺在一定时期支付利息和到期偿还本金的债权债务凭证。

企业债券是企业依照法定程序发行并约定在一定期限内还本付息的有价证券。而金融债券是由银行和非银行金融机构依照法定程序发行并约定在一定期限内还本付息的有价证券。

公司债券，是指公司依照法定程序发行、约定在一年以上期限内还本付息的有价证券。

可转换公司债券（简称“可转换债券”）是指发行人依照法定程序发行，在一定期限内依据约定的条件可以转换为股份的公司债券。

债券回购交易是指债券买卖双方在成交的同时就约定于未来某一时间以某一价格双方再进行反向交易的行为。

**4. 股票期权**

股票期权合约为交易所统一制定的、规定买方有权在将来特定时间以特定价格买入或者卖出约定股票或者跟踪股票指数的交易型开放式指数基金（ETF）等标的物的标准化合约。

上证 50ETF 是以上证 50 指数成份股为标的进行投资的指数型基金。50ETF 期权则是指以上证 50ETF 为标的资产的期权。2015 年 2 月 9 日，上海证券交易所推出 50ETF 期权产品，该产品的基本条款如表 1－2 所示。

表 1－2　　上证 50ETF 期权合约基本条款

| | |
|---|---|
| 合约标的 | 上证 50 交易型开放式指数证券投资基金（“50ETF”） |
| 合约类型 | 认购期权和认沽期权 |
| 合约单位 | 10000 份 |
| 合约到期月份 | 当月、下月及随后两个季月 |
| 行权价格 | 9 个（1 个平值合约、4 个虚值合约、4 个实值合约） |
| 行权价格间距 | 3 元或以下为 0.05 元，3 元至 5 元（含）为 0.1 元，5 元至 10 元（含）为 0.25 元，10 元至 20 元（含）为 0.5 元，20 元至 50 元（含）为 1 元，50 元至 100 元（含）为 2.5 元，100 元以上为 5 元 |
| 行权方式 | 到期日行权（欧式） |
| 交割方式 | 实物交割（业务规则另有规定的除外） |
| 到期日 | 到期月份的第四个星期三（遇法定节假日顺延） |

续表

| | |
|---|---|
| 行权日 | 同合约到期日，行权指令提交时间为9：15～9：25，9：30～11：30，13：00～15：30 |
| 交收日 | 行权日次一交易日 |
| 交易时间 | 上午9：15～9：25，9：30～11：30（9：15～9：25为开盘集合竞价时间）<br>下午13：00～15：00（14：57～15：00为收盘集合竞价时间） |
| 委托类型 | 普通限价委托、市价剩余转限价委托、市价剩余撤销委托、全额即时限价委托、全额即时市价委托以及业务规则规定的其他委托类型 |
| 买卖类型 | 买入开仓、买入平仓、卖出开仓、卖出平仓、备兑开仓、备兑平仓以及业务规则规定的其他买卖类型 |
| 最小报价单位 | 0.0001元 |
| 申报单位 | 1张或其整数倍 |
| 涨跌幅限制 | 认购期权最大涨幅 = max{合约标的前收盘价×0.5%，min[（2×合约标的前收盘价－行权价格），合约标的前收盘价]×10%}<br>认购期权最大跌幅 = 合约标的前收盘价×10%<br>认沽期权最大涨幅 = max{行权价格×0.5%，min[（2×行权价格－合约标的前收盘价），合约标的前收盘价]×10%}<br>认沽期权最大跌幅 = 合约标的前收盘价×10% |
| 熔断机制 | 连续竞价期间，期权合约盘中交易价格较最近参考价格涨跌幅度达到或者超过50%且价格涨跌绝对值达到或者超过5个最小报价单位时，期权合约进入3分钟的集合竞价交易阶段 |
| 开仓保证金最低标准 | 认购期权义务仓开仓保证金 = [合约前结算价 + max(12%×合约标的前收盘价－认购期权虚值，7%×合约标的前收盘价)]×合约单位<br>认沽期权义务仓开仓保证金 = min[合约前结算价 + max(12%×合约标的前收盘价－认沽期权虚值，7%×行权价格)，行权价格]×合约单位 |
| 维持保证金最低标准 | 认购期权义务仓维持保证金 = [合约结算价 + max(12%×合约标的收盘价－认购期权虚值，7%×合约标的收盘价)]×合约单位<br>认沽期权义务仓维持保证金 = min[合约结算价 + max(12%×合标的收盘价－认沽期权虚值，7%×行权价格)，行权价格]×合约单位 |

**5. 权证**

权证是一种权利凭证，约定持有人在某段期间内，有权利（而非义务）按约定价格向发行人购买或出售标的证券，或以现金结算等方式收取结算差价。持有人获取的是一个权利而不是责任，其有权决定是否履行契约，而发行者仅有被执行的义务，因此为获得这项权利，投资者需付出一定的代价（权利金）。

权证为投资者提供了有效的风险管理工具和资产组合调整手段。由于权证具有期权性质，同时具有高财务杠杆的特点，因此投资者既可以利用它进行风险管理，也可以通过杠杆作用实现“以小搏大”的目的，增加了新的盈利模式。

权证的推出，为上市公司提供了新的融资方式，同时又可减轻上市公司的“圈钱”可能性。在融资中，将权证与股票或债券同时发行，可以增加股票或债券的吸引力，提高投资者认购的积极性，便于上市公司筹资。同时，在融资中引入认股权证后，上市公司业绩如果出现下滑，就有可能导致大量权证不被执行，发行人将募集不到计划的资金规模，恶意圈钱的可能性被降低。另外，权证可以逐步行权，有利于发行人灵活地安排融资时间，避免一次性募资导致资金闲置。

### （三）深圳证券交易所交易品种

深圳证券交易所交易品种除了与上海证券交易所相似的股票、基金、债券、权证、ETF 以外，还有 LOF。

LOF（Listed Open - Ended Fund）被称作“上市型开放式基金”。LOF 发行结束后，投资者既可以在指定网点申购与赎回基金份额，也可以在交易所买卖该基金。不过投资者如果是在指定网点申购的基金份额，想要上网抛出，须办理一定的转托管手续；同样，如果是在交易所网上买进的基金份额，想要在指定网点赎回，也要办理一定的转托管手续。根据深圳证券交易所的规定，在场内认购的 LOF 不需办理转托管手续，可直接抛出。LOF 与一般开放式基金不同的是，投资者既可通过基金公司直销机构或代销银行和券商进行基金申购、赎回，即场外交易；也可通过交易所像买卖股票一样交易 LOF 份额，即场内交易。所以，LOF 基金是可以像股票一样买卖的开放式基金。总体来说，LOF 的场内和场外两种申购方式并不存在绝对的优劣差别。只是由于二级市场的买卖价格除了取决于其份额净值外，还与市场供求关系有关，因此，LOF 基金二级市场买卖价格会出现折价/溢价现象，也就存在套利空间。与 ETF 不同的是，LOF 的申购、赎回都是基金份额与现金的交易，可在代销网点进行；而 ETF 的申购、赎回则是基金份额与“一揽子”股票的交易，且只通过交易所进行。

### （四）中国金融期货交易所交易品种

#### 1. 股指期货

2010 年 3 月 26 日，中国证监会正式批准同意在中国金融期货交易所上市沪深 300 股票指数期货合约，即以沪深 300 股票指数作为标的物的股指期货

（沪深300股指期货合约的基本内容如表1－3所示。）。2010年4月16日，股指期货正式在中国金融期货交易所挂牌交易。截至2018年12月31日，中国金融期货交易所已经上市了沪深300股票指数、中证500股指期货和上证50股指期货三个股指期货品种。以沪深300股指期货合约为例，其基本要素如表1－3所示。

**表1－3　沪深300股指期货合约基本要素**

| | |
|---|---|
| 合约标的 | 沪深300指数 |
| 合约乘数 | 每点300元 |
| 报价单位 | 指数点 |
| 最小变动价位 | 0.2点 |
| 合约月份 | 当月、下月及随后两个季月 |
| 交易时间 | 上午：9：30～11：30，下午：13：00～15：00 |
| 每日价格最大波动限制 | 上一个交易日结算价的±10% |
| 最低交易保证金 | 合约价值的8% |
| 最后交易日 | 合约到期月份的第三个周五，遇国家法定假日顺延 |
| 交割日期 | 同最后交易日 |
| 交割方式 | 现金交割 |
| 交易代码 | IF |
| 上市交易所 | 中国金融期货交易所 |

**2. 国债期货**

国债期货是指交易双方通过有组织的场所，根据事先确定的买卖价格与数量，在未来某个特定时间进行钱券交割的国债派生交易方式。国债期货属于利率期货的一种。

国债期货能够提升国债市场运行效率，提高国债市场价格透明度和影响力，促进国债市场发展，有效管理债券市场利率风险，形成合理的国债收益率曲线。

截至2018年12月31日，中国金融期货交易所已经上市了2年期国债期货、5年期国债期货和10年期国债期货三个国债期货品种。以5年期国债期货合约为例，其基本要素如表1－4所示。

表 1－4　　5 年期国债期货合约表

| | |
|---|---|
| 合约标的 | 面值为 100 万元人民币、票面利率为 3% 的名义中期国债 |
| 可交割国债 | 发行期限不高于 7 年、合约到期月份首日剩余期限为 4～5.25 年的记账式附息国债 |
| 报价方式 | 百元净价报价 |
| 最小变动价位 | 0.005 元 |
| 合约月份 | 最近的三个季月（3 月、6 月、9 月、12 月中的最近三个月循环） |
| 交易时间 | 上午：9：15～11：30，下午：13：00～15：15 |
| 最后交易日交易时间 | 9：15～11：30 |
| 每日价格最大波动限制 | 上一交易日结算价的 ±1.2% |
| 最低交易保证金 | 合约价值的 1% |
| 最后交易日 | 合约到期月份的第二个星期五 |
| 交割日期 | 最后交易日后的第三个交易日 |
| 交割方式 | 实物交割 |
| 交易代码 | TF |
| 上市交易所 | 中国金融期货交易所 |

## 二、中国香港地区证券市场

1891 年香港股票经纪协会的成立标志着香港股票交易活动的正式开始。第二次世界大战以后，香港唯一的证券交易所是香港证券交易所，后来在 20 世纪 60 年代末 70 年代初相继成立了远东证券交易所（1969 年）、金银证券交易所（1971 年）和九龙证券交易所（1972 年）。后成立的三个证券交易所发展迅速，但由于四个证交所“四足鼎立”，在具体管理和规定上存在着差异，给投资和市场管理均带来了诸多不便，这种局面越来越不适应香港作为金融中心的地位。于是，组建联合交易所的设想得到了越来越多的支持。1980 年 7 月，香港联合交易所有限公司（简称“香港联交所”）正式注册成立，合并方案经当局批准后于 1981 年 2 月正式生效。原来四家交易所的会员依法成为联合交易所的会员。1986 年 4 月，香港联交所正式成立并开始营业。

联交所成立以后，采用了电脑化交易，彻底改变了过去人工交易方式，这样就大大地提高了交易额和速度，使香港证券交易逐步走向专业化、规范化、国际化。由于联交所实行国际惯例的作业方式和上市规则，它吸引了大量的国际投资者。香港证券市场由一个本地投资者为主的市场迅速转化为一个国际性的市场。

香港联交所交易品种有股票（普通股和优先股）、公司债券、可兑换债券、公司认股权证、衍生认股权证、信托单位及互惠基金、交易所买卖基金和股票挂钩票据等。

香港联交所衍生产品市场的交易品种有新华富时中国 A50 指数期货和期权、恒生中国 H 股金融行业指数期货、恒生指数期货和期权、H 股指数期货、恒生中国企业指数期权、小型恒生指数期货和期权、小型 H 股指数期货。

## 三、中国台湾地区证券市场

台湾证券交易所于 1961 年 10 月 23 日正式成立，1962 年 2 月 9 日起正式对外营业。台湾证券交易所（TWSE）的全称是“台湾证券交易所股份有限公司”，简称“台证所”或“证交所”，位于台北市信义区的台北 101 大楼之内。也是中国台湾地区唯一的证券交易所。台证所的交易类型除了常规的次日交割、指定日交割以外，还开办证券信用交易的融资业务。

台湾证券交易所的股价指数为自行编制的“发行量加权股价指数”（TAIEX），被视为是台湾经济走向的主要指标之一。中国台湾证券交易所除了提供加权指数之外，并与英国金融时报指数合作编制“台湾指数系列”，共有台湾 50 指数、台湾中型 100 指数、台湾资讯科技指数、台湾发达指数、台湾高股息指数等可供参考。

## 四、世界主要证券市场与交易品种

### （一）美国

美国全国性的证券市场主要包括纽约证券交易所、纳斯达克市场、全美证券交易所。区域性的证券市场包括费城证券交易所、太平洋证券交易所、辛辛那提证券交易所、中西部证券交易所以及芝加哥期权交易所等。

**1. 纽约证券交易所**

纽约证券交易所是 1892 年由华尔街的 24 名证券经纪人订立“梧桐树协议”后逐步成立的。该交易所是会员制的证券交易所，其上市条件高于世界上其他证券交易所，一旦上市公司经营情况达不到其标准，就被取消上市资格。

在一百多年的发展过程中，纽约证券交易所为美国经济的发展、社会化大生产的顺利进行、现代市场经济体制的构建起到了举足轻重的作用。截至目前，它仍然是美国全国性的证券交易所中规模最大、最具代表性的证券交易所，也是世界上规模最大、组织最健全、设备最完善、管理最严密、对世界经济有着重大影响的证券交易所。

纽约证券交易所股票交易额占美国上市股票总交易额的80%以上。纽约证券交易所的交易种类包括普通股、优先股、公司债券、政府债券、衍生工具等。

**2. 纳斯达克证券市场**

纳斯达克是全美证券商协会自动报价系统（National Association of Securities Dealers Automated Quotations）的英文缩写，但目前已成为纳斯达克股票市场的代名词。纳斯达克始建于1971年，是一个完全采用电子交易、为新兴产业提供竞争舞台、自我监管、面向全球的股票市场。纳斯达克是全美也是全球最大的股票电子交易市场。

纳斯达克的特点是收集和发布场外交易非上市股票的证券商报价，上市公司超过5000家。纳斯达克又是全球第一个采用电子交易的股市，它在55个国家和地区设有交易终端。

纳斯达克的上市公司涵盖所有新技术行业，包括软件和计算机、电信、生物技术、零售和批发贸易等。一般来说，在纳斯达克挂牌上市的公司以高科技公司为主，这些大公司包括微软、英特尔、戴尔和思科等。

**3. 美国证券交易所**

美国证券交易所（American Stock Exchange）过去曾是美国第二大证券交易所，现为美国第三大股票交易所。美国证券交易所在营业模式上与纽约证券交易所大致相同，不同的是，其上市公司偏重中小企业。

尽管美国证券交易所在规模上相对于纳斯达克来说较小，但是仍然是美国进行股票和股票衍生证券交易的最大的交易所。美国证券交易所是一个获得国际认可的投资机构，在交易大厅、技术、新产品开发和对上市公司的服务方面，领先于世界范围内其他交易所。

美国证券交易所的交易种类包括普通股、优先股、公司债券、政府债券、期权和以股指和股票为基础资产的认沽权证。

### （二）欧洲

**1. 伦敦证券交易所**

伦敦证券交易所是最为古老的证交所之一，1773年正式宣告成立，经过两个多世纪的演变，以其高效率的基础设施和运营管理享誉世界，成为国际投资中心。目前，在伦敦证券交易所挂牌上市或报价的公司已超过3000家。

伦敦证券交易所实行会员制，1986年以前会员以自然人为限，虽然其大多数都属于各证券金融机构，但都不是以法人名义直接参加。1986年英国金融“大爆炸”改革以后，才允许银行等金融机构和外国证券公司直接参加证券交易。

伦敦证券交易所的成交方式独具特色，交易所会员分为证券自营商和经纪商两种。进行场内交易时，会员经纪商接受客户买卖委托后，就到专营此种证券的交易台，向台内的会员自营商买进或卖出客户委托的证券，各经纪商之间并不直接进行买卖。自营商在场内不断地从经纪商手中买进或卖出证券，同时自营商之间也可相互进行交易，买卖差价成为其收益。

伦敦证券交易所在1986年10月对传统规章制度进行了根本性的改革，同时，交易全部实行电脑化，并与纽约、东京证券交易所的电脑联机，提供24小时全球性的证券交易服务，使伦敦证券交易所成为第一个真正国际性的证券交易所。

伦敦证交所的上市证券种类有普通股、优先股、英镑债券、英国政府债券、国有化工业债券、英联邦及其他外国政府债券、地方政府债券、工商企业债券、存托凭证、欧洲债券、期权等。

**2. 巴黎证券交易所**

巴黎证券交易所是法国唯一的全国性的证券交易所，它成立于1724年。长期以来，巴黎证交所一直以债券交易为主。不过自20世纪80年代法国实行了一系列金融改革政策措施以后，巴黎证交所的股票和债券发行量大大增加。

巴黎证券交易所过去一直由法国财政部直接管理，1967年以后改由证券交易业务委员会管理。该委员会作为国家机构，对交易所的交易活动进行监督，并对重大问题作出决定。

1986年，巴黎证券交易所开办了金融期货市场，它以债券为主要对象，并从事长期和短期的所有金融商品的交易。自1991年5月起，巴黎证券市场的结算交割作业全部纳入电脑系统，交易效率得到了很大的提高。

巴黎证券交易所交易的证券种类有普通股、优先股、政府债券、公司债券、期权、衍生品等。

**3. 德国法兰克福证券交易所**

法兰克福证券交易所成立于1945年，是德国规模最大的证券交易所。

随着德国经济在战后的高速发展，德国证券市场也获得了较大发展。不过证券市场的规模还是较小，上市股票占国民生产总值的比例远远低于美国和日本。

从1989年起，法兰克福证交所启用了电脑资讯系统，使证券经纪商之间的交易咨询实现了电脑化。在1992年到1994年间，联邦政府又对法兰克福证交所实行了全面电子化，使分散的交易方式改变为集中交易方式，提高了股票交易（包括跨境交易）的流动性和透明性，减少了交易成本。

法兰克福证交所交易的证券种类包括普通股、优先股、期权和期货等。

## （三）亚洲

### 1. 东京证券交易所

东京证券交易所是全球最大的证券交易中心之一，采用会员制，有资格成为交易所会员的只限于达到一定标准的证券公司。现拥有会员证券公司100余家，其中约1/5为外国的证券公司。

在东京证券交易所上市的国内股票分为第一部和第二部两大类，第一部的上市条件要比第二部的条件高。新上市股票原则上先在交易所第二部上市交易，每一营业年度结束后考评各上市股票的实际成绩，据此作为划分部类的标准。

东京证券交易所的股票交易有两种方式：第一种方式是在股票交易大厅里对第一部的250种大宗股票和外国股票进行的交易。交易大厅中有六个“U”形交易台，其中五个为国内股票交易台，一个为外国股票交易台，站在台外边的是正式会员公司派驻的交易员，站在台里边的是中介人会员。交易时，正式会员公司的交易员根据场外公司传来的指令，向台里边的中介人会员征询，谈判买卖。中介人会员的任务是把各正式会员移交的买卖委托，按交易规则加以撮合，使买卖成交，成交结果由计算机储存处理。第二种方式是通过电脑成交。除在第一部交易的股票外，所有的上市股票都是用这种方式成交。各会员公司通过电脑的指令输入装置向交易所内的中央处理机发出指令，通过电脑的交易室内的专用终端装置，由交易所经纪人按照显示的报价情况加以撮合成交。

东京证券交易所交易的证券种类有普通股、优先股、政府债券、公司债券、期权、期货以及其他衍生品等。

### 2. 新加坡证券交易所

作为亚洲的金融中心之一，新加坡证券交易市场是发展中国家和地区中一个比较有代表性的证券市场。近年来新加坡证券交易市场发展迅速，这除了有新加坡强大的银行体系的支持以外，新加坡在自然时区上的优势、发达的通信基础设施以及政府对外资运用的较少限制，也都是重要原因。

新加坡交易所（SGX）成立于1999年12月，是由前新加坡股票交易所（SES）和前新加坡国际金融交易所（SIMEX）合并而成的。新加坡交易所是一个区域性交易所，它吸引了来自20多个国家和地区的企业在这里挂牌上市，其中大部分来自中国内地、香港及台湾地区。外国企业大部分是以新加坡作为融资平台，所以很多外国企业在新加坡本地没有任何业务运营。其他新加坡本地的上市企业，其营业收入大部分也是来自海外。

新加坡证券交易所的交易品种有普通股、优先股、债券、借贷股票、认股权证、备兑权证、股票期权以及其他衍生品。

新加坡交易所于 2000 年 9 月 5 日正式上市以新华富时公司编制的中国 A50 指数为标的股指期货（后改名为富时中国 A50 指数期货），是全球唯一跟踪中国 A 股市场的境外期货，可在所有中国境内交易日交易，向投资者提供接近 20 个小时的交易时间，方便他们跨亚洲、欧洲和美国时区管理中国 A 股风险。富时中国 A50 指数占了中国 A 股市场 35% 左右的市值期货的交易时间，从新加坡时间早上 8：45 到次日凌晨的 4：45，中间间断的时间相对很少。富时中国 A50 指数期货的更多交易时间可以让投资者了解夜盘间出现的新闻对股市的影响，另外在中国节假日期间这个指数期货可能也是交易的，所以投资者可以通过这个指数期货的表现了解节假日期间外盘变化及新闻事件等对 A 股的具体影响。很多时候富时中国 A50 指数期货是预判 A 股低开或高开的一个重要依据。

## 五、证券交易的基本程序

证券交易程序是指证券在交易所买卖的过程。它包括开户、委托、价格确定、清算交割与过户等环节。

### （一）开户

在我国，开户实际包括两层含义：一是开设证券交易专用账户，二是开设资金账户。证券交易专用账户是作为投资者买卖证券，实行清算交割的专户。从事股票交易者通常要在证券登记公司登记开设股票账户，目前我国证券交易实行无纸化交易，从交易至交割都由电脑完成，所有的手续都是以电子划账方式进行，每个投资者必须要拥有一个账户，才能大大简化交易手续，提高交易效率。每一位投资者只能在一个交易所申领一个 A 股或 B 股账户，重复申领者视为无效。

由于投资者从事证券交易都是间接进行，必须通过券商，因此投资者必须选定一家或数家证券公司为其经纪商，作为从事证券交易的受托人。为方便投资者与经纪商之间进行资金结算，就必须开设专门的资金账户。投资者必须在资金账户中存入定额资金，才能进行证券买卖委托。当投资者买入证券时，证券经纪商代为从账户中划出相应的资金与中央登记公司进行清算交割；而投资者卖出证券时，所得资金又由证券经纪商代为转入。投资者可以随时支取资金账户中的余额，也可以随时增加资金。上海证券交易所在指定交易推行后规定投资者不可同时在多处券商开户，转换券商时必须首先解除指定交易再重开资金账户，然后再申请设定指定交易。

资金账户可分为现金账户与保证金账户两类。现金账户是为以现货交易方式进行证券投资的客户开立的账户，投资者必须以现款在清算日结清买入证券的全部价款，而出售证券则必须在委托指令发出时即将所售证券冻结，待确定成交后即可在交割所售证券后划入全部券款。现金账户的投资者必须在交易前存入足够的资金，总资金不足，券商没有义务为其代垫差额。保证金账户是以保证金交易方式进行证券投资的客户开立的账户。这种账户的开户手续很严格，客户还需和券商签订保证金契约。我国目前只在期货交易才实行保证金账户制度，证券交易是不允许保证金交易的。故在证券交易中我国的资金账户实际上是指现金账户。

开户其实指的就是客户为委托券商代为买卖证券而在其处开设的账户，在许多国家，除了上面说的现金账户和保证金账户之外，还有联合账户，它是夫妻或亲朋（两个或两个以上的人）共同开立的账户；授权账户，它是为执行客户的授权委托而开立的账户；信托账户，它是为解决客户未到法定年龄却持有证券这一事实而开立的账户，该账户的所有者是未成年人，但应以监护人的名义与券商往来。

### （二）委托

投资者开户后，就可以通过券商进行证券交易。委托是投资者将证券交易的具体要求通知券商，券商受理后代为进场申报，参加竞价成交的指令传递过程。

**1. 委托形式**

在我国，投资者为买卖证券而向券商发出的委托指令可以通过电话、网络或亲自前往等多种形式进行。主要形式有：

（1）当面委托。当面委托一般是递单委托，由投资者填写委托单，携带身份证、股东账户卡与资金账户卡等证件亲自到券商的营业部，在柜台直接向公司业务员递交，业务员经审核确认后签章接收，然后由公司报单员通过电话将指令转至场内代表（红马夹），由场内代表将指令输入证交所电脑主机，经撮合后即可成交。当面委托是一种较为传统的委托方式，现已不多见。

（2）自助委托。自助委托是相对于柜台递单委托而由投资者自己操作输送委托指令的交易方式，现已被广泛采用，极大地方便了投资者。自助委托方式有磁卡自助委托、电话委托和网上委托。

①磁卡自助委托是在证券公司大厅设置多台电脑终端装置与主机联网，投资者使用专用的磁卡在刷卡机上刷过即可进入委托状态，经输入个人密码，即可接通个人账户，然后根据屏幕菜单提示，输入相应的资料和数据，待确认后即可进入证券公司主机，然后由报单员向场内交易员报送，场内交易员输入交易所主机，完成整个委托过程。电脑终端还可以显示证券交易的行情及盘内委托状况，对于投资者做出买卖判断有一定的帮助。采用磁卡委托的投资者必须到证券交易大厅才能使用自助终端。

②电话委托是利用电话专线，通过语音提示，指导投资者输入委托指令。电话委托的所有过程均由证券公司的电脑主机控制，绝对可靠，差错率极低。投资者只要拥有双音频电话即可由电话机的键盘输入指令，即使远在外地，也可以用长途电话进行委托，方便程度相当高，但使用电话委托的投资者无法通过电话了解大盘现场走势。

③网上委托是指证券公司通过互联网，向在本机构开户的投资者提供用于下达证券交易指令，获取成交结果的一种服务方式。网上委托通过互联网使投资者的电脑和券商的服务器连在一起，可以享受券商提供的各种信息服务，包括即时行情、走势分析、成交概况等即时资料，更重要的是，可以进行场外报单，使大户室开设在家。网上委托改变了券商竞争的业态，单纯地增加营业部已无必要。网上委托的成本是几种委托形式中最低的。

目前，沪深证交所均已推广了场外报单方式，证券公司的主机可以直接接驳证交所的主机，投资者的委托指令只要证券公司的主机确认接收，不需要再经由报单员、场内交易人员输入主机这一环节，而可直接进入证交所的主机，场内交易员实际上成为一种象征。场外报单从接受委托到进场、成交、回报不超过 3 秒钟即可，效率提高了几十倍，且差错率几乎为零。

（3）其他委托方式。其他委托方式主要有电报、电传、信函等方式，现在已经不再采用。

**2. 委托的种类**

（1）以委托数量为标准，可分为整数委托和零数委托。整数委托的数量是交易所规定的交易单位或其整数倍。零数委托的数量则不足交易所规定的交易单位或不是其整数倍。在我国，委托卖出可以是零数委托，但委托买入必须是整数委托。

（2）以交易性质为标准，可分为买入委托和卖出委托。

（3）以委托的有效期长短为标准，可分为当日有效委托、当周有效委托、当月有效委托和撤销前有效委托。

（4）以委托的价格为标准，可分为市价委托和限价委托。市价委托是指客户委托券商按市场可能最佳价格为其立即成交。所谓的市场可能最佳价格是指在当时有效报价范围内，券商应尽其最大努力设法按买入报价为其买入客户成交，按卖出报价为其卖出客户成交，若情况实在不允许，则可以稍微提高买入价或者稍微降低卖出价。在西方证券市场上这是应用最多的委托方式。这种委托的优点是简单、快速、保证成交，绝不误时。它的缺点是：最终成交价格有不确定性。尤其在证券价格波动放大时，成交价格的偏差可能较大，投资者有较大的风险。

限价委托是指客户委托券商按其限定价格或者比其限定价格更好的价格为其完成委托。所谓比限定价格更好的价格，卖出委托是指较限定价格为高的价格，买入价格是指较限定价格为低的价格。这种委托的优点是：委托者至少能以事先确定的满意的价格成交。其缺点是：最终能否成交是不确定的。我国目前只接受限价委托。

（5）特殊形式的委托。

①停止损失委托。它是指客户委托经纪人在股价上升至其指定价位或其限度以上时，或在股价跌落至其指定价位或其限度以下时，为其按照市价买入与卖出的委托。因此，停损卖出委托的指定价格必在委托时市场已成交价格水平之下，停损买入委托的指定价格必在委托时市场已成交价格水平之上，即停损委托的成交价格必为市场上证券的未来价格。停损委托与保证金信用交易的关系密切。

②停止损失限价委托。它同时采用停止损失和限价两种委托，其目的在于一方面获取停损委托的利益，另一方面则可事先确定按何种价格买入或卖出证券。这种委托在保证金信用交易中运用广泛，一般为保证金信用交易的空方采用。

③授权委托。它是客户授权券商代为决定买卖的委托。可以分为完全授权委托和限制授权委托两种。完全授权委托是指投资者全权委托券商买卖证券，对买卖证券的种类、数量、价格以及时间等方面都不加限制。限制授权委托是对买卖证券的种类，数量、价格以及时间中的某些做出限制的委托。

④立即撤销委托。它是指券商必须按客户指定的价格立即成交，否则即告撤销的委托。

⑤撤销委托。它是指客户对其券商发出的撤销前次委托的委托。我国一般都习惯称其为撤单。

上述委托中，除撤单外，我国目前均未采用。

### （三）价格确定

在做市商市场上，证券交易的价格由做市商给出，投资者接受做市商的报价后，即可与做市商进行买卖，完成交易。

在竞价市场上，买卖双方的委托经由经纪商直接呈交到交易市场，市场的交易中心按照一定的规则进行撮合，在买卖委托匹配后即可达成交易。

**1. 竞价**

在证券交易所内，证券买卖双方通过公开竞价方式成交。这种公开竞价的过程完全透明，在时间优先、价格优先的原则下，任何一家券商的客户委托都必须通过这种方式申报，经各会员券商代表其客户公开出价，直到出现最合理的价格，否则竞价过程继续进行。

竞价曾有过很多方式，目前证交所使用最普遍的是“集中申报，连续竞价”“集合竞价”方式。

（1）集中申报，连续竞价。这里指在证券交易所的开市时间里，各会员券商分别代理其客户就某一证券进行集中的买入和卖出申报，只要出现买入价与卖出价一致的机会，即可成交一笔，然后竞价继续进行。这样连续不断地继续竞价，构成了连续市场。这种竞价具体又可分“口头竞价”“看板竞价”“电脑竞价”等形式。在我国沪深交易所所采用的是电脑竞价方式。

电脑竞价是买卖双方将委托申报价格指令输入电脑终端，各券商的委托指令在进入证交所电脑主机时自然按时间顺序排列申报。电脑主机在接受委托申报后，即按券种分类，每种证券类别中则按价位排列，在数量合适时，相同价位即可成交。成交的委托当即可在席位终端上显示，剩余的未成交委托可继续参加竞价，直到由电脑撮合成交。电脑竞价由于信息处理量大，可以允许证券商在开市期间代理客户的任何有效申报，而不必做到买入申报必须高于前手、卖出申报必须低于前手的规则，客户则能在较大范围内自主决定委托价格，以确保成交。

这种连续的竞价方式，使得在交易时间内，随时将买入委托与卖出委托进行撮合，满足成交条件的委托立即成交。这种方式决定的价格能够连续地反映供求关系的变动；由于随时都能成交，这种方式的交易效率最高，流动性最好。它的缺点是：成交价格受到大宗委托的影响十分明显，价格容易受到资金实力雄厚的机构投资者的操纵。

（2）集合竞价。集合竞价也叫定时竞价，即在每天规定的时刻将全部买入委托和卖出委托进行撮合，产生一个使成交量最大的价格作为成交价。所有高于成交价格的买入委托和低于成交价格的卖出委托均以统一的成交价格成交。

集合竞价是目前沪深股市产生开盘价格的方式。在股市开盘前，由券商将接受的客户开盘竞价指令统一输入电脑主机，其后由电脑进行撮合，当某一券种在某一价位上买卖数量相等时，则此价位即为开盘价，凡开盘申报的买入价高于集合竞价价格者，均可以此价格成交，低于此价格的买入者不得成交，但可以参加正式开盘后的连续竞价；凡开盘申报的卖出价低于集合竞价价格者，均可以集合竞价价格成交，高于此价格的卖出者不得成交，要参加正式开盘后的连续竞价。

这种竞价方式通过众多买主与卖主之间的竞争决定的价格，反映了当时的供求关系，因而是相对公平、合理的均衡价格。这种方式的缺点在于：由于将一段时间内的买卖委托集中起来参与竞价，造成两次定时竞价之间的交易中断；此外采用统一的价格成交，使两次定时竞价的成交价格呈跳跃式变动，不能反映供求之间的连续变化。

**2. 证券成交规则及其成交方式**

证券买卖双方通过券商的场内交易员分别出价委托，若买卖双方的价位与数量合适，交易即可达成，这个过程称为成交。券商以会员身份在证交所场内拥有一定的席位，各自代表其客户在场内申报、成交，其过程体现了公开、公正与公平原则，证券的成交也就必须按照一定的规则进行，整个过程都是公开的，成交价格也是公平合理的。

证券买卖的基本原则就是价格优先与时间优先：

价格优先原则是一级优先原则，就是在所有的委托中，委托买入价高的申报比委托买入价低的申报优先撮合成交；委托卖出价低的申报比委托卖出价高的申报优先撮合成交。市价委托的申报比限价委托的申报优先成交。

时间优先原则是二级优先原则，就是在价格优先的前提下，当委托价格相同时，申报在先的委托排列在前，申报在后的委托排列在后，先申报者优先撮合成交。在较原始的唱报竞价时代，场内经纪人提交申报严格按照时间顺序排列，以保证成交顺序。如果两份申报的价格相同，时间也相同，则可以采取数量优先的原则或者按比例分配的原则。前者照顾交易数量大的申报优先成交；后者按照申报数量的比例，分配成交。

### （四）清算交割与过户

证券成交后，买卖双方必须清算交割与过户手续。

**1. 清算与交割**

清算指的是证券买卖双方结清价款的过程。交割则是买卖双方交付实际成交的证券的过程。证券的清算与交割通常在交易结束后办理。经过了清算与交割，证券交易的全过程就基本完成了。

（1）清算与交割的方法。

①实物交收。实物交收指成交双方在清算交割时当面点交证券实物。证券的卖出方必须按照成交的数量付清成交的证券实物，而买入方则在点收实物后付清相应的价款，或者办理记名证券的背书转让。这是实物证券清算交割的一般方式。实物交收并不需要参加交易的客户亲自出面，只要双方的经纪人出面办理即可。在实行实物交收的证交所，客户的证券都托管在经纪人处，所有的清算交割工作都有经纪人代理。

②无纸交收。在证券无纸化条件下，证券的交易过程中没有实物可供流通。每个客户都在中央登记清算公司辟有专门的数据库，记录其持券状况。证券交易成交后，交易双方无须交付实物券种，只要在双方的账户上作相应的增减即可，价款也可直接在资金账户中划转。也有的交易所实行证券商托管制度，此时交割清算名义上只要各证券商与中央登记清算公司清算交收即可，然后再与各自的客户办理。我国的沪深交易所都采用无纸化交收方式。

（2）清算交割的形式。

目前，证券交易基本上采用二级交割清算方式，即中央登记清算公司与各券商实行一级交割清算，券商则再与投资者实行二级交割清算。

这种交割方式便于进行集中清算。所谓的集中清算交割是券商将每个交易日的净额（卖出证券后的应收款与买入证券后的应付价款相抵后的净额）进行清算即可，而不必将买入与卖出的所有证券进行实际上的分别交收。这种制度大大地简化了交割清算的手续，提高了工作效率，使交易时间大大缩短。与此相对应的称为个别交割制度，即买卖双方必须面对面逐笔交割清算，费时费力，在大规模连续交易的今天，已经无法适应。集中交割由中央登记清算公司作为交割中介，大幅提高了效率，使券商只要统一与登记公司进行交割清算即可，券商之间并不需要发生直接关系。在无纸化交易条件下，券商只要将证券与资金的收付净额与中央登记清算公司进行划转，并同时将证券与资金变动资料与证券交易所清算部门的数据进行对接变更即可。

**2. 过户**

清算交割后并不意味着证券交易程序的终结，对于记名证券来说，必须进行过户。过户是指买入记名股票的投资者到证券发行机构或者其指定的代理机构办理变更股东名册记载事项的手续。我国发行的股票都是记名股票。股票是股东权利的体现，股份公司以股东名册为依据，进行股利分配及参与公司决策。投资者在买入股票时，必须办理过户手续，才能保障其合法权益。在无纸化交易时，过户只存在形式上的意义，这一手续已经在清算交割的时候由券商代为办理了，投资者不需要亲自去有关机构办理手续。

在公司分配股利或者是召开股东大会的时候，需要对股东名册进行重新清理，以免重复或者遗漏，然后将核准无误的股东名册交付证交所。在无纸化交易时，每笔过户都是由电脑自动完成，故清理较为简便，除权的登记是以前一交易日收盘资料为准，清理完了后即可将股东名册提交给证交所。传统的登记工作需要一定时日，需要实现公告，冻结股东名册，期间不能办理任何过户手续，交易要受到一定的影响。

过户手续是股票交易的最后一个环节，办理结束后整个交易过程即告完成。

## 六、证券交易制度

### （一）投资者指令驱动系统

投资者指令驱动系统又称为委托指令驱动或竞价制度，其特征是：交易价格是通过投资者下达的买卖指令驱动并通过竞价配对而产生的。在指令驱动制度下，投资者递交指令要通过一个竞价过程来执行。竞价配对方式可以是传统的公开喊价方式，也可以是计算机自动撮合的方式。在计算机技术运用于证券交易后，大多数交易的竞价过程都由计算机处理，同时交易者通过计算机终端输入要价并查看整个市场的价格情况，从而使市场进一步公正有序。

指令驱动交易体系的价格形成机制有两种：集合竞价和连续竞价。

集合竞价也称为单一成交价格竞价。其竞价方法是：根据买方和卖方在一定的价格水平的买卖订单数量，计算并进行供需汇总处理。当供给大于需求时，价格降低以调节需求量，反之则调高价格刺激供给，最终在某一价格水平上实现供需的平衡，并形成均衡价格。在集合竞价市场，所有的交易订单并不是在收到之后立即予以竞价撮合，而是由交易中心（如交易所的电脑撮合中心）在不同时点将收到的订单积累起来，到一定的时刻再进行集合竞价成交。也就是说，市价指令与限价指令成批在间断的时点上执行。

连续竞价也称为复数成交价格竞价，其竞价和交易过程可以在交易日的各个时点连续不断地进行。在连续竞价市场上，投资者的交易指令由经纪商输入交易系统，交易系统根据市场上已经有的订单情况进行撮合。一旦按照有关竞价规则存在与交易指令相匹配的订单，该订单就可以成交。价格是由多方来决定的，即买方群体和卖方群体之间的直接竞争，因而是以竞价的方式进行的。在连续竞价的价格撮合过程中，当出价最低的卖出订单价格等于或者小于买入价格时，就可以达成交易。每笔交易构成一组买卖，交易依照买卖组以不同的价格连续进行。

虽然集合竞价市场缺乏交易的连续性，但集合竞价市场的价格反映了积累的市场信息，其信息效率要高于连续竞价市场。因此在连续竞价市场交易中断时，集合竞价市场仍然可以正常运转。上海和深圳证券交易所采用集合竞价的方式开盘，之后采用连续竞价方式。事实上，大多数的证券交易所都采用集合竞价来确定开盘价，但收盘价以及在日内交易中却很少使用集合竞价。

### （二）做市商报价系统

做市商是在证券交易所中注册的个人或公司，他们不断向公众报出某些特定证券的买入价和卖出价，并在该价位上满足公众投资者的买卖要求，以其自有资金和证券与投资者进行证券交易。也就是说，证券交易的买卖价格均由做市商给出，市场上买卖双方的委托不是直接配对成交，而是从做市商手中买进或卖出证券。而做市商将其自己持有的证券卖给买方，或用自有资金从卖方手中买下证券。做市商通过这种不断的买卖来维持市场的流动性，满足投资者的交易需求。做市商通过买卖报价的差额补偿所提供服务的成本并赚取一定的利润。做市商一方面扮演经纪人的角色，代理客户买卖证券，另一方面又扮演自营商的角色，自行买卖证券。

做市商制度，就是以做市商报价形成交易价格驱动交易发展的证券交易方式。使用做市商制度的市场称为做市商市场。做市商制度的特征是：做市商就其负责的证券，向投资者连续报出价差在一定限额以内的买入与卖出价格，并且在其报价下执行一定数量的买卖订单，分别同实际买卖双方进行交易；投资者或直接或通过经纪人与做市商进行交易，而客户之间不直接进行交易。对某一种交易的证券，做市商面对一个交易群体，同时推出买入价格和卖出价格，宣布愿以该买入价格买入该种证券，以该卖出价格出售该种证券，因此这种方式也称为买入卖出制。计算机的发展使经营同一品种证券的做市商的报价同时显示在电脑屏幕上，交易者可以选择令其满意的报价，与报价的做市商联系交易。美国的纳斯达克市场（NASDAQ）以及伦敦股票交易所的外国股票市场（SEAQI）都属于报价驱动交易机制。

在这种市场上，投资者在递交指令之前就能够从市商那里得到证券买卖的报价，因而能在事先确定的价格上提供立即成交的可能。做市商有义务连续报价，以维持市场的流动性，而买卖报价的价差就是做市商提供这种服务的成本补偿。纯粹的做市商制度有两个重要的特点：第一，所有的客户订单都必须由做市商用自己的账户买进卖出，客户订单之间不直接进行交易；第二，做市商必须在看到订单前报出买卖价格，而投资人在看到报价后才下订单。在这样的市场上，多个做市商之间的竞争会促使服务的价格接近于其成本。

做市商制度以纳斯达克最为著名和完善。纳斯达克规定，证券商只有在该协会登记注册后才能成为纳斯达克市场的做市商；在纳斯达克市场上市的每只证券至少要有两家做市商做市（目前平均每只证券有 10 家做市商，一些交易活跃的股票有 40 家甚至更多的做市商）。在开市期间，做市商必须就其负责做市的证券一直保持双向买卖报价，即向投资者报告其愿意买进和卖出的证券数量和买卖价位，纳斯达克市场的电子报价系统自动对每只证券全部做市商的报价进行收集、记录和排序，并随时将每只证券的最优买卖报价通过其显示系统报告给投资者。如果投资者愿意以做市商报出的价格买卖证券，做市商必须按其报价以自有资金和证券与投资者进行交易。

做市商制度的优点是能够保证证券市场的流动性，即投资者随时都可以按照做市商的报价买入、卖出证券，不会因为买卖双方不均衡（如只有买方或卖方）而无法交易。但是，由于做市商的利润来自其买卖报价之间的价差，在缺乏价格竞争的情况下，做市商可能会故意加大买卖价差，使投资者遭受损失。为此，全美证券商协会（NASD）规定，做市商的买卖价差不能超过全美证券商协会定期决定和发布的最大买卖价差，并从 1997 年起引入投资者报价机制，以提高证券公司的公正性。

### （三）二者的比较

指令驱动制度与做市商制度两种交易制度都有非常明显的优缺点。做市商驱动系统能维持良好的市场流动，减少价格波动，但管理成本和交易费用较高，价格公平性差，透明度不如指令驱动系统；委托指令驱动系统的透明度较高，管理成本和交易费用较低，但在维持市场稳定和流动性方面不足。两种交易制度的具体区别包括以下几个方面：

（1）价格形成方式不同。在做市商制度下，证券的开盘价格和随后的交易价格是由做市商报出的。而且做市商通过连续的双向报价买卖，为市场提供“即时流动性”，保证市场上不会出现在某个价位上缺乏交易对手的情形，同时做市商在很大程度参与了价格决定过程；而在委托指令驱动制度下，开盘价以及随后的交易价格是通过投资者下达的买卖指令驱动并通过竞价形成的。由于买卖指令通常并不是同时到达市场的，因此市场上存在着“即时流动性”问题，市场的实际价格也因此会偏离“均衡价格”并趋于波动，流动性（交易量）也同时处在较低的水平。也就是说，前者从交易系统外部输入价格，后者成交价格是在交易系统内部生成的。

（2）信息的透明度不同。在做市商制度下，投资者买卖指令首先报给做市商，做市商是唯一全面及时知晓买卖信息的交易商，而成交量与成交价随后才会传递给整个市场。有时，为抵销大额交易对价格的可能影响，做市商可要求推迟发布或豁免发布大量交易信息。所以，做市商制度的信息公开性和透明度相对较低；而在委托指令驱动系统当中，买卖指令、成交量与成交价格几乎同时传递给整个市场。投资者也几乎可以同步了解到交易信息，很难发生交易信息垄断。

（3）市场流动性不同。在做市商驱动系统中，做市商有义务维护交易量和交易价格。做市商通过用自己的资金为卖而买和为买而卖的方式，联合证券买卖双方，活跃了市场上的交易行为，保持了市场上的流动性；而委托指令驱动系统则不存在交易量和交易价格的维护机制。这样可能导致一些成交本来就不活跃的股票，因系统显示的买卖指令不足甚至较长时间没有成交记录，而使投资者望而却步，其流动性进一步下降。

（4）处理大宗交易的能力不同。做市商报价驱动系统能够有效处理大额买卖指令，因为做市商是用自己的资金买卖股票，所以在买卖盘不均衡时，做市商可以及时出手，以避免价格剧烈波动；而在委托指令驱动系统中，大额买卖指令要等待交易对手的买卖盘，投资者也会担心大额买卖指令对价格的可能影响，因而不愿意输入大额买卖指令，宁愿分拆开来，逐笔成交，完成交易常常要等待较长时间，这样既影响效率，又会降低市场流动性。

（5）交易成本不同。在委托指令驱动市场上，证券价格是单一的，投资者的交易成本仅仅是付给经纪人的佣金；而在做市商制度下，交易成本除了经纪人的佣金外，还包括买卖价差，有些情况下，经纪人同时也是做市商，那么他不收佣金而是获得全部买卖价差。既然这个价差就是做市商的利润，投资者总是面临高价买进，低价卖出的情形。所以有人认为做市商市场相对于指令驱动市场而言并不是一个公平的市场，投资者被迫负担了不必要的交易成本（价差）。但是做市商聘用专门人员、冒险投入资金承担做市义务是有风险的，做市商对其提供的服务和所承担的风险要求补偿也是合理的。事实上，在一个成熟的、有活力的市场上，做市商提供的价差很小。

一般来说，做市商市场的流动性要高于指令驱动市场，或者说是竞价市场，即投资者在指令驱动市场所面临的执行风险要大于做市商市场。但是指令驱动市场的透明度要好于做市商市场，同时做市商市场的平均交易成本要高于指令驱动市场。以下是指令驱动市场与做市商市场优缺点的比较分析。

做市商报价驱动制度的优点如下：

（1）成交即时性。投资者可按做市商报价立即进行交易，而不用等待交易对手的买卖指令，尤其是在处理大额买卖指令方面的即时性，比指令驱动要强。

（2）价格稳定性。在指令驱动制度中，证券价格随投资者买卖指令波动，而买卖指令常有不均衡现象，过大的买盘会过度压高价格，过大的卖盘会过度压低价格，因而价格波动较大。而做市商则具有缓和这种价格波动的作用，主要原因一是做市商报价受交易所规则约束；二是做市商可以及时处理大额指令，减缓对价格变化的影响；三是在买卖盘不均衡时，做市商的参与可以平抑价格波动。

（3）矫正买卖指令不均衡的现象。在指令驱动市场上，常常发生买卖指令不均衡的现象，出现这种情况时，做市商可以承接买单或卖单，缓和买卖指令的不均衡，并抑制相应的价格波动。

（4）抑制股价操纵。做市商对某种股票持仓做市，使得股价操纵者有所顾忌，担心做市商抛压，抑制股价。

做市商报价驱动制度的缺点如下：

（1）缺乏透明度。在做市商报价驱动制度下，买卖盘信息集中在做市商手中，交易信息发布到整个市场的时间相对滞后。为抵销大额交易对价格的可能影响，做市商可要求推迟发布或豁免发布大额交易的信息。

（2）增加投资者负担。做市商聘用专门人员，承担做市商义务，是有风险的。做市商对其提供的服务和所承担的风险要求补偿，如交易费用及税收优惠等。这将会增大运行成本，也会增加投资者负担。

（3）可能增加监管成本。采取做市商制度，要制定详细的监管制度与做市商运作规则，并动用资源监管做市商活动。这些成本最终也会由投资者承担。

（4）做市商可能利用其市场特权。做市商经纪角色与做市商功能可能存在冲突，做市商之间也可能合谋串通。这都需要强有力的监管。

指令驱动制度的优点如下：

（1）透明度高。在指令驱动制度中，买卖盘信息、成交量与成交信息等及时对整个市场发布，投资者几乎可以同步了解到交易信息。透明度高有利于投资者观察市场。

（2）信息传递速度快、范围广。指令驱动制度几乎可以实现交易信息同步传递，整个市场可同时分享交易信息，很难发生信息垄断。

（3）运行费用较低。投资者买卖指令竞价成交，交易价格在系统内部生成，系统本身表现出自运行特征。这种指令驱动系统，在处理大量小额交易指令方面优越性较明显。

指令驱动制度的缺点如下：

（1）处理大额买卖盘的能力较低。大额买卖盘必须等待交易对手下单，投资者也会担心大额买卖指令对价格的可能影响，因而将大额买卖指令分拆开来，逐笔交易。这种情况对市场效率和流动性不利。

（2）某些不活跃的股票成交可能继续萎缩。一些吸引力不大的股票，成交本来就不活跃，系统显示的买卖指令不足，甚至较长时间没有成交记录，这种情况又会使投资者望而却步，其流动性可能会进一步下降。

（3）价格波动性。在指令驱动制度下，由于买卖指令不均衡、大额买卖指令和操纵等原因，价格的波动性可能较大。最重要的是，指令驱动制度没有设计价格维护机制，任由买卖盘带动价格变化。

虽然这两种制度各有优缺点，但在大多数情况下它们是互补而非排他的，分别适用于具有不同特征的市场。相对来说，指令驱动制度由于是按拍卖原则设计的，通常假设市场参与者是风险规避者，所以适用于风险较低、流动性较强的证券市场，而在风险较高、流动性较差的证券市场上，做市商制度更能发挥它的相对优势。一般而言，由于市场组织者规定了较严格的进入标准，能够在证券交易所上市交易的证券都是质量较高的证券，因此目前世界各地大部分股票交易所都是指令驱动的竞价市场；而场外交易市场的设计则考虑到不同投资者的要求，其风险性比交易所市场大得多，因此做市商制度在场外交易市场上更为常见。美国纳斯达克市场就是做市商制度成功运作的典范。

目前，一个值得注意的趋势是，上述两种制度在其各自发展过程中，正在不断吸取对方的优点而逐渐走向融合。世界上很多股票市场并不是单独采用某种交易制度，而是实行所谓的“混合模式”，即同时采用竞价制度和做市商制度作为市场的交易制度。例如，伦敦股票交易所的国内股票交易系统——股票交易所自动报价系统（SEAQ）在1986年10月金融“大爆炸”改革时引入了做市商报价驱动交易制度，由于投资者对做市商利用自己的特殊地位人为地扩大差价获取高水平利润的做法提出大量批评，所以交易所于1997年10月推出了新的交易制度，将SEAQ中的一部分股票交易改为竞价制度。但伦敦股票交易所的另一个系统——国际股票交易所自动报价系统（SEAQI）仍保留原来的报价驱动系统，因为有许多在海外市场上市的股票在那里进行大宗交易，而财力雄厚的做市商可以随时吸纳大额买卖盘。此外，法国新市场、德国新市场、瑞士新市场、挪威奥斯陆证交所、芬兰赫尔辛基证交所、瑞典斯德哥尔摩证交所等都属于混合式市场。

## 七、实验课程要求与实验文件

### （一）证券投资实验的基本要求

（1）预习课堂中讲授的内容及相关实验内容。

（2）按时参加实验，课前签到，确保实验进度。

（3）围绕实验思考题，通过实际操作完成所有实验内容，做好实验记录。

（4）掌握课堂所讲授理论知识，并能作出买卖决策。

（5）完成实验报告，实验报告成绩记入相关课程成绩。

（6）必须按规定进行实验，因故不能参加实验者，必须请假，否则不能参加本课程的考试。

（7）实验过程中严格遵守实验室各项规章制度。

### （二）实验日志主要内容

（1）当日市场整体行情的简单回顾，包括大盘指数、总成交量、市场热点、涨跌背景等内容。

（2）实验学生关注或持有股票的情况，包括市场表现和公司基本面情况等。

（3）当日交易操作内容，包括买卖的品种、价格、数量和交易依据等。

（4）个人持股结构与资金的管理情况。

（5）对股票市场与基本面的判断，以及下一步的操作计划。

### （三）实验报告撰写要求

（1）交易的品种和决策思路。

（2）持仓结构以及依据。

（3）收益率以及同期大盘收益率的比较，并分析其原因。

（4）在实验中运用了哪些课堂上所学的投资理论与投资方法，效果如何，举例说明。

（5）在实验中是如何管理投资风险的，对投资风险有哪些认识。

（6）证券投资实验有哪些收获和体会，对将来的投资管理会有哪些帮助。

# 实验一　交易所行情的阅读

【实验目的与要求】

本实验的目的是掌握查看证券交易所主要交易品种行情的方法。要求学生能够利用行情分析软件，熟练获取大盘和个股的价格、成交量等交易信息和相关基本面信息，以及综合排名等加工信息，从而为证券模拟交易打下良好的基础。

【实验准备】

1. 认真阅读行情分析软件的说明书。
2. 根据实验目的与要求，做好实验准备工作。
3. 按照实验课教师的安排，在指定设备上机。
4. 调试设备，保证实验设备能够正常运行以及相关网络设备通畅连接。

【实验步骤】

1. 选择一台能够正常运行并且联网的计算机。
2. 检查是否安装有证券分析软件系统和证券模拟交易系统，并能正常运行。
3. 检查网络连接和证券行情数据接收是否正常。
4. 启动证券行情分析软件。
5. 在主菜单下，用鼠标左键点击“分类报价”，进入下一级菜单。在该级菜单中，从中选择上海证券交易所或者深圳证券交易所的股票、债券、权证、基金等各类交易品种行情列表。
6. 在行情列表中，可以用“Pgup”和“Pgdn”键翻页，这样可以看到所有交易品种的行情。
7. 在行情列表中，可以通过“↑”“↓”键选取想查看的交易品种，然后按 Enter 键确认并执行操作，或者直接用鼠标左键点击选定的交易品种名称，就可以进入该品种的分时走势界面，查看其走势情况。
8. 在任意品种的分时走势界面中，通过 F5 键可以切换到日 K 线图界面。在 K 线图状态下，可以通过“↑”“↓”键来展开或压缩 K 线显示的数量，也可以通过“←”“→”键查看不同时间段的 K 线图；在 K 线图状态下，通过 F8 键在不同K线周期下进行切换。

9. 在个股日K线界面，反复按小键盘的“+”号键，可以在“明细”“财务”“走势”“筹码”“诊断”的页面间切换。

10. 查看某只股票的基本面资料，可以按下F10键，或者输入“10”回车，退出按ESC键。

11. 查看当日市场交易的综合情况：

输入81回车，可查看上海证券交易所A股综合排名；

输入83回车，可查看深圳证券交易所A股综合排名；

输入85回车，可查看沪、深两市所有A股综合排名；

输入82回车，可查看上海证券交易所B股综合排名；

输入84回车，可查看深圳证券交易所B股综合排名。

12. 查看当日市场涨跌幅情况：

输入61回车，可查看上海证券交易所A股按当日涨幅排序；

输入63回车，可查看深圳证券交易所A股按当日涨幅排序；

输入62回车，可查看上海证券交易所B股按当日涨幅排序；

输入64回车，可查看上海证券交易所B股按当日涨幅排序。

具体实验流程如图1－1所示。

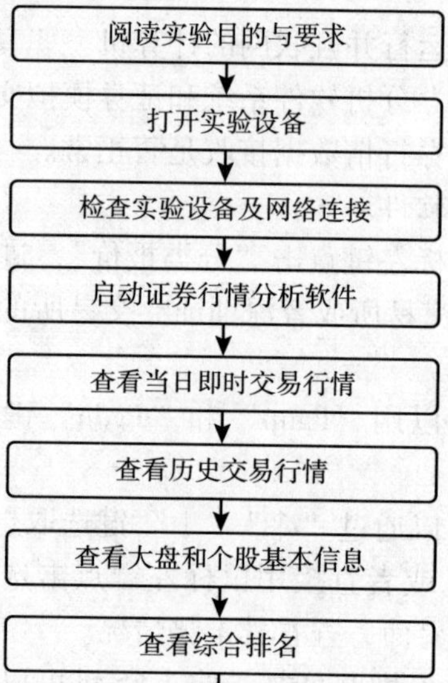


**图1－1　实验一基本流程**

【实验总结】

行情分析软件是了解证券市场行情的主要途径，也是进行证券投资的必备工具。通过行情分析软件，可以快速查看证券交易所各个交易品种的即时行情和历史行情，获得大盘和个股的基本信息，掌握交易的态势，为证券交易的实施提供必要的支撑。

【思考题】

1. 综合排名能为证券交易提供哪些帮助?
2. 如何从交易所的行情中寻找自己所需要的交易信息?

## 实验二　证券交易基本程序

【实验目的与要求】

本实验的目的是帮助学生熟练掌握证券交易的基本程序。要求学生能够熟练进行证券模拟交易，准确完成各项交易步骤，随时掌握个人交易账户的资金、股票、市值等主要信息，为证券投资计划的实施做好准备。

【实验准备】

1. 认真阅读模拟交易软件的说明书;
2. 根据实验目的与要求，做好实验准备工作;
3. 按照实验课教师的安排，在指定设备上机;
4. 调试设备，保证实验设备能够正常运行以及相关网络设备通畅连接。

【实验步骤】

1. 选择一台能够正常运行并且联网的计算机;
2. 检查是否安装有证券分析软件系统和证券模拟交易系统，并能正常运行;
3. 检查网络连接和证券行情数据接收是否正常;
4. 启动证券行情分析软件;
5. 启动模拟交易软件，进入客户界面;

6. 输入资金账户和密码，进入委托界面，首次登录后，最好修改初始密码；
7. 在“交易方向”中选择“买入”或者“卖出”；
8. 在“交易品种”中输入股票代码；
9. 在“交易数量”中输入数量；
10. 参考最新成交价以及挂在买盘和卖盘上的尚未成交的委托价格，在“交易价格”中输入价格，然后回车确认；
11. 查看成交回报，看是否成交；
12. 查看资金余额和股票余额。

具体实验流程如图 1 –2 所示。

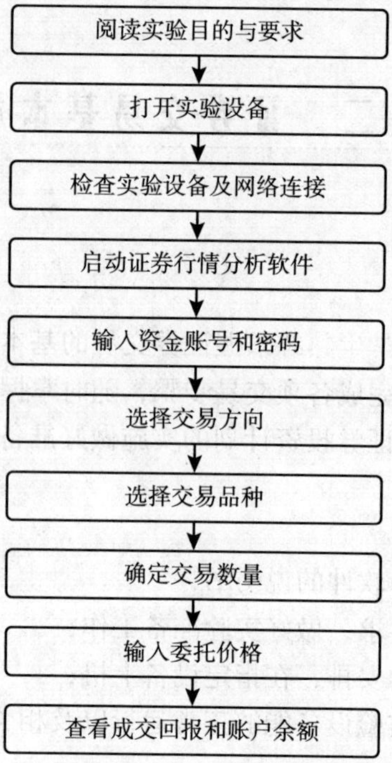


**图 1 –2　实验二基本流程**

【实验总结】

模拟交易是体验交易过程的有效方式，是通往实盘交易的必经阶段。在模拟交易过程中，需要保持平稳、冷静的交易心态，按照正常的交易程序，准确输入每一个委托指令，并根据盘面变化，及时调整交易计划，控制交易仓位，把握交易的主动权。

【思考题】

1. 在确定委托价格时，怎样提高交易的成功率?

2. 委托未能成交时，可能有哪些原因?

## 综合思考题

1. 我国证券市场主要包括哪些交易品种?

2. 证券交易的委托方式有哪几种? 不同委托方式对成交价格可能产生怎样的影响?

3. 集合竞价的基本原理是什么?

4. 试比较指令驱动系统和报价交易系统的异同。

# 附录1　上海证券交易所交易规则

（2020年第二次修订）

## 第一章　总　　则

1.1　为规范证券市场交易行为，维护证券市场秩序，保护投资者合法权益，根据《中华人民共和国证券法》等法律、行政法规、部门规章及《上海证券交易所章程》，制定本规则。

1.2　在上海证券交易所（以下简称“本所”）上市的证券及其衍生品种（以下统称“证券”）的交易，适用本规则。本规则未作规定的，适用本所其他有关规定。

1.3　证券交易遵循公开、公平、公正的原则。

1.4　证券交易应当遵守法律、行政法规和部门规章及本所相关业务规则，遵循自愿、有偿、诚实信用原则。

1.5　证券交易采用无纸化的集中交易或经中国证券监督管理委员会（以下简称“证监会”）批准的其他方式。

## 第二章　交易市场

### 第一节　交易场所

2.1.1　本所为证券交易提供交易场所及设施。交易场所及设施由交易主机、交易大厅、参与者交易业务单元、报盘系统及相关的通信系统等组成。

2.1.2　本所设置交易大厅。本所会员（以下简称“会员”）可以通过其派驻交易大厅的交易员进行申报。

除经本所特许外，仅限下列人员进入交易大厅：

（一）登记在册交易员；

（二）场内监管人员。

### 第二节　交易参与人与交易权

2.2.1　会员及本所认可的机构进入本所市场进行证券交易的，须向本所申请取得交易权，成为本所交易参与人。

交易参与人应当通过在本所开设的参与者交易业务单元进行证券交易，并遵守本规则以及本所其他业务规则关于证券交易业务的相关规定。

2.2.2　参与者交易业务单元，是指交易参与人据此可以参与本所证券交易，享有及行使相关交易权利，并接受本所相关交易业务管理的基本单位。

2.2.3　参与者交易业务单元和交易权限等管理细则由本所另行规定，报证监会批准后生效。

### 第三节　交易品种

2.3　下列证券可以在本所市场挂牌交易：

（一）股票；

（二）基金；

（三）债券；

（四）债券回购；

（五）权证；

（六）存托凭证；

（七）经证监会批准的其他交易品种。

### 第四节　交易时间

2.4.1　本所交易日为每周一至周五。

国家法定假日和本所公告的休市日，本所市场休市。

2.4.2　采用竞价交易方式的，除本规则另有规定外，每个交易日的9：15至9：25为开盘集合竞价时间，9：30至11：30、13：00至14：57为连续竞价时间，14：57至15：00为收盘集合竞价时间。

基金、债券、债券回购交易，每个交易日的9：15至9：25为开盘集合竞价时间，9：30至11：30、13：00至15：00为连续竞价时间。

开市期间停牌并复牌的证券除外。

根据市场发展需要，经证监会批准，本所可以调整交易时间。

2.4.3　交易时间内因故停市，交易时间不作顺延。

## 第三章　证券买卖

### 第一节　一般规定

3.1.1　会员接受投资者的买卖委托后，应当按照委托的内容向本所申报，并承担相应的交易、交收责任。

会员接受投资者买卖委托达成交易的，投资者应当向会员交付其委托会员卖出的证券或其委托会员买入证券的款项，会员应当向投资者交付卖出证券所得款项或买入的证券。

3.1.2　交易参与人通过其相关的报盘系统、参与者交易业务单元和报送渠道向本所交易主机发送买卖申报指令，并按本规则达成交易，交易结果及其他交易记录由本所发送至交易参与人。

3.1.3　交易参与人应当按照有关规定妥善保管委托和申报记录。

3.1.4　投资者买入的证券，在交收前不得卖出，但实行回转交易的除外。

证券的回转交易是指投资者买入的证券，经确认成交后，在交收前全部或部分卖出。

3.1.5　下列品种实行当日回转交易：

（一）债券；

（二）债券交易型开放式指数基金；

（三）交易型货币市场基金；

（四）黄金交易型开放式证券投资基金；

（五）商品期货交易型开放式指数基金；

（六）跨境交易型开放式指数基金；

（七）跨境上市开放式基金；

（八）权证；

（九）经证监会同意的其他品种。

前款所述的跨境交易型开放式指数基金和跨境上市开放式基金仅限于所跟踪指数成分证券或投资标的实施当日回转交易的开放式基金。

B 股实行次交易日起回转交易。

3.1.6　根据市场需要，本所可以实行一级交易商制度，具体办法由本所另行规定，报证监会批准后生效。

## 第二节　指定交易

3.2.1　本所市场证券交易实行全面指定交易制度，境外投资者从事 B 股交易除外。

3.2.2　全面指定交易是指参与本所市场证券买卖的投资者必须事先指定一家会员作为其买卖证券的受托人，通过该会员参与本所市场证券买卖。

3.2.3　投资者应当与指定交易的会员签订指定交易协议，明确双方的权利、义务和责任。指定交易协议一经签订，会员即可根据投资者的申请向本所交易主机申报办理指定交易手续。

3.2.4　本所在开市期间接受指定交易申报指令，该指令被交易主机接受后即刻生效。

3.2.5　投资者变更指定交易的，应当向已指定的会员提出撤销申请，由该会员申报撤销指令。对于符合撤销指定条件的，会员不得限制、阻挠或拖延其办理撤销指定手续。

3.2.6　指定交易撤销后即可重新申办指定交易。

3.2.7　指定交易的其他事项按照本所的有关规定执行。

## 第三节　委　托

3.3.1　投资者买卖证券，应当开立证券账户和资金账户，并与会员签订证券交易委托协议。协议生效后，投资者即成为该会员经纪业务的客户（以下简称“客户”）。

投资者开立证券账户，按本所指定登记结算机构的规定办理。

3.3.2　客户可以通过书面或电话、自助终端、互联网等自助委托方式委托会员买卖证券。电话、自助终端、互联网等自助委托应当按相关规定操作。

3.3.3　客户通过自助委托方式参与证券买卖的，会员应当与其签订自助委托协议。

3.3.4　除本所另有规定外，客户的委托指令应当包括下列内容：

（一）证券账户号码；

（二）证券代码；

（三）买卖方向；

（四）委托数量；

（五）委托价格；

（六）本所及会员要求的其他内容。

3.3.5 客户可以采用限价委托或市价委托的方式委托会员买卖证券。

限价委托是指客户委托会员按其限定的价格买卖证券，会员必须按限定的价格或低于限定的价格申报买入证券；按限定的价格或高于限定的价格申报卖出证券。

市价委托是指客户委托会员按市场价格买卖证券。

3.3.6 客户可以撤销委托的未成交部分。

3.3.7 被撤销和失效的委托，会员应当在确认后及时向客户返还相应的资金或证券。

3.3.8 会员向客户买卖证券提供融资融券服务的，应当按照有关规定办理。

## 第四节 申 报

3.4.1 本所接受交易参与人竞价交易申报的时间为每个交易日9：15至9：25、9：30至11：30、13：00至15：00。

每个交易日9：20至9：25的开盘集合竞价阶段、14：57至15：00的收盘集合竞价阶段，本所交易主机不接受撤单申报；其他接受交易申报的时间内，未成交申报可以撤销。撤销指令经本所交易主机确认方为有效。

本所认为必要时，可以调整接受申报时间。

3.4.2 会员应当按照客户委托的时间先后顺序及时向本所申报。

3.4.3 本所接受交易参与人的限价申报和市价申报。

3.4.4 根据市场需要，本所可以接受下列方式的市价申报：

（一）最优5档即时成交剩余撤销申报，即该申报在对手方实时最优5个价位内以对手方价格为成交价逐次成交，剩余未成交部分自动撤销。

（二）最优5档即时成交剩余转限价申报，即该申报在对手方实时5个最优价位内以对手方价格为成交价逐次成交，剩余未成交部分按本方申报最新成交价转为限价申报；如该申报无成交的，按本方最优报价转为限价申报；如无本方申报的，该申报撤销。

（三）本所规定的其他方式。

3.4.5 市价申报只适用于有价格涨跌幅限制证券连续竞价期间的交易，本所另有规定的除外。

3.4.6 限价申报指令应当包括证券账号、营业部代码、证券代码、买卖方向、数量、价格等内容。

市价申报指令应当包括申报类型、证券账号、营业部代码、证券代码、买卖方向、数量等内容。

申报指令按本所规定的格式传送。本所认为必要时，可以调整申报的内容及方式。

3.4.7 通过竞价交易买入股票、基金、权证的，申报数量应当为100股（份）或其整数倍。

卖出股票、基金、权证时，余额不足100股（份）的部分，应当一次性申报卖出。

3.4.8　竞价交易中，债券交易的申报数量应当为1手或其整数倍，债券质押式回购交易的申报数量应当为100手或其整数倍，债券买断式回购交易的申报数量应当为1000手或其整数倍。

债券交易和债券买断式回购交易以人民币1000元面值债券为1手，债券质押式回购交易以人民币1000元标准券为1手。但本所另有规定的除外。

3.4.9　股票、基金、权证交易单笔申报最大数量应当不超过100万股（份），债券交易和债券质押式回购交易单笔申报最大数量应当不超过10万手，债券买断式回购交易单笔申报最大数量应当不超过5万手。

根据市场需要，本所可以调整证券的单笔申报最大数量。

3.4.10　不同证券的交易采用不同的计价单位。股票为“每股价格”，基金为“每份基金价格”，权证为“每份权证价格”，债券为“每百元面值债券的价格”，债券质押式回购为“每百元资金到期年收益”，债券买断式回购为“每百元面值债券的到期购回价格”。但本所另有规定的除外。

3.4.11　A股、债券交易和债券买断式回购交易的申报价格最小变动单位为0.01元人民币，基金、权证交易为0.001元人民币，B股交易为0.001美元，债券质押式回购交易为0.005元。

3.4.12　根据市场需要，本所可以调整各类证券单笔买卖申报数量和申报价格的最小变动单位。

3.4.13　本所对股票、基金交易实行价格涨跌幅限制，涨跌幅比例为10%。

股票、基金涨跌幅价格的计算公式为：涨跌幅价格 = 前收盘价 ×（1 ± 涨跌幅比例）。

计算结果按照四舍五入原则取至价格最小变动单位。

属于下列情形之一的，首个交易日无价格涨跌幅限制：

（一）首次公开发行上市的股票和封闭式基金；

（二）增发上市的股票；

（三）暂停上市后恢复上市的股票；

（四）退市后重新上市的股票；

（五）本所认定的其他情形。

经证监会批准，本所可以调整证券的涨跌幅比例。

3.4.14　买卖有价格涨跌幅限制的证券，在价格涨跌幅限制以内的申报为有效申报，超过价格涨跌幅限制的申报为无效申报。

3.4.15　除本所另有规定外，买卖无价格涨跌幅限制的证券，集合竞价阶段的有效申报价格应符合下列规定：

（一）股票开盘集合竞价阶段的交易申报价格不高于前收盘价格的900%，并且不低于前收盘价格的50%；

（二）基金、债券开盘集合竞价阶段的交易申报价格最高不高于前收盘价格的150%，并且不低于前收盘价格的70%；

（三）股票收盘集合竞价阶段的交易申报价格不高于最新成交价格的110%且不低于最新

成交价格的90%。

当日无交易的，前收盘价格视为最新成交价格。

开盘集合竞价阶段的债券回购交易申报无价格限制。

3.4.16 除本所另有规定外，买卖无价格涨跌幅限制的证券，连续竞价阶段、开市期间停牌阶段的有效申报价格应符合下列规定：

（一）股票连续竞价阶段、开市期间停牌阶段的交易申报价格不高于最新成交价格的110%且不低于最新成交价格的90%；

（二）基金、债券、债券回购连续竞价阶段的交易申报价格不高于即时揭示的最低卖出价格的110%且不低于即时揭示的最高买入价格的90%；同时不高于上述最高申报价与最低申报价平均数的130%且不低于该平均数的70%；即时揭示中无买入申报价格的，即时揭示的最低卖出价格、最新成交价格中较低者视为前项最高买入价格；即时揭示中无卖出申报价格的，即时揭示的最高买入价格、最新成交价格中较高者视为前项最低卖出价格。

当日无交易的，前收盘价格视为最新成交价格。

根据市场需要，本所可以调整申报价格限制的规定。

3.4.17 申报当日有效。每笔参与竞价交易的申报不能一次全部成交时，未成交的部分继续参加当日竞价，本规则另有规定的除外。

## 第五节 竞　价

3.5.1 证券竞价交易采用集合竞价和连续竞价两种方式。

集合竞价是指在规定时间内接受的买卖申报一次性集中撮合的竞价方式。

连续竞价是指对买卖申报逐笔连续撮合的竞价方式。

3.5.2 当前竞价交易阶段未成交的买卖申报，自动进入当日后续竞价交易阶段。

## 第六节 成　交

3.6.1 证券竞价交易按价格优先、时间优先的原则撮合成交。

成交时价格优先的原则为：较高价格买入申报优先于较低价格买入申报，较低价格卖出申报优先于较高价格卖出申报。

成交时时间优先的原则为：买卖方向、价格相同的，先申报者优先于后申报者。先后顺序按交易主机接受申报的时间确定。

3.6.2 集合竞价时，成交价格的确定原则为：

（一）可实现最大成交量的价格；

（二）高于该价格的买入申报与低于该价格的卖出申报全部成交的价格；

（三）与该价格相同的买方或卖方至少有一方全部成交的价格。

两个以上申报价格符合上述条件的，使未成交量最小的申报价格为成交价格；仍有两个以上使未成交量最小的申报价格符合上述条件的，其中间价为成交价格。

集合竞价的所有交易以同一价格成交。

3.6.3 连续竞价时，成交价格的确定原则为：

（一）最高买入申报价格与最低卖出申报价格相同，以该价格为成交价格；

（二）买入申报价格高于即时揭示的最低卖出申报价格的，以即时揭示的最低卖出申报价格为成交价格；

（三）卖出申报价格低于即时揭示的最高买入申报价格的，以即时揭示的最高买入申报价格为成交价格。

3.6.4　按成交原则达成的价格不在最小价格变动单位范围内的，按照四舍五入原则取至相应的最小价格变动单位。

3.6.5　买卖申报经交易主机撮合成交后，交易即告成立。符合本规则各项规定达成的交易于成立时生效，买卖双方必须承认交易结果，履行清算交收义务。

因不可抗力、意外事件、交易系统被非法侵入等原因造成严重后果的交易，本所可以采取适当措施或认定无效。

对显失公平的交易，经本所认定并经本所理事会同意，可以采取适当措施，并向证监会报告。

违反本规则，严重破坏证券市场正常运行的交易，本所有权宣布取消，由此造成的损失由违规交易者承担。

3.6.6　依照本规则达成的交易，其成交结果以本所交易主机记录的成交数据为准。

3.6.7　证券交易的清算交收业务，应当按照本所指定的登记结算机构的规定办理。

## 第七节　大宗交易

3.7.1　在本所进行的证券买卖符合以下条件的，可以采用大宗交易方式：

（一）A 股单笔买卖申报数量应当不低于 30 万股，或者交易金额不低于 200 万元人民币；

（二）B 股单笔买卖申报数量应当不低于 30 万股，或者交易金额不低于 20 万美元；

（三）基金大宗交易的单笔买卖申报数量应当不低于 200 万份，或者交易金额不低于 200 万元；

（四）债券及债券回购大宗交易的单笔买卖申报数量应当不低于 1000 手，或者交易金额不低于 100 万元。

本所可以根据市场情况调整大宗交易的最低限额。

3.7.2　本所接受下列大宗交易申报：

（一）意向申报；

（二）成交申报；

（三）固定价格申报；

（四）本所认可的其他大宗交易申报。

3.7.3　本所每个交易日接受大宗交易申报的时间分别为：

（一）9：30 至 11：30、13：00 至 15：30 接受意向申报；

（二）9：30 至 11：30、13：00 至 15：30、16：00 至 17：00 接受成交申报；

（三）15：00 至 15：30 接受固定价格申报。

交易日的 15：00 仍处于停牌状态的证券，本所当日不再接受其大宗交易的申报。

3.7.4　每个交易日 9：30 至 15：30 时段确认的成交，于当日进行清算交收。

每个交易日 16：00 至 17：00 时段确认的成交，于次一交易日进行清算交收。

3.7.5　意向申报指令应当包括证券账号、证券代码、买卖方向等。

意向申报应当真实有效。申报方价格不明确的，视为至少愿以规定的最低价格买入或最高价格卖出；数量不明确的，视为至少愿以大宗交易单笔买卖最低申报数量成交。

3.7.6　当意向申报被会员接受（包括其他会员报出比意向申报更优的价格）时，申报方应当至少与一个接受意向申报的会员进行成交申报。

3.7.7　买卖双方就大宗交易达成一致后，应当委托会员通过交易业务单元向本所交易系统提出成交申报，申报指令应当包括以下内容：

（一）证券代码；

（二）证券账号；

（三）买卖方向；

（四）成交价格；

（五）成交数量；

（六）本所规定的其他内容。

成交申报的证券代码、成交价格和成交数量必须一致。

3.7.8　买卖双方达成协议后，向本所交易系统提出成交申报，申报的交易价格和数量必须一致。

除本所另有规定外，大宗交易的成交申报、成交结果一经本所确认，不得撤销或变更。买卖双方必须承认交易结果、履行清算交收义务。

3.7.9　提出固定价格申报的，买卖双方可按当日竞价交易市场收盘价格或者当日全天成交量加权平均价格进行申报。

固定价格申报指令应当包括证券账号、证券代码、买卖方向、交易类型、交易数量等。

在接受固定价格申报期间内，固定价格申报可以撤销；申报时间结束后，本所根据时间优先的原则对固定价格申报进行匹配成交。未成交部分自动撤销。

3.7.10　有价格涨跌幅证券的成交申报价格，由买方和卖方在当日价格涨跌幅限制范围内确定。

无价格涨跌幅限制证券的成交申报价格，由买卖双方在前收盘价格的上下 30% 或当日已成交的最高、最低价格之间自行协商确定。

每个交易日 16：00 至 17：00 接受的申报，适用于当日其他交易时段接受的涨跌幅价格。

3.7.11　会员应当保证大宗交易参与者实际拥有与其申报相对应的证券或者资金。

持有或者租用本所交易业务单元的机构参与大宗交易，应当通过持有或者租用的交易业务单元提出申报，并确保拥有与申报相对应的证券或者资金。

3.7.12　本所债券大宗交易实行一级交易商制度。

经本所认可的会员，可以担任一级交易商，通过本所大宗交易系统进行债券双边报价业务。

3.7.13　大宗交易不纳入本所即时行情和指数的计算，成交量在大宗交易结束后计入该证券成交总量。

3.7.14　本所在每个交易日结束后通过本交易所网站公布以下交易信息：

（一）股票和基金的成交申报大宗交易，内容包括：证券代码、证券简称、成交量、成交价格以及买卖双方所在会员证券营业部的名称；

（二）债券和债券回购的成交申报大宗交易，内容包括：证券名称、成交价格和成交量；

（三）单只证券的固定价格申报的成交量、成交金额，及该证券当日买入、卖出金额最大五家会员证券营业部的名称和各自的买入、卖出金额。

3.7.15　大宗交易涉及法定信息披露要求的，买卖双方应依照有关法律法规履行信息披露义务。

### 第八节　债券回购交易

3.8.1　债券回购交易包括债券买断式回购交易和债券质押式回购交易等。

3.8.2　债券买断式回购交易是指债券持有人将债券卖给购买方的同时，交易双方约定在未来某一日期，卖方再以约定价格从买方购回相等数量同种债券的交易。

债券质押式回购交易是指债券持有人在将债券质押的同时，将相应债券以标准券折算比率计算出的标准券数量为融资额度而进行的质押融资，交易双方约定在回购期满后返还资金和解除质押的交易。

3.8.3　债券回购交易的期限按日历时间计算。如到期日为非交易日，顺延至下一个交易日结算。

## 第四章　其他交易事项

### 第一节　开盘价与收盘价

4.1.1　证券的开盘价为当日该证券的第一笔成交价格。

4.1.2　证券的开盘价通过集合竞价方式产生，不能产生开盘价的，以连续竞价方式产生。

4.1.3　除本规则另有规定外，证券的收盘价通过集合竞价的方式产生。收盘集合竞价不能产生收盘价或未进行收盘集合竞价的，以当日该证券最后一笔交易前一分钟所有交易的成交量加权平均价（含最后一笔交易）为收盘价。

基金、债券、债券买断式回购的收盘价为当日该证券最后一笔交易前一分钟所有交易的成交量加权平均价（含最后一笔交易）。

债券质押式回购的收盘价为当日该证券最后一笔交易前一小时所有交易的成交量加权平均价（含最后一笔交易）。

当日无成交的，以前收盘价为当日收盘价。

### 第二节　挂牌、摘牌、停牌与复牌

4.2.1　本所对上市证券实行挂牌交易。

4.2.2　证券上市期届满或依法不再具备上市条件的，本所终止其上市交易，并予以摘牌。

4.2.3　本所可以对涉嫌违法违规交易的证券实施特别停牌并予以公告，相关当事人应按照本所的要求提交书面报告。

特别停牌及复牌的时间和方式由本所决定。

4.2.4　证券停牌时，本所发布的行情中包括该证券的信息；证券摘牌后，行情中无该证券的信息。

4.2.5　证券开市期间停牌的，停牌前的申报参加当日该证券复牌后的交易；停牌期间，可以继续申报，也可以撤销申报；复牌时对已接受的申报实行集合竞价，停牌及集合竞价期间不揭示集合竞价虚拟参考价格、虚拟匹配量、虚拟未匹配量。

证券停牌时间跨越14：57且须于当日复牌的，于14：57复牌，此后进入后续交易阶段。

4.2.6　证券挂牌、摘牌、停牌与复牌的，本所予以公告。

4.2.7　证券挂牌、摘牌、停牌与复牌的其他规定，按照本所上市规则或其他有关规定执行。

## 第三节　除权与除息

4.3.1　上市证券发生权益分派、公积金转增股本、配股等情况，本所在权益登记日（B股为最后交易日）次一交易日对该证券作除权除息处理，本所另有规定的除外。

4.3.2　除权（息）参考价格的计算公式为：

除权（息）参考价格 = [（前收盘价格 − 现金红利）+ 配（新）股价格 × 流通股份变动比例] ÷（1 + 流通股份变动比例）。

证券发行人认为有必要调整上述计算公式的，可向本所提出调整申请并说明理由。本所可以根据申请决定调整除权（息）参考价格计算公式，并予以公布。

除权（息）日即时行情中显示的该证券的前收盘价为除权（息）参考价。

4.3.3　除权（息）日证券买卖，按除权（息）参考价格作为计算涨跌幅度的基准，本所另有规定的除外。

## 第四节　债券分期偿还

4.4.1　债券分期偿还采取减少面值的方式办理。

本所可根据市场情况采取减少持仓或者其他方式办理。

4.4.2　采取减少面值方式的，按照以下规定办理：

（一）债券持仓数量保持不变，债券面值根据已偿还比例相应减少。面值计算公式为：减少后的面值 = 发行面值 × 未偿还比例。

（二）债券计价单位为“减少后的面值所对应债券的价格”，债券质押式回购为“每百元资金到期年收益”，债券买断式回购为“减少后的面值所对应债券的到期购回价格”。

（三）债券交易单位为手，申报数量为1手或其整数倍。1手债券对应的面值计算公式为：1手债券面值 = 1000元 × 未偿还比例。

（四）本所在权益登记日次一交易日作除权处理。除权参考价格的计算公式为：除权参考价格 = 前收盘价格 − 100元 × 本次偿还比例。

4.4.3　采取减少持仓方式的，债券面值保持不变，债券持仓数量根据已偿还比例相应减少。由此产生的不足 1 手债券，应当予以全部偿还。

4.4.4　以其他方式办理债券分期偿还的，具体事项由本所另行规定。

4.4.5　本节未作规定的交易事项按照本规则其他规定办理。

## 第五节　指数熔断

4.5.1　沪深 300 指数出现下列情形的，本所可以对股票等相关品种的竞价交易按照下列规定予以暂停（以下简称“指数熔断”），并向市场公告：

（一）沪深 300 指数较前一交易日收盘首次上涨、下跌达到或超过 5% 的，指数熔断 15 分钟，熔断时间届满后恢复交易；11：30 前未完成的指数熔断，延续至 13：00 后的交易时段继续进行，直至届满。14：45 至 15：00 期间，沪深 300 指数较前一交易日首次上涨、下跌达到或超过 5% 的，指数熔断至当日 15：00，当日不再恢复交易。

（二）沪深 300 指数较前一交易日收盘上涨、下跌达到或超过 7% 的，指数熔断至 15：00，当日不再恢复交易。

开盘集合竞价出现上述情形的，于 9：30 开始实施指数熔断。

指数熔断的具体实施时间以本所公告为准。

4.5.2　本所实施指数熔断的品种包括股票、基金、可转换公司债券、可交换公司债券以及本所认定的其他证券品种，具体以本所公告为准。

下列品种的基金不实施指数熔断：

（一）黄金交易型开放式证券投资基金；

（二）交易型货币市场基金；

（三）债券交易型开放式指数基金。

4.5.3　本所交易日为股指期货合约交割日的，当日指数熔断时间跨越 11：30 的，于当日 13：00 起恢复交易；当日 13：00 至 15：00 期间，本所不实施指数熔断。

本规则所称股指期货合约交割日，是指在中国金融期货交易所上市交易的上证 50 指数期货、沪深 300 指数期货、中证 500 指数期货以及本所规定的其他股指期货合约的交割日。

4.5.4　指数熔断于 15：00 前结束的，熔断期间可以继续申报，也可以撤销申报。

指数熔断持续至 15：00 结束的，熔断期间本所交易主机仅接受撤销申报，不接受其他申报。

4.5.5　指数熔断于 15：00 前结束的，本所交易主机对已接受的申报进行集合竞价撮合成交，此后进入连续竞价交易阶段。指数熔断持续至 15：00 结束的，当日不再进行集中竞价撮合成交。

指数熔断期间和熔断结束后的集合竞价期间不揭示虚拟参考价格、虚拟匹配量、虚拟未匹配量。

4.5.6　证券复牌遇本所实施指数熔断的，延续至指数熔断结束后复牌，但不属于指数熔断实施范围的证券品种除外。

4.5.7　指数熔断至 15：00 的，相应证券品种当日不进行大宗交易。

# 第五章　交易信息

## 第一节　一般规定

5.1.1　本所每个交易日实时发布证券交易即时行情、证券指数，并发布证券交易公开信息等交易信息。

5.1.2　本所及时编制反映市场成交情况的各类日报表、周报表、月报表和年报表，并予以发布。

5.1.3　本所市场产生的交易信息归本所所有。未经本所许可，任何机构和个人不得使用和传播。

经本所许可使用交易信息的机构和个人，未经本所同意，不得将本所交易信息提供给其他机构和个人使用或予以传播。

5.1.4　证券交易信息的管理办法由本所另行规定。

## 第二节　即时行情

5.2.1　每个交易日9：15至9：25开盘集合竞价期间、14：57至15：00收盘集合竞价期间，即时行情内容包括：证券代码、证券简称、前收盘价格、集合竞价虚拟参考价格、虚拟匹配量和虚拟未匹配量。

5.2.2　连续竞价期间，即时行情内容包括：证券代码、证券简称、前收盘价格、最新成交价格、当日最高成交价格、当日最低成交价格、当日累计成交数量、当日累计成交金额、实时最高5个买入申报价格和数量、实时最低5个卖出申报价格和数量。

5.2.3　首次上市证券上市首日，其即时行情显示的前收盘价格为其发行价，本所另有规定的除外。

5.2.4　即时行情通过通信系统传输至各交易参与人，交易参与人应在本所许可的范围内使用。

5.2.5　根据市场发展需要，本所可以调整即时行情发布的方式和内容。

## 第三节　证券指数

5.3.1　本所编制综合指数、成分指数、分类指数等证券指数，以反映证券交易总体价格或某类证券价格的变动和走势，随即时行情发布。

5.3.2　证券指数的编制遵循公开透明的原则。

5.3.3　证券指数设置和编制的具体方法由本所另行规定。

## 第四节　证券交易公开信息

5.4.1　有价格涨跌幅限制的股票、封闭式基金竞价交易出现下列情形之一的，本所公布当日买入、卖出金额最大的5家会员营业部的名称及其买入、卖出金额：

（一）日收盘价格涨跌幅偏离值达到±7%的各前3只股票（基金）；

收盘价格涨跌幅偏离值的计算公式为：收盘价格涨跌幅偏离值＝单只股票（基金）涨跌幅－对应分类指数涨跌幅

（二）日价格振幅达到15%的前3只股票（基金）；

价格振幅的计算公式为：价格振幅 =（当日最高价格 − 当日最低价格）÷ 当日最低价格 × 100%

（三）日换手率达到20%的前3只股票（基金）；

换手率的计算公式为：换手率 = 成交股数（份额）÷ 流通股数（份额）× 100%

收盘价格涨跌幅偏离值、价格振幅或换手率相同的，依次按成交金额和成交量选取。

对应分类指数包括本所编制的上证A股指数、上证B股指数和上证基金指数等。

对第3.4.13条规定的无价格涨跌幅限制的股票、封闭式基金，本所公布当日买入、卖出金额最大的5家会员营业部的名称及其买入、卖出金额。

5.4.2　股票、封闭式基金竞价交易出现下列情形之一的，属于异常波动，本所分别公告该股票、封闭式基金交易异常波动期间累计买入、卖出金额最大5家会员营业部的名称及其买入、卖出金额：

（一）连续3个交易日内日收盘价格涨跌幅偏离值累计达到 ±20%的；

（二）连续3个交易日内日均换手率与前5个交易日的日均换手率的比值达到30倍，并且该股票、封闭式基金连续3个交易日内的累计换手率达到20%的；

（三）本所或证监会认定属于异常波动的其他情形。

异常波动指标自公告之日起重新计算。

对第3.4.13条规定的无价格涨跌幅限制的股票、封闭式基金不纳入异常波动指标的计算。

经证监会批准，本所可以调整涨跌幅偏离值的累计比例。

5.4.3　本所根据第4.2.3条对证券实施特别停牌的，根据需要可以公布以下信息：

（一）成交金额最大的5家会员营业部的名称及其买入、卖出数量和买入、卖出金额；

（二）股份统计信息；

（三）本所认为应披露的其他信息。

5.4.4　证券交易公开信息涉及机构的，公布名称为“机构专用”。

5.4.5　根据市场发展需要，本所可以调整证券交易公开信息的内容。

## 第六章　交易行为监督

6.1　本所对下列可能影响证券交易价格或者证券交易量的异常交易行为予以重点监控：

（一）可能对证券交易价格产生重大影响的信息披露前，大量买入或者卖出相关证券；

（二）以同一身份证明文件、营业执照或其他有效证明文件开立的证券账户之间，大量或者频繁进行互为对手方的交易；

（三）委托、授权给同一机构或者同一个人代为从事交易的证券账户之间，大量或者频繁进行互为对手方的交易；

（四）两个或两个以上固定的或涉嫌关联的证券账户之间，大量或者频繁进行互为对手方的交易；

（五）大笔申报、连续申报或者密集申报，以影响证券交易价格；

（六）频繁申报或频繁撤销申报，以影响证券交易价格或其他投资者的投资决定；

（七）巨额申报，且申报价格明显偏离申报时的证券市场成交价格；

（八）一段时期内进行大量且连续的交易；

（九）在同一价位或者相近价位大量或者频繁进行回转交易；

（十）大量或者频繁进行高买低卖交易；

（十一）进行与自身公开发布的投资分析、预测或建议相背离的证券交易；

（十二）在大宗交易中进行虚假或其他扰乱市场秩序的申报；

（十三）本所认为需要重点监控的其他异常交易。

6.2　会员及其营业部发现投资者的证券交易出现第6.1条所列异常交易行为之一，且可能严重影响证券交易秩序的，应当予以提醒，并及时向本所报告。

6.3　出现第6.1条所列异常交易行为之一，且对证券交易价格或者交易量产生重大影响的，本所可采取非现场调查和现场调查措施，要求相关会员及其营业部提供投资者开户资料、授权委托书、资金存取凭证、资金账户情况、相关交易情况等资料；如异常交易涉及投资者的，本所可以直接要求其提供有关材料。

6.4　会员及其营业部、其他交易参与人以及投资者应当配合本所进行相关调查，及时、真实、准确、完整地提供有关文件和资料。

6.5　对情节严重的异常交易行为，本所可以视情况采取下列措施：

（一）口头或书面警示；

（二）约见谈话；

（三）要求相关投资者提交书面承诺；

（四）限制相关证券账户交易；

（五）报请证监会冻结相关证券账户或资金账户；

（六）上报证监会查处。

如对第（四）项措施有异议的，可以向本所提出复核申请。复核期间不停止相关措施的执行。

## 第七章　交易异常情况处理

7.1　因下列突发性事件，导致部分或全部证券交易不能正常进行的，为维护证券交易正常秩序和市场公平，本所可以决定采取技术性停牌、临时停市等处置措施：

（一）不可抗力；

（二）意外事件；

（三）重大技术故障；

（四）重大人为差错；

（五）本所认定的其他异常情况。

因前款规定的突发性事件导致证券交易结果出现重大异常，按交易结果进行交收将对证券交易正常秩序和市场公平造成重大影响的，本所可以采取取消交易、通知证券登记结算机构暂缓交收等措施。

7.2　出现行情传输中断或无法申报的会员营业部数量超过营业部总数10%以上的交易异常情况，本所可以实行临时停市。

7.3　本所认为可能发生第7.1条、第7.2条规定的交易异常情况，并会严重影响交易正常进行的，可以决定技术性停牌或临时停市。

7.4　本所对技术性停牌、临时停市、取消交易、通知证券登记结算机构暂缓交收的决定予以公告，并及时向中国证监会报告。

7.5　技术性停牌或临时停市原因消除后，本所可以决定恢复交易。

7.6　本所对证券交易进行风险监测。出现重大异常波动的，本所可以采取限制交易、强制停牌等处置措施，并向证监会报告；严重影响证券市场稳定的，本所可以采取临时停市等处置措施并公告。具体办法由本所另行规定。

7.7　除本所认定的特殊情况外，技术性停牌或临时停市后当日恢复交易的，技术性停牌或临时停市前交易主机已经接受的申报有效。交易主机在技术性停牌或临时停市期间继续接受申报，在恢复交易时对已接受的申报实行集合竞价交易。

7.8　交易异常情况、重大异常波动及本所采取的相应措施造成的损失，本所不承担民事赔偿责任，但存在重大过错的除外。

## 第八章　交易纠纷

8.1　会员之间、会员与客户之间发生交易纠纷，相关会员应当记录有关情况，以备本所查阅。交易纠纷影响正常交易的，会员应当及时向本所报告。

8.2　交易参与人之间、会员与客户之间发生交易纠纷，本所可以按有关规定提供必要的交易数据。

8.3　客户对交易有疑义的，会员应当协调处理。

## 第九章　交易费用

9.1　投资者买卖证券成交的，应当按规定向代其进行证券买卖的会员交纳佣金。

9.2　交易参与人应当按规定向本所交纳交易经手费及其他费用；会员还应当按规定向本所交纳会员费。

9.3　证券交易的收费项目、收费标准和管理办法按照有关规定执行。

## 第十章　纪律处分

10.1　会员、其他交易参与人违反本规则的，本所责令其改正，并视情节轻重单处或并处：

（一）通报批评；

（二）公开谴责；

（三）暂停或者限制交易权限；

（四）取消交易参与人资格；

（五）取消会员资格。

10.2　会员、其他交易参与人对前条（二）（三）（四）（五）项处分有异议的，可以自接到处分通知之日起15日内向本所理事会申请复核。复核期间不停止相关处分的执行。

## 第十一章　附　　则

11.1　交易型开放式指数基金、债券、债券回购、权证等品种、风险警示股票、退市整理股票的其他交易事项，由本所另行规定。

11.2　本规则中所述时间，以本所交易主机的时间为准。

11.3　本所有关股票、基金交易异常波动的规定与本规则不一致的，按本规则执行。

11.4　本规则下列用语含义：

（一）市场：指本所设立的证券交易市场。

（二）上市交易：指证券在本所挂牌交易。

（三）委托：指投资者向会员进行具体授权买卖证券的行为。

（四）申报：指会员向本所交易主机发送证券买卖指令的行为。

（五）标准券：指由不同债券品按相应折算率折算形成的，用以确定可利用质押式回购交易进行融资的额度。

（六）最优价：指集中申报簿中买方的最高价或卖方的最低价。集中申报簿指交易主机中某一时点按买卖方向以及价格优先、时间优先顺序排列的所有未成交申报队列。

（七）集合竞价虚拟参考价格：指截至揭示时所有有效申报按照集合竞价规则虚拟成交并予以即时揭示的价格。

（八）虚拟匹配量：指截至揭示时按照集合竞价虚拟参考价格虚拟成交并予以即时揭示的申报数量。

（九）虚拟未匹配量：指截至揭示时不能按照集合竞价虚拟参考价格虚拟成交并予以即时揭示的买方或卖方剩余申报数量。

（十）风险警示股票：指按照《上海证券交易所股票上市规则》被实施风险警示的股票。

（十一）退市整理股票：指被本所作出终止上市决定但处于退市整理期尚未摘牌的股票。

11.5　本规则经本所理事会通过，报证监会批准后生效，修改时亦同。

11.6　本规则由本所负责解释。

11.7　本规则自2020年3月13日起施行。

# 附录2 深圳证券交易所交易规则

（2020年修订）

（2001年11月30日实施；2006年5月15日第一次修订；2011年1月17日第二次修订；2012年11月30日第三次修订；2013年7月29日第四次修订；根据2013年11月30日《关于修改〈深圳证券交易所交易规则（2013年修订）〉第3.1.4条的决定》修订；根据2015年1月9日《关于修改〈深圳证券交易所交易规则〉第3.1.4条的通知》修订；根据2015年12月4日《关于修订〈深圳证券交易所交易规则〉新增第四章第六节的通知》修订；根据2016年4月28日《关于修改〈深圳证券交易所交易规则〉的通知》修订；根据2016年9月30日《关于修改〈深圳证券交易所交易规则〉涉及交易参与人若干条款的通知》修订；根据2019年1月11日《关于修订〈深圳证券交易所交易规则〉第3.1.4条的通知》修订；根据2020年3月13日《关于发布〈深圳证券交易所交易规则（2020年修订）〉的通知》修订）

目 录

## 第一章　总　　则

1.1　为规范证券市场交易行为，维护证券市场秩序，保护投资者合法权益，根据《中华人民共和国证券法》《证券交易所管理办法》等法律、行政法规、部门规章、规范性文件以及《深圳证券交易所章程》，制定本规则。

1.2　深圳证券交易所（以下简称“本所”）上市证券及其衍生品种（以下统称“证券”）的交易，适用本规则。

本规则未作规定的，适用本所其他有关规定。

1.3　证券交易遵循公开、公平、公正的原则。

1.4　投资者交易行为应当遵守法律、行政法规、部门规章、规范性文件以及本所有关业务规则，遵循自愿、有偿、诚实信用原则。

1.5　证券交易采用无纸化的集中交易或经中国证券监督管理委员会（以下简称“证监会”）批准的其他方式。

## 第二章　交易市场

### 第一节　交易场所

2.1.1　本所为证券交易提供交易场所及设施。交易场所及设施由交易主机、交易大厅、交易单元、报盘系统及相关的通信系统等组成。

### 第二节　交易参与人

2.2.1　会员及本所认可的机构进入本所市场进行证券交易，应当向本所申请取得交易权限，成为本所交易参与人。

交易参与人应当通过在本所申请开设的交易单元进行证券交易，并遵守本规则以及本所其他业务规则关于证券交易业务的相关规定。

2.2.2　交易单元，是指交易参与人向本所申请设立的、参与本所证券交易与接受本所监管及服务的基本业务单位。

2.2.3　交易单元和交易权限的具体规定，由本所另行制定。

### 第三节　交易品种

2.3.1　在本所市场上市交易的品种包括：

（一）股票；

（二）基金；

（三）债券；

（四）权证；

（五）存托凭证；

（六）经证监会批准的其他交易品种。

### 第四节　交易时间

2.4.1　本所交易日为每周一至周五。

国家法定假日和本所公告的休市日，本所市场休市。

2.4.2　证券采用竞价交易方式的，每个交易日的9：15至9：25为开盘集合竞价时间，9:30至11：30、13：00至14：57为连续竞价时间，14：57至15：00为收盘集合竞价时间。

经证监会批准，本所可以调整交易时间。

2.4.3　交易时间内因故停市，交易时间不作顺延。

## 第三章　证券买卖

### 第一节　一般规定

3.1.1　会员接受投资者的买卖委托后，应当确认投资者具备相应证券或资金，并按照委托的内容向本所申报，承担相应的交易、交收责任。

会员接受投资者买卖委托达成交易的，投资者应当向会员交付其委托会员卖出的证券或其委托会员买入证券的款项，会员应当向投资者交付卖出证券所得款项或买入的证券。

3.1.2　交易参与人通过报盘系统向本所交易主机发送买卖申报指令，并按本规则达成交易，交易记录由本所发送至交易参与人。

3.1.3　交易参与人应当按有关规定妥善保管委托和申报记录。

3.1.4　投资者买入的证券，在交收前不得卖出，但实行回转交易的除外。

证券的回转交易，是指投资者买入的证券，经确认成交后，在交收完成前全部或部分卖出。

3.1.5　在本所上市交易的下列证券品种实行当日回转交易：

（一）债券；

（二）债券交易型开放式基金；

（三）上市交易的货币市场基金；

（四）黄金交易型开放式基金；

（五）跨境交易型开放式基金和跨境上市开放式基金；

（六）商品期货交易型开放式基金。

前款所述的跨境交易型开放式基金和跨境上市开放式基金仅限于所跟踪指数成份证券或投资标的实施当日回转交易的开放式基金。

B 股实行次交易日起回转交易。

经证监会批准，本所可以调整实行回转交易的证券品种和回转方式。

3.1.6　本所可以根据市场需要，实行主交易商制度，具体规定由本所另行制定，报证监会批准后生效。

## 第二节　委　托

3.2.1　投资者买卖证券，应当以实名方式开立证券账户和资金账户，并与会员签订证券交易委托协议。协议生效后，投资者为该会员经纪业务的客户。

投资者开立证券账户，按本所指定登记结算机构的规定办理。

3.2.2　投资者可以通过书面或电话、自助终端、互联网等自助委托方式委托会员买卖证券。

投资者通过自助委托方式参与证券买卖的，会员应当与其签订自助委托协议。

3.2.3　投资者通过电话、自助终端、互联网等方式进行自助委托的，应当按相关规定操作。

会员应当记录投资者委托的电话号码、网卡地址、IP 地址等信息。

3.2.4　除本所另有规定外，投资者的委托指令应当包括：

（一）证券账户号码；

（二）证券代码；

（三）买卖方向；

（四）委托数量；

（五）委托价格；

（六）本所及会员要求的其他内容。

3.2.5　投资者可以采用限价委托或市价委托的方式委托会员买卖证券。

限价委托，是指投资者委托会员按其限定的价格买卖证券，会员必须按限定的价格或低于限定的价格申报买入证券；按限定的价格或高于限定的价格申报卖出证券。

市价委托，是指投资者委托会员按市场价格买卖证券。

3.2.6　投资者可以撤销委托的未成交部分。

3.2.7　被撤销或失效的委托，会员应当在确认后及时向投资者返还相应的资金或证券。

## 第三节　申　报

3.3.1　本所接受交易参与人竞价交易申报的时间为每个交易日 9：15 至 9：25、9：30 至 11：30、13：00 至 15：00。

每个交易日 9：20 至 9：25、14：57 至 15：00，本所交易主机不接受参与竞价交易的撤销申报；在其他接受申报的时间内，未成交申报可以撤销。

本所可以调整接受申报的时间。

3.3.2　会员应当按照接受投资者委托的时间先后顺序及时向本所申报。

买卖申报和撤销申报经本所交易主机确认后方为有效。

3.3.3　除另有规定外，本所接受交易参与人的限价申报和市价申报。

3.3.4　本所可以根据市场需要，接受下列类型的市价申报：

（一）对手方最优价格申报；

（二）本方最优价格申报；

（三）最优五档即时成交剩余撤销申报；

（四）即时成交剩余撤销申报；

（五）全额成交或撤销申报；

（六）本所规定的其他类型。

对手方最优价格申报，以申报进入交易主机时集中申报簿中对手方队列的最优价格为其申报价格。

本方最优价格申报，以申报进入交易主机时集中申报簿中本方队列的最优价格为其申报价格。

最优五档即时成交剩余撤销申报，以对手方价格为成交价，与申报进入交易主机时集中申报簿中对手方最优五个价位的申报队列依次成交，未成交部分自动撤销。

即时成交并撤销申报，以对手方价格为成交价，与申报进入交易主机时集中申报簿中对手方所有申报队列依次成交，未成交部分自动撤销。

全额成交或撤销申报，以对手方价格为成交价，如与申报进入交易主机时集中申报簿中对手方所有申报队列依次成交能够使其完全成交的，则依次成交，否则申报全部自动撤销。

3.3.5　市价申报只适用于有价格涨跌幅限制证券连续竞价期间的交易。其他交易时间，交易主机不接受市价申报。

3.3.6　本方最优价格申报进入交易主机时，集中申报簿中本方无申报的，申报自动撤销。

其他市价申报类型进入交易主机时，集中申报簿中对手方无申报的，申报自动撤销。

3.3.7　限价申报指令应当包括证券账户号码、证券代码、交易单元代码、证券营业部识别码、买卖方向、数量、价格等内容。

市价申报指令应当包括申报类型、证券账户号码、证券代码、交易单元代码、证券营业部识别码、买卖方向、数量等内容。

申报指令应当按本所规定的格式传送。

本所可以根据市场需要，调整申报的内容。

3.3.8　通过竞价交易买入股票或基金的，申报数量应当为100股（份）或其整数倍。卖出股票或基金时，余额不足100股（份）部分，应当一次性申报卖出。

3.3.9　通过竞价交易买入债券以10张或其整数倍进行申报。买入、卖出债券质押式回购以10张或其整数倍进行申报。

卖出债券时，余额不足10张部分，应当一次性申报卖出。债券以人民币100元面额为1

张，债券质押式回购以 100 元标准券为 1 张。本所另有规定的除外。

3.3.10　股票（基金）竞价交易单笔申报最大数量不得超过 100 万股（份），债券和债券质押式回购竞价交易单笔申报最大数量不得超过 100 万张。

3.3.11　股票交易的计价单位为“每股价格”，基金交易的计价单位为“每份基金价格”，债券交易的计价单位为“每百元面值的价格”，债券质押式回购交易的计价单位为“每百元资金到期年收益”。本所另有规定的除外。

3.3.12　债券交易可以采取净价交易或全价交易的方式。净价交易，是指买卖债券时以不含有应计利息的价格申报并成交。全价交易，是指买卖债券时以含有应计利息的价格申报并成交。

3.3.13　A 股交易的申报价格最小变动单位为 0.01 元人民币；基金、债券、债券质押式回购交易的申报价格最小变动单位为 0.001 元人民币；B 股的申报价格最小变动单位为 0.01 港元。

3.3.14　本所可以根据市场需要，调整证券单笔买卖申报数量和申报价格的最小变动单位。

3.3.15　本所对股票、基金交易实行价格涨跌幅限制，涨跌幅限制比例为 10%，ST 和 *ST等被实施特别处理的股票价格涨跌幅限制比例为 5%。经证监会批准，本所可以调整证券的涨跌幅限制比例。

3.3.16　涨跌幅限制价格的计算公式为：涨跌幅限制价格 = 前收盘价 ×（1 ± 涨跌幅限制比例）。

计算结果按照四舍五入原则取至价格最小变动单位。涨跌幅限制价格与前收盘价之差的绝对值低于价格最小变动单位的，以前收盘价增减一个价格最小变动单位为涨跌幅限制价格。

3.3.17　属于下列情形之一的，股票上市首日不实行价格涨跌幅限制：

（一）首次公开发行股票上市的；

（二）暂停上市后恢复上市的；

（三）证监会或本所认定的其他情形。

3.3.18　申报当日有效。每笔竞价交易的申报不能一次全部成交时，未成交部分继续参加当日竞价，但第 3.3.4 条第（三）、（四）、（五）项市价申报类型除外。

## 第四节　竞　　价

3.4.1　证券竞价交易采用集合竞价和连续竞价两种方式。集合竞价，是指对一段时间内接受的买卖申报一次性集中撮合的竞价方式。连续竞价，是指对买卖申报逐笔连续撮合的竞价方式。

3.4.2　买卖有价格涨跌幅限制的证券，其有效竞价范围与涨跌幅限制范围一致，在价格涨跌幅限制以内的申报为有效申报，超过涨跌幅限制的申报为无效申报。

3.4.3　买卖无价格涨跌幅限制的证券，按下列方法确定有效竞价范围：

（一）股票开盘集合竞价的有效竞价范围为即时行情显示的前收盘价的 900% 以内，连续竞价、盘中临时停牌复牌集合竞价、收盘集合竞价的有效竞价范围为最近成交价的上下 10%；

（二）债券上市首日开盘集合竞价的有效竞价范围为发行价的上下30%，连续竞价、收盘集合竞价的有效竞价范围为最近成交价的上下10%；非上市首日开盘集合竞价的有效竞价范围为前收盘价的上下10%，连续竞价、收盘集合竞价的有效竞价范围为最近成交价的上下10%；

（三）债券质押式回购非上市首日开盘集合竞价的有效竞价范围为前收盘价的上下100%，连续竞价、收盘集合竞价的有效竞价范围为最近成交价的上下100%。债券质押式回购上市首日的有效竞价范围设置，由本所另行规定。

有效竞价范围计算结果按照四舍五入原则取至价格最小变动单位。

无价格涨跌幅限制证券有效竞价范围上限或下限与最近成交价之差的绝对值低于价格最小变动单位的，以最近成交价增减一个该证券的价格最小变动单位为有效竞价范围。

3.4.4 买卖无价格涨跌幅限制的证券，超过有效竞价范围的申报不能即时参加竞价，暂存于交易主机；当成交价波动使其进入有效竞价范围时，交易主机自动取出申报，参加竞价。

3.4.5 无价格涨跌幅限制的证券在集合竞价期间没有产生成交的，继续交易时，按下列方式调整有效竞价范围：

（一）有效竞价范围内的最高买入申报价高于即时行情显示的前收盘价或最近成交价，以最高买入申报价为基准调整有效竞价范围；

（二）有效竞价范围内的最低卖出申报价低于即时行情显示的前收盘价或最近成交价，以最低卖出申报价为基准调整有效竞价范围。

3.4.6 本所可以根据市场需要，调整证券的有效竞价范围。

## 第五节 成　交

3.5.1 证券竞价交易按价格优先、时间优先的原则撮合成交。

价格优先的原则为：较高价格买入申报优先于较低价格买入申报，较低价格卖出申报优先于较高价格卖出申报。

时间优先的原则为：买卖方向、价格相同的，先申报者优先于后申报者。先后顺序按交易主机接受申报的时间确定。

3.5.2 集合竞价时，成交价的确定原则为：

（一）可实现最大成交量；

（二）高于该价格的买入申报与低于该价格的卖出申报全部成交；

（三）与该价格相同的买方或卖方至少有一方全部成交。两个以上价格符合上述条件的，取在该价格以上的买入

申报累计数量与在该价格以下的卖出申报累计数量之差最小的价格为成交价；买卖申报累计数量之差仍存在相等情况的，开盘集合竞价时取最接近即时行情显示的前收盘价的价格为成交价，盘中、收盘集合竞价时取最接近最近成交价的价格为成交价。集合竞价的所有交易以同一价格成交。

3.5.3 连续竞价时，成交价的确定原则为：

（一）最高买入申报与最低卖出申报价格相同，以该价格为成交价；

（二）买入申报价格高于集中申报簿当时最低卖出申报价格时，以集中申报簿当时的最低卖出申报价格为成交价；

（三）卖出申报价格低于集中申报簿当时最高买入申报价格时，以集中申报簿当时的最高买入申报价格为成交价。

3.5.4　买卖申报经交易主机撮合成交后，交易即告成立。符合本规则各项规定达成的交易于成立时生效，买卖双方必须承认交易结果，履行清算交收义务。

因不可抗力、意外事件、交易系统被非法侵入等原因造成严重后果的交易，本所可以采取适当措施或认定无效。

对显失公平的交易，经本所认定，可以采取适当措施。违反本规则，严重破坏证券市场正常运行的交易，本所有权宣布取消交易。由此造成的损失由违规交易者承担。

3.5.5　依照本规则达成的交易，其成交结果以交易主机记录的成交数据为准。

3.5.6　证券交易的清算交收业务，应当按照本所指定的登记结算机构的规定办理。

### 第六节　大宗交易

3.6.1　在本所进行的证券交易符合以下条件的，可以采用大宗交易方式：

（一）A股单笔交易数量不低于30万股，或者交易金额不低于200万元人民币；

（二）B股单笔交易数量不低于3万股，或者交易金额不低于20万元港币；

（三）基金单笔交易数量不低于200万份，或者交易金额不低于200万元人民币；

（四）债券单笔交易数量不低于5千张，或者交易金额不低于50万元人民币。

本所可以根据市场需要，调整大宗交易的最低限额。

3.6.2　本所大宗交易采用协议大宗交易和盘后定价大宗交易方式。

协议大宗交易，是指大宗交易双方互为指定交易对手方，协商确定交易价格及数量的交易方式。

盘后定价大宗交易，是指证券交易收盘后按照时间优先的原则，以证券当日收盘价或证券当日成交量加权平均价格对大宗交易买卖申报逐笔连续撮合的交易方式。

3.6.3　采用协议大宗交易方式的，本所接受申报的时间为每个交易日9：15至11：30、13：00至15：30。采用盘后定价大宗交易方式的，本所接受申报的时间为每个交易日15：05至15：30。当天全天停牌、处于临时停牌期间或停牌至收市的证券，本所不接受其协议大宗交易申报。当天全天停牌或停牌至收市的证券，本所不接受其盘后定价大宗交易申报。

3.6.4　有价格涨跌幅限制证券的协议大宗交易的成交价格，在该证券当日涨跌幅限制价格范围内确定。无价格涨跌幅限制证券的协议大宗交易的成交价格，在前收盘价的上下30%之间确定。

3.6.5　本所接受下列类型的协议大宗交易申报：

（一）意向申报；

（二）成交申报；

（三）定价申报；

（四）其他申报。

3.6.6　协议大宗交易意向申报指令应当包括证券账户号码、证券代码、买卖方向和本方交易单元代码等内容。意向申报不承担成交义务，意向申报指令可以撤销。

协议大宗交易成交申报指令应当包括证券账户号码、证券代码、买卖方向、价格、数量、对手方交易单元代码、约定号等内容。成交申报要求明确指定价格和数量。成交申报可以撤销，但在对手方提交匹配的申报后不得撤销。本所对约定号、证券代码、买卖方向、价格、数量等各项要素均匹配的成交申报进行成交确认。

协议大宗交易定价申报指令应当包括证券账户号码、证券代码、买卖方向、价格、数量和本方交易单元代码等内容。市场所有参与者可以提交成交申报，按指定的价格与定价申报全部或部分成交，本所按时间优先顺序进行成交确认。定价申报的未成交部分可以撤销。定价申报每笔成交的数量或交易金额，应当满足协议大宗交易最低限额的要求。

3.6.7　权益类证券协议大宗交易的成交确认时间为每个交易日 15：00 至 15：30；债券协议大宗交易的成交确认时间为每个交易日 9：15 至 11：30、13：00 至 15：30。

3.6.8　盘后定价大宗交易的申报指令应当包括证券账户号码、证券代码、交易单元代码、证券营业部识别码、买卖方向、数量、价格类型等内容。

盘后定价大宗交易的价格类型包括：

（一）证券当日收盘价；

（二）证券当日成交量加权平均价格。

在接受申报的时间内，未成交申报可以撤销。

3.6.9　本所在交易时间内通过交易系统或交易所网站即时公布以下交易信息：

（一）债券协议大宗交易的报价信息，内容包括：证券代码、证券简称、申报类型、买卖方向、数量、价格等；债券协议大宗交易的成交信息，内容包括：证券代码、证券简称、当日最新价、当日最高价、当日最低价、总成交数量、总成交金额、总成交笔数等；

（二）盘后定价大宗交易的交易信息，内容包括：证券代码、证券简称、价格、当日累计成交数量、当日累计成交金额以及实时买入或卖出的申报数量等。

3.6.10　本所在每个交易日结束后通过交易所网站公布以下交易信息：

（一）协议大宗交易的每笔成交信息，内容包括：证券代码、证券简称、成交量、成交价格以及买卖双方所在会员证券营业部或交易单元的名称；

（二）单只证券盘后定价大宗交易的累计成交量、累计成交金额，及该证券当日买入、卖出金额最大五家会员证券营业部或交易单元的名称和各自的买入、卖出金额；

（三）单只证券大宗交易的累计成交量、累计成交金额，及该证券当日买入、卖出金额最大五家会员证券营业部或交易单元的名称和各自的买入、卖出金额。

3.6.11　大宗交易不纳入本所即时行情和指数的计算，成交量在大宗交易结束后计入当日该证券成交总量。

3.6.12　会员应当保证大宗交易参与者实际拥有与交易申报相对应的证券或资金。

## 第七节　融资融券交易

3.7.1　融资融券交易，是指投资者向会员提供担保物，借入资金买入证券或借入证券并卖出的行为。

3.7.2　会员参与本所融资融券交易，应当向本所申请融资融券交易权限，并通过融资融券专用交易单元进行。

3.7.3　投资者进行融资融券交易，应当按照规定开立信用证券账户。信用证券账户的开立和注销，根据会员和本所指定登记结算机构的有关规定办理。

3.7.4　本所对融资融券交易的下列事项作出规定：

（一）交易业务流程；

（二）可用于融资买入和融券卖出的证券；

（三）可充抵保证金证券的种类和最高折算率；

（四）融资融券的最长期限；

（五）初始保证金比例及最低维持担保比例；

（六）信息披露与报告制度；

（七）市场风险控制措施；

（八）其他事项。

3.7.5　会员向投资者融资、融券前，应当与其签订融资融券合同，向其讲解融资融券业务规则和合同内容，并要求其签署风险揭示书。

3.7.6　融资融券交易活动出现异常，已经或者可能危及市场稳定的，本所认为必要时，可以暂停全部或部分证券的融资融券交易，并予以公告。

3.7.7　融资融券交易的具体规定，由本所另行制定，报证监会批准后生效。

## 第八节　债券回购交易

3.8.1　债券回购交易采取质押式回购交易等方式。债券质押式回购交易，是指债券持有人在将债券质押并将相应债券以标准券折算比率计算出的标准券数量为融资额度向交易对手方进行质押融资的同时，交易双方约定在回购期满后返还资金和解除质押的交易。其中，质押债券取得资金的交易参与人为“融资方”；其对手方为“融券方”。

3.8.2　会员应当与参与债券质押式回购交易的投资者签订债券回购委托协议，并设立标准券明细账。

标准券，是指可用于回购质押的债券品种按标准券折算比率折算形成的、可用于融资的额度。标准券折算比率，是指各债券现券品种所能折成的标准券金额与债券面值之比。

标准券及标准券折算比率的具体规定，由本所指定登记结算机构制定。

3.8.3　债券回购交易申报中，融资方按“买入”方向进行申报，融券方按“卖出”方向进行申报。

3.8.4　本所债券回购按回购期限设立不同品种，并向市场公布。

3.8.5　债券质押式回购交易实行一次交易、两次结算。回购交易达成后，初次结算的结算价格为100元，回购到期二次结算的结算价格为购回价，购回价是指每百元资金的本金和利息之和。

购回价的具体计算方法，由本所另行制定。

## 第四章 其他交易事项

### 第一节 转托管

4.1.1 投资者可以以同一证券账户在单个或多个会员的不同证券营业部买入证券。

4.1.2 投资者买入的证券可以通过原买入证券的交易单元委托卖出，也可以向原买入证券的交易单元发出转托管指令，转托管完成后，在转入的交易单元委托卖出。

转托管的具体规定，由本所指定登记结算机构制定。

### 第二节 开盘价与收盘价

4.2.1 证券的开盘价为当日该证券的第一笔成交价。

4.2.2 证券的开盘价通过集合竞价方式产生，不能通过集合竞价产生的，以连续竞价方式产生。

4.2.3 除本规则另有规定外，证券的收盘价通过集合竞价的方式产生。收盘集合竞价不能产生收盘价或未进行收盘集合竞价的，以当日该证券最后一笔交易前一分钟所有交易的成交量加权平均价（含最后一笔交易）为收盘价。

债券仅采用协议大宗交易方式的，以当日该债券所有交易的成交量加权平均价为收盘价。

当日无成交的，以前收盘价为当日收盘价。

### 第三节 挂牌、摘牌、停牌与复牌

4.3.1 本所对上市证券实施挂牌交易。

4.3.2 证券上市期届满或依法不再具备上市条件的，本所终止其上市交易，予以摘牌。

4.3.3 证券交易出现第6.1条规定的异常交易行为或情形的，本所可以视情况对相关证券实施停牌，发布公告，并根据需要公布相关交易、股份和基金份额统计信息。有披露义务的当事人应当按照本所的要求及时公告。

具体停牌及复牌的时间，以相关公告为准。

4.3.4 无价格涨跌幅限制股票交易出现下列情形的，本所可以对其实施盘中临时停牌措施：

（一）盘中成交价较当日开盘价首次上涨或下跌达到或超过10%的，临时停牌时间为1小时；

（二）盘中成交价较当日开盘价首次上涨或下跌达到或超20%的，临时停牌至14：57；

（三）盘中换手率达到或超过50%的，临时停牌时间为1小时。

盘中临时停牌具体时间以本所公告为准，临时停牌时间跨越14：57的，于14：57复牌并对已接受的申报进行复牌集合竞价，再进行收盘集合竞价。

本所可以视盘中交易情况调整相关指标阈值，或采取进一步的盘中风险控制措施。

4.3.5 证券停牌时，本所发布的行情中包括该证券的信息；证券暂停上市或摘牌后，行情信息中无该证券的信息。

4.3.6 证券在9：25前停牌的，当日复牌时对已接受的申报实行开盘集合竞价，复牌后继续当日交易。

证券在9：30及其后临时停牌的，当日复牌时对已接受的申报实行盘中集合竞价，复牌后继续当日交易。

停牌期间，可以申报，也可以撤销申报。

停牌期间不揭示集合竞价参考价、匹配量和未匹配量。

4.3.7　证券的挂牌、摘牌、停牌与复牌，由本所或证券发行人予以公告。

4.3.8　证券挂牌、摘牌、停牌与复牌的其他规定，按照本所上市规则及其他有关规定执行。

## 第四节　除权与除息

4.4.1　上市证券发生权益分派、公积金转增股本、配股等情况，本所在权益登记日（B股为最后交易日）次一交易日对该证券作除权除息处理，本所另有规定的除外。

4.4.2　除权（息）参考价计算公式为：除权（息）参考价=〔（前收盘价－现金红利）+配股价格×股份变动比例〕÷（1+股份变动比例）

证券发行人认为有必要调整上述计算公式时，可以向本所提出调整申请并说明理由。经本所同意的，证券发行人应当向市场公布该次除权（息）适用的除权（息）参考价计算公式。

4.4.3　除权（息）日证券买卖，按除权（息）参考价作为计算涨跌幅度的基准，本所另有规定的除外。

## 第五节　退市整理期间交易事项

4.5.1　退市整理期间，上市公司股票进入退市整理板交易，不在主板、中小企业板或者创业板行情中揭示。

股票进入退市整理板交易的上市公司，其可转换公司债券、权证等衍生品种可以同时进入退市整理板交易，相关交易事项由本所另行规定并报证监会批准。

4.5.2　本所对股票退市整理期间交易实行价格涨跌幅限制，涨跌幅限制比例为10%。

经证监会批准，本所可以调整退市整理期间股票交易的涨跌幅限制比例。

4.5.3　股票退市整理期间，本所公布其当日买入、卖出金额最大的五家会员证券营业部或交易单元的名称及其各自的买入、卖出金额。

4.5.4　股票退市整理期间交易不纳入本规则第五章规定的证券公开信息披露及异常波动指标的计算。

4.5.5　股票退市整理期间交易不纳入本所指数的计算，成交量计入当日市场成交总量。

## 第六节　指数熔断

4.6.1　沪深300指数出现下列情形的，本所可以于当日暂停相关证券品种的竞价交易（以下简称“指数熔断”）：

（一）沪深300指数较前一交易日收盘首次上涨、下跌达到或超过5%但未达到7%的，指数熔断时间为15分钟。指数熔断时间跨越11：30的，于13：00起继续计算。熔断时间跨越14：57的，于14：57恢复交易并进行收盘集合竞价，但14：45及之后触发的，指数熔断至15：00，当日不恢复交易。

（二）沪深300指数较前一交易日收盘上涨、下跌达到或超过7%的，指数熔断至15：00，当日不恢复交易。9：30前出现第（一）、（二）项情形的，于9：30开始实施指数熔断。14：57至15：00期间不实施指数熔断。

指数熔断的具体实施时间以本所公告为准。

4.6.2 本所交易日为股指期货合约交割日的，当日指数熔断时间跨越11：30的，于13：00起恢复交易；当日13：00至15：00期间，本所不实施指数熔断。

本条所称股指期货合约交割日，是指中国金融期货交易所上市交易的上证50指数期货、沪深300指数期货、中证500指数期货以及本所规定的其他股指期货合约的交割日。

4.6.3 本所实施指数熔断的证券品种包括股票、相关基金品种、可转换公司债券、可交换司债券以及本所认定的其他证券品种，具体以本所公告为准。

4.6.4 指数熔断期间，投资者可以申报，也可以撤销申报。

恢复交易时，本所对已接受的申报进行集合竞价，再继续当日交易。

指数熔断期间和恢复交易时的集合竞价不揭示虚拟参考价、匹配量和未匹配量。

4.6.5 指数熔断期间，相关证券复牌的，延至指数熔断结束后实施。

4.6.6 指数熔断至15：00的，相关证券以当日该证券最后一笔交易前一分钟所有交易的成交量加权平均价（含最后一笔交易）为收盘价。当日无成交的，以前收盘价为当日收盘价。

指数熔断至15：00的，相关证券当日不再进行大宗交易。

## 第五章 交易信息

### 第一节 一般规定

5.1.1 本所每个交易日实时发布证券交易即时行情、证券指数，并发布证券交易公开信息等交易信息。

5.1.2 本所及时编制反映市场成交情况的各类日报表、周报表、月报表和年报表，并通过本所网站或其他媒体予以公布。

5.1.3 本所交易信息归本所所有。未经许可，任何机构和个人不得使用和传播。经本所许可使用交易信息的机构和个人，未经同意，不得将交易信息提供给其他机构和个人使用或予以传播。证券交易信息的管理办法，由本所另行制定。

### 第二节 即时行情

5.2.1 开盘、收盘集合竞价期间，即时行情内容包括：证券代码、证券简称、集合竞价参考价、匹配量和未匹配量等。

5.2.2 连续竞价期间，即时行情内容包括：证券代码、证券简称、前收盘价、最近成交价、当日最高价、当日最低价、当日累计成交数量、当日累计成交金额、实时最高五个价位买入申报价和数量、实时最低五个价位卖出申报价和数量等。

5.2.3 即时行情显示的前收盘价为该证券上一交易日的收盘价，但下列情形的除外：

（一）首次公开发行并上市股票、上市债券上市首日，其即时行情显示的前收盘价为其发行价；

（二）恢复上市股票上市首日，其即时行情显示的前收盘价为其暂停上市前最后交易日的收盘价或恢复上市前最近一次增发价；

（三）基金上市首日，其即时行情显示的前收盘价为其前一交易日基金份额净值（四舍五入至0.001元），本所另有规定的除外；

（四）证券除权（息）日，其即时行情显示的前收盘价为该证券除权（息）参考价；

（五）本所规定的其他情形。

5.2.4　即时行情通过本所许可的通信系统传输，交易参与人应在本所许可的范围内使用。

5.2.5　本所可以根据市场需要，调整即时行情发布的方式和内容。

## 第三节　证券指数

5.3.1　本所编制综合指数、成分指数、分类指数等证券指数，以反映证券交易总体价格或某类证券价格的变动和走势，随即时行情发布。

5.3.2　证券指数的设置和编制方法，由本所另行制定。

## 第四节　证券交易公开信息

5.4.1　有价格涨跌幅限制的股票、封闭式基金竞价交易出现下列情形之一的，本所分别公布相关证券当日买入、卖出金额最大五家会员证券营业部或交易单元的名称及其各自的买入、卖出金额：

（一）当日收盘价涨跌幅偏离值达到±7%的各前五只证券；

收盘价涨跌幅偏离值的计算公式为：

收盘价涨跌幅偏离值＝单只证券涨跌幅－对应分类指数涨跌幅

证券价格达到涨跌幅限制的，取对应的涨跌幅限制比例进行计算。

（二）当日价格振幅达到15%的前五只证券；价格振幅的计算公式为：价格振幅＝（当日最高价－当日最低价）÷当日最低价×100%

（三）当日换手率达到20%的前五只证券；

换手率的计算公式为：

换手率＝成交股数÷无限售条件股份总数×100%

收盘价涨跌幅偏离值、价格振幅或换手率相同的，依次按成交金额和成交量选取。

主板A股股票、中小企业板股票、创业板股票、B股股票、封闭式基金的对应分类指数分别是本所编制的深证A股指数、中小板综合指数、创业板综合指数、深证B股指数和深证基金指数。

5.4.2　第3.3.17条规定的无价格涨跌幅限制股票，本所公布其当日买入、卖出金额最大的五家会员证券营业部或交易单元的名称及其各自的买入、卖出金额。

5.4.3　股票、封闭式基金竞价交易出现下列情形之一的，属于异常波动，本所分别公布其在交易异常波动期间累计买入、卖出金额最大五家会员证券营业部或交易单元的名称及其各自累计买入、卖出金额：

（一）连续三个交易日内日收盘价涨跌幅偏离值累计达到±20%的；

（二）ST和*ST股票连续三个交易日内日收盘价涨跌幅偏离值累计达到±12%的；

（三）连续三个交易日内日均换手率与前五个交易日的日均换手率的比值达到30倍，且该证券连续三个交易日内的累计换手率达到20%的；

（四）证监会或本所认为属于异常波动的其他情形。异常波动指标自相关信息披露义务人发布异常波动公告或复牌之日起重新计算。

第3.3.17条规定的无价格涨跌幅限制股票不纳入异常波动指标的计算。

5.4.4 证券交易公开信息涉及机构专用交易单元的，公布名称为“机构专用”。

## 第六章 证券交易监督

6.1 本所对证券交易中的下列事项，予以重点监控：

（一）涉嫌内幕交易、操纵市场等违法违规行为；

（二）证券买卖的时间、数量、方式等受到法律、行政法规、部门规章和规范性文件及本所业务规则等相关规定限制的行为；

（三）可能影响证券交易价格或者证券交易量的异常交易行为；

（四）证券交易价格或者证券交易量明显异常的情形；

（五）本所认为需要重点监控的其他事项。

6.2 可能影响证券交易价格或者证券交易量的异常交易行为包括：

（一）可能对证券交易价格产生重大影响的信息披露前，大量或持续买入或卖出相关证券；

（二）单个或两个以上固定的或涉嫌关联的证券账户之间，大量或频繁进行反向交易；

（三）单个或两个以上固定的或涉嫌关联的证券账户，大笔申报、连续申报、密集申报或申报价格明显偏离该证券行情揭示的最新成交价；

（四）单独或合谋，以涨幅或跌幅限制的价格大额申报或连续申报，致使该证券交易价格达到或维持涨幅或跌幅限制；

（五）频繁申报和撤销申报，或大额申报后撤销申报，以影响证券交易价格或误导其他投资者；

（六）集合竞价期间以明显高于前收盘价的价格申报买入后又撤销申报，随后申报卖出该证券，或以明显低于前收盘价的价格申报卖出后又撤销申报，随后申报买入该证券；

（七）对单一证券品种在一段时期内进行大量且连续交易；

（八）同一证券账户、同一会员或同一证券营业部的客户大量或频繁进行日内回转交易；

（九）大量或者频繁进行高买低卖交易；

（十）在证券价格敏感期内，通过异常申报，影响相关证券或其衍生品的交易价格、结算价格或参考价值；

（十一）单独或合谋，在公开发布投资分析、预测或建议前买入或卖出有关证券，或进行与自身公开发布的投资分析、预测或建议相背离的证券交易；

（十二）在综合协议交易平台进行虚假或其他扰乱市场秩序的申报；

（十三）本所认为需要重点监控的其他异常交易行为。

6.3　证券交易价格或证券交易量明显异常的情形包括：

（一）同一证券营业部或同一地区的证券营业部集中买入或卖出同一证券且数量较大；

（二）证券交易价格连续大幅上涨或下跌，明显偏离同期相关指数的涨幅或跌幅，且上市公司无重大事项公告；

（三）本所认为需要重点监控的其他异常交易情形。

6.4　本所根据市场需要，可以联合其他证券、期货交易所等机构，对出现第6.2条第（十）项等情形进行调查。

6.5　会员发现客户的证券交易出现第6.1条所列重点监控事项之一，且可能严重影响证券交易秩序的，应当予以提醒，并及时向本所报告。

6.6　本所可以针对证券交易中重点监控事项进行现场或非现场调查，会员及其证券营业部、其他交易参与人以及投资者应当予以配合。

6.7　本所在现场或非现场调查中，可以根据需要要求相关会员及其证券营业部、其他交易参与人以及投资者及时、准确、完整地提供下列文件和资料：

（一）投资者的开户资料、授权委托书、资金账户情况和相关证券账户的交易情况等；

（二）相关证券账户或资金账户的实际控制人和操作人情况、资金来源以及相关账户间是否存在关联的说明等；

（三）对证券交易中重点监控事项的解释；

（四）其他与本所重点监控事项有关的资料。

6.8　对第6.1条所列重点监控事项中情节严重的行为，本所可以视情况采取下列措施：

（一）口头或书面警示；

（二）约见谈话；

（三）要求提交书面承诺；

（四）限制相关证券账户交易；

（五）上报证监会。

对第（四）项措施有异议的，可以自接到相关措施执行通知之日起15日内，向本所申请复核。复核期间不停止该措施的执行。

6.9　本所对证券交易进行风险监测。出现重大异常波动的，本所可以采取限制交易、强制停牌等处置措施，并向证监会报告；严重影响证券市场稳定的，本所可以采取临时停市等处置措施并公告。具体办法由本所另行规定。

## 第七章　交易异常情况处理

7.1　因下列突发性事件，导致部分或全部交易不能正常进行的，为维护证券交易正常秩序和市场公平，本所可以决定采取技术性停牌、临时停市等措施：

（一）不可抗力；

（二）意外事件；

（三）重大技术故障；

（四）重大人为差错；

（五）本所认定的其他异常情况。

因前款规定的突发性事件导致证券交易结果出现重大异常，按交易结果进行交收将对证券交易正常秩序和市场公平造成重大影响的，本所可以采取取消交易、通知证券登记结算机构暂缓交收等措施。

7.2　出现无法申报或行情传输中断情况的，会员应及时向本所报告。无法申报或行情传输中断的证券营业部数量超过本所全部会员证券营业部总数10%以上的，属于交易异常情况，本所可以实行临时停市。

7.3　本所认为可能发生第7.1条、第7.2条规定的交易异常情况，并严重影响交易正常进行的，可以决定技术性停牌或临时停市。

经证监会要求，本所实行临时停市。

7.4　本所对技术性停牌、临时停市、取消交易、通知证券登记结算机构暂缓交收的决定予以公告，并及时向证监会报告。

技术性停牌或临时停市原因消除后，本所可以决定恢复交易，并予以公告。

7.5　因交易异常情况、重大异常波动及本所采取的相应措施造成损失的，本所不承担民事赔偿责任，但存在重大过错的除外。

7.6　交易异常情况处理的具体规定，由本所另行制定。

## 第八章　交易纠纷

8.1　交易参与人之间、会员与客户之间发生交易纠纷，相关会员及其他交易参与人应当记录有关情况，以备本所查阅。交易纠纷影响正常交易的，会员及其他交易参与人应当及时向本所报告。

8.2　交易参与人之间、会员与客户之间发生交易纠纷，本所可以按有关规定，提供必要的交易数据。

8.3　客户对交易有疑义的，会员有义务协调处理。

## 第九章　交易费用

9.1　投资者买卖证券成交的，应当按规定向会员交纳佣金。

9.2　交易参与人应当按规定向本所交纳交易经手费及其他费用；会员还应当按规定向本所交纳会员管理费用。

9.3　证券交易的收费项目、收费标准和管理办法按照有关规定执行。

## 第十章　附　　则

10.1　交易参与人违反本规则的，本所根据《深圳证券交易所会员管理规则》等相关规定进行纪律处分。

10.2　通过本所交易系统进行证券发行、认购、申购、赎回、行权等业务的，参照本规则的相关规定执行；证监会及本所另有规定的，从其规定。

10.3　经本所同意，会员可以通过其派驻交易大厅的交易员进行申报。

进入交易大厅的，仅限于下列人员：

（一）登记在册交易员；

（二）场内监管人员；

（三）本所特许人员。

10.4　经证监会批准，特定交易品种可以通过本所综合协议交易平台进行协议交易，具体规定由本所另行制定。

10.5　本规则中所述时间，以本所交易主机的时间为准。

10.6　本规则下列用语具有如下含义：

（一）市场：指本所设立的证券交易市场。

（二）委托：指投资者向会员进行具体授权买卖证券的行为。

（三）申报：指交易参与人向本所交易主机发送证券买卖指令的行为。

（四）集中申报簿：指交易主机某一时点有效竞价范围内按买卖方向以及价格优先、时间优先顺序排列的所有未成交申报队列。

（五）对手方（本方）队列最优价格：指集中申报簿中买方的最高价或卖方的最低价。

（六）集合竞价参考价：指截至揭示时集中申报簿中所有申报按照集合竞价规则形成的虚拟集合竞价成交价。

（七）匹配量：指截至揭示时集中申报簿中所有申报按照集合竞价规则形成的虚拟成交数量。

（八）未匹配量：指截至揭示时集中申报簿中在集合竞价参考价位上的不能按照集合竞价参考价虚拟成交的买方或卖方申报剩余量。

（九）证券价格敏感期：指计算相关证券及其衍生品的交易价格、结算价格、参考价值的特定期间，包括计算修正可转换债券转股价的特定时间，计算证券增发价的特定时间，计算证券单位净值的特定时间，计算衍生品结算价格的特定时间等。

10.7　本规则未定义的用语的含义，依照法律、行政法规、部门规章、规范性文件及本所有关业务规则确定。

10.8　本规则所称"超过""低于""不足"不含本数，"达到""以上""以下"含本数。

10.9　本规则经本所理事会通过，报证监会批准后生效。修改时亦同。

10.10　本规则由本所负责解释。

本规则自发布之日起施行。

# 附录 3 实验报告书样本

××××××大学证券投资实验

## 实验报告书

实验课程名称________________________________

开课专业年级________________________________

班　　　　级________________________________

学　　　　号________________________________

学 生 姓 名________________________________

实验指导教师________________________________

年　　月　　日

| 实验单元 | |
|---|---|
| 实验名称 | |
| 实验人（小组）姓名 | |
| 实验准备 | |
| 实验目的 | |
| 实验设计方案 | |

| 数据资料与分析方法、步骤 |
| --- |
| |

| 实验结论及总结 |
| --- |
| |
| **实验心得体会** |
| |
| **实验结果评价** |
| |
| 实验成绩： |
| 指导教师（签名）： |

第二
实验单元

# 证券投资实验环境

- 实验一　证券分析软件的下载、安装与调试
- 实验二　使用证券分析软件查看当日大盘走势及涨跌排行
- 实验三　使用证券分析软件进行条件选股
- 实验四　证券模拟交易

# 实 验 目 的

1. 了解网络证券投资活动所需要的基本实验环境；
2. 掌握常见的证券分析软件的下载、安装；
3. 掌握常见的证券分析软件的基本功能及使用技巧；
4. 学会使用常见证券模拟交易系统（平台）；
5. 掌握利用证券分析软件进行证券分析与选择。

# 本单元知识要点

## 一、实验设备

证券投资实验课程主要采取集中授课、集中实验与课余自主实验相结合的形式进行。开展实验活动对于网络速度及软硬件都有一定的要求。并且相关实验都要在授课教师以及实验室管理人员的指导下按照基本的规范操作流程进行，帮助学生通过实验学到相关专业知识，并使学生把以前学到的书本知识应用到实践中去，加深学生对所学知识的理解与巩固，为以后的工作实践打下坚实的基础。

### （一）网络与软硬件配置要求

**1. 网络要求**

证券投资实验室要求有充足的计算机设备，能够做到实验人员人手一机，并且所有计算机都能够顺畅连接互联网，网速不低于50M。

**2. 硬件要求**

由于证券行情软件运行需要良好的计算机性能，开展证券投资实验需要的计算机设备硬件配置不低于以下要求：

CPU：Intel i5 及以上；

硬盘：500G 以上；

内存：8G 以上；

显卡：主流显卡即可；

显示器：20 英寸以上。

**3. 软件要求**

有了良好的硬件配置，还必须要有相应的软件配套才能保证实验的正常开展。实验室不仅每台电脑上有必需的软件操作系统，还要有综合的实验室管理系统，这样才能保证实验室的设备连接成一个整体，便于教师的正常授课以及课堂管理。同时实验室还应该配备相关的证券模拟交易系统和证券行情分析软件，为学生的学习以及实验创造一个优良的环境。下面给出证券投资实验室的基本软件配置要求：

操作系统：中文版 Win7/Win10 系统；

实验室综合管理系统：根据实验室的实际情况以及教学要求酌情选用；

证券行情分析软件与资讯系统：比如同花顺、东方财富、大智慧、通达信等，可选其中之一进行安装；

证券模拟交易平台：比如叩富网模拟交易平台、国泰安虚拟交易所等；

主流金融数据库：如 Wind、东方财富 Choice 等。

### （二）操作规程

证券投资实验室由于其自身的实际情况，具有面向学生数量多、学生年级范围广、学生计算机水平参差不齐以及实验设备使用年限较长等特点，所以必须制定规范的实验室操作规程，才能保证实验的设备得到合理的利用、软硬件能够得到良好的维护以及保证学生证券投资实验的正常进行。

证券投资实验室基本操作规程：

（1）在指定的实验室开展实验教学，保证每位学生有一台计算机可以操作；

（2）实验教师与实验室管理人员沟通，保证网络畅通；

（3）教师根据实验内容安排实验；

（4）学生在教师的指导下完成相关实验；

（5）学生按照实验内容填写实验报告书；

（6）教师根据学生实验报告书评估实验效果。

## 二、常用证券分析软件

随着科技进步及互联网的普及，中国证券市场的发展日趋成熟以及中国普通民众参与证券投资的热情日渐高涨，证券分析软件如雨后春笋般不断涌现。证券分析软件不仅能够为使用者提供证券市场动态行情，还能帮助投资者进行投资分析并进行证券投资对象的选择。凭借着如此强大的功能以及不断推出的新应用，证券分析软件成为广大投资者以及证券从业者必备的工具，所以借助实验了解相关证券分析软件的基本功能以及不同软件的各自特点，重点掌握一种常见的证券分析软件的功能应用是非常必要的。

### （一）主流证券分析软件简介

虽然当前证券分析软件层出不穷，但是其基本特点和功能大致相同，选取几种常见的证券分析软件加以了解是非常必要的。国内市场中比较常见又被广大投资者广泛使用的证券分析软件主要有同花顺、东方财富、通达信、大智慧等系统。本部分在对几种主流的证券行情分析系统进行简要介绍的基础上，重点以同花顺证券分析软件为主介绍其基本功能和使用技巧，其他几种软件的功能，读者可以举一反三加以领会。常见证券分析软件的基本情况如下：

（1）同花顺证券分析软件①。同花顺证券分析软件主打行情、数据、交易、社区、资讯五大投资者最需要的金融证券交易客户端核心功能。可边看盘边与股友社区即时互动，免费查看 29 个国家的股指和香港地区的港股。速度快、功能强大、资讯丰富、操作人性化，是分析功能强大的专业证券分析软件，支持几乎全部券商的委托交易。

（2）东方财富证券分析软件②。东方财富证券分析软件是东方财富网基于自身的平台优势研发的一款软件，提供了包括全球指数、香港市场、商品期货、外汇牌价在内的各类市场和产品行情，自主选股、平台交互、滚动资讯等软件功能完备。

（3）通达信证券分析系统③。通达信证券分析系统是由深圳市财富趋势科技有限责任公司推出的一款优秀的证券分析软件，被多家大型证券公司所采用，并受到广大投资者以及证券从业人员的欢迎。通达信证券分析系统能够进行各种证券分析，功能强大、操作方便、界面友好，支持互联网实时接收行情，适合各类证券投资者使用。

（4）大智慧证券信息平台④。大智慧证券信息平台是一套用来进行行情显

① 该软件下载网址为：http：//www. 10jqka. com. cn/。
② 该软件下载网址为：http：//www. eastmoney. com。
③ 该软件下载网址为：http：//www. tdx. com. cn/。
④ 该软件下载网址为：http：//www. gw. com. cn/。

示、行情分析并同时进行信息即时接收的证券信息平台。面向证券决策机构和各阶层证券分析、咨询、投资人员，并关注广大股民的使用习惯和感受，软件包含对证券市场全面的揭示和深刻的理解。大智慧的主要特点可以概括为使用简单、功能强大、资讯精专、互动交流、全面深刻等。

## （二）同花顺软件的基本功能

### 1. 界面介绍

使用者打开同花顺软件，首先出现的是实时证券行情数据列表界面，是以表格的形式同屏显示多种证券价格信息。如图2－1所示。

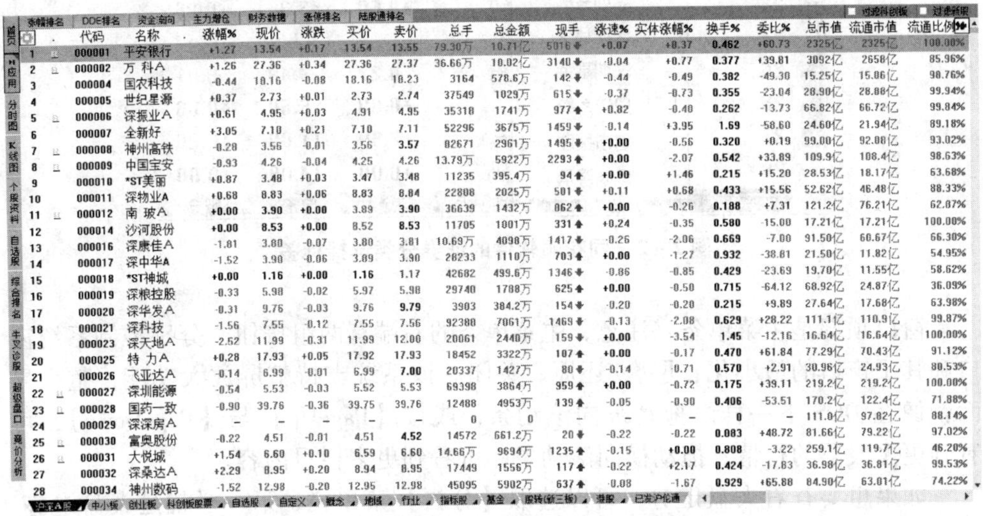

| | 代码 | 名称 | 涨幅% | 现价 | 涨跌 | 买价 | 卖价 | 总手 | 总金额 | 现手 | 涨速% | 实体涨幅% | 换手% | 委比% | 总市值 | 流通市值 | 流通比例 |
|---|---|---|---|---|---|---|---|---|---|---|---|---|---|---|---|---|---|
| 1 | 000001 | 平安银行 | +1.27 | 13.54 | +0.17 | 13.54 | 13.55 | 79.30万 | 10.71亿 | 5016↓ | +0.07 | +0.37 | 0.462 | +60.73 | 2325亿 | 2325亿 | 100.00% |
| 2 | 000002 | 万 科A | +1.26 | 27.36 | +0.34 | 27.36 | 27.37 | 36.66万 | 10.02亿 | 3140↓ | -0.04 | +0.77 | 0.377 | +39.81 | 3092亿 | 2658亿 | 85.96% |
| 3 | 000004 | 国农科技 | -0.44 | 18.16 | -0.08 | 18.16 | 18.23 | 3164 | 578.6万 | 142↓ | -0.44 | -0.49 | 0.382 | -49.30 | 15.25亿 | 15.06亿 | 98.76% |
| 4 | 000005 | 世纪星源 | +0.37 | 2.73 | +0.01 | 2.73 | 2.74 | 37549 | 1029万 | 615↓ | -0.37 | -0.73 | 0.355 | -23.04 | 28.90亿 | 28.88亿 | 99.94% |
| 5 | 000006 | 深振业A | +0.61 | 4.95 | +0.03 | 4.91 | 4.95 | 35318 | 1741万 | 977↑ | +0.82 | -0.40 | 0.262 | -13.73 | 66.82亿 | 66.72亿 | 99.84% |
| 6 | 000007 | 全新好 | +3.05 | 7.10 | +0.21 | 7.10 | 7.11 | 52296 | 3675万 | 1459↓ | -0.14 | +3.95 | 1.69 | -58.60 | 24.60亿 | 21.94亿 | 89.18% |
| 7 | 000008 | 神州高铁 | -0.28 | 3.56 | -0.01 | 3.56 | 3.57 | 82671 | 2961万 | 1495↓ | +0.00 | -0.56 | 0.320 | +0.19 | 99.00亿 | 92.08亿 | 93.02% |
| 8 | 000009 | 中国宝安 | -0.93 | 4.26 | -0.04 | 4.25 | 4.26 | 13.79万 | 5922万 | 2293↑ | +0.00 | -2.07 | 0.542 | +33.89 | 109.9亿 | 108.4亿 | 98.63% |
| 9 | 000010 | *ST美丽 | +0.87 | 3.48 | +0.03 | 3.47 | 3.48 | 11235 | 395.4万 | 94↑ | +0.00 | +1.46 | 0.215 | +15.20 | 28.53亿 | 18.17亿 | 63.68% |
| 10 | 000011 | 深物业A | +0.68 | 8.83 | +0.06 | 8.83 | 8.84 | 22808 | 2025万 | 501↓ | +0.11 | +0.68 | 0.433 | +15.56 | 52.62亿 | 46.48亿 | 88.33% |
| 11 | 000012 | 南 玻A | +0.00 | 3.90 | +0.00 | 3.89 | 3.90 | 36639 | 1432万 | 862↑ | +0.00 | -0.26 | 0.188 | +7.31 | 121.2亿 | 76.21亿 | 62.87% |
| 12 | 000014 | 沙河股份 | +0.00 | 8.53 | +0.00 | 8.52 | 8.53 | 11705 | 1001万 | 331↑ | +0.24 | -0.35 | 0.580 | -15.00 | 17.21亿 | 17.21亿 | 100.00% |
| 13 | 000016 | 深康佳A | -1.81 | 3.80 | -0.07 | 3.80 | 3.81 | 10.69万 | 4098万 | 1417↓ | -0.26 | -2.06 | 0.669 | -7.00 | 91.50亿 | 60.67亿 | 66.30% |
| 14 | 000017 | 深中华A | -1.52 | 3.90 | -0.06 | 3.89 | 3.90 | 28233 | 1110万 | 703↑ | +0.00 | -1.27 | 0.932 | -38.81 | 21.50亿 | 11.82亿 | 54.95% |
| 15 | 000018 | *ST神城 | +0.00 | 1.16 | +0.00 | 1.16 | 1.17 | 42682 | 499.6万 | 1346↓ | -0.86 | -0.85 | 0.429 | -23.69 | 19.70亿 | 11.55亿 | 58.62% |
| 16 | 000019 | 深粮控股 | -0.33 | 5.98 | -0.02 | 5.97 | 5.98 | 29740 | 1788万 | 625↑ | +0.00 | -0.50 | 0.715 | -64.12 | 68.92亿 | 24.87亿 | 36.09% |
| 17 | 000020 | 深华发A | -0.31 | 9.76 | -0.03 | 9.76 | 9.79 | 3903 | 384.2万 | 154↓ | -0.20 | -0.20 | 0.215 | +9.89 | 27.64亿 | 17.68亿 | 63.98% |
| 18 | 000021 | 深科技 | -1.56 | 7.55 | -0.12 | 7.55 | 7.56 | 92388 | 7061万 | 1469↓ | -0.13 | -2.08 | 0.629 | +28.22 | 111.1亿 | 110.9亿 | 99.87% |
| 19 | 000023 | 深天地A | -2.52 | 11.99 | -0.31 | 11.99 | 12.00 | 20061 | 2440万 | 159↓ | +0.00 | -3.54 | 1.45 | -12.16 | 16.64亿 | 16.64亿 | 100.00% |
| 20 | 000025 | 特 力A | +0.28 | 17.93 | +0.05 | 17.92 | 17.93 | 18452 | 3322万 | 107↑ | +0.00 | -0.17 | 0.470 | +61.84 | 77.29亿 | 70.43亿 | 91.12% |
| 21 | 000026 | 飞亚达A | -0.14 | 6.99 | -0.01 | 6.99 | 7.00 | 20337 | 1427万 | 80↓ | -0.14 | -0.71 | 0.570 | +2.91 | 30.96亿 | 24.93亿 | 80.53% |
| 22 | 000027 | 深圳能源 | -0.54 | 5.53 | -0.03 | 5.52 | 5.53 | 69398 | 3864万 | 959↑ | +0.00 | -0.72 | 0.175 | +39.11 | 219.2亿 | 219.2亿 | 100.00% |
| 23 | 000028 | 国药一致 | -0.90 | 39.76 | -0.36 | 39.75 | 39.76 | 12488 | 4953万 | 139↑ | -0.05 | -0.90 | 0.406 | -53.51 | 170.2亿 | 122.4亿 | 71.88% |
| 24 | 000029 | 深深房A | – | – | – | – | – | 0 | 0 | – | – | – | 0 | – | 111.0亿 | 97.82亿 | 88.14% |
| 25 | 000030 | 富奥股份 | -0.22 | 4.51 | -0.01 | 4.51 | 4.52 | 14572 | 661.2万 | 20↓ | -0.22 | -0.22 | 0.083 | +48.72 | 81.66亿 | 79.22亿 | 97.02% |
| 26 | 000031 | 大悦城 | +1.54 | 6.60 | +0.10 | 6.59 | 6.60 | 14.66万 | 9694万 | 1235↑ | -0.15 | +0.00 | 0.808 | -3.22 | 259.1亿 | 119.7亿 | 46.20% |
| 27 | 000032 | 深桑达A | +2.29 | 8.95 | +0.20 | 8.94 | 8.95 | 17449 | 1556万 | 117↑ | -0.22 | +2.17 | 0.424 | -17.83 | 36.98亿 | 36.81亿 | 99.53% |
| 28 | 000034 | 神州数码 | -1.52 | 12.98 | -0.20 | 12.95 | 12.98 | 45095 | 5902万 | 637↑ | -0.08 | -1.67 | 0.929 | +65.88 | 84.90亿 | 63.01亿 | 74.22% |



**图2－1　同花顺软件证券行情数据列表界面**

图中左下方有若干个证券分类标签，可以点击某个标签查看某类证券的行情，也可鼠标左键点击屏幕左下方的证券“分类”标签进行更多的选择，如图2－2所示。

行情列表的第一行是列表指标，表中依次列出了相关股票的实时数据，包括证券代码、证券名称、昨收盘价、现价、涨幅、日涨跌、买入价、卖出价、总量、现量、涨速、换手率等指标。在界面底部还有当日沪深两市股价指数以及总交易额等指标，投资者可以根据这些指标大致了解当日大盘以及个股行情，为投资活动提供一定的参照。

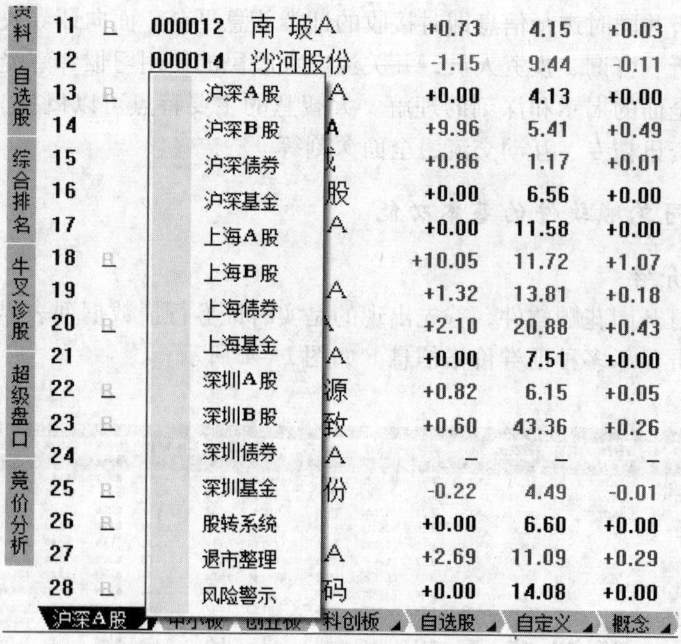

图 2-2　同花顺软件的证券分类选择标签

窗口顶部是主菜单条。注意，主菜单条的右端有两组按钮，分别控制系统窗口和其子窗口的最小化、层叠/还原、关闭。该系统支持整屏放大功能，整个界面就像在 DOS 下一样。拖动纵向滚动条，或按【PageUp】与【PageDown】，可看到更多股票的行情。拖动横向滚动条，可看到更多栏目内容。

如果想要查看大盘走势，可以选取【分析】菜单栏，第一栏就是大盘走势，在大盘走势项里，软件提供多种分类大盘走势图，投资者可以根据自身的需要依据兴趣选取不同的走势图进行分析，如图 2-3 所示。或者按下 F3 和 F4 键，可分别查看沪、深大盘指数；按下 F5 键（或 05 回车）可在分时走势与 K 线图之间切换。

**2. 个股页面**

如果投资者想了解个股信息的话，可以选取个股页面进行观察，采用股票快速查找方法可以迅速找到相关个股。如果是在初始页面能看到想要选取的个股，可以使用鼠标左键直接双击个股名称，就可以进入。如果记得证券名称简称或代码的话，可借助键盘精灵来快速定位，即敲入证券名称的拼音首字母来快速定位股票。例如，投资者要查看中国平安的股票行情，可输入“ZGPA”（一敲键盘便能激活键盘精灵），键盘精灵马上找到“ZGPA 中国平安”，然后按回车键，即可查看其行情走势，如图 2-4 所示。

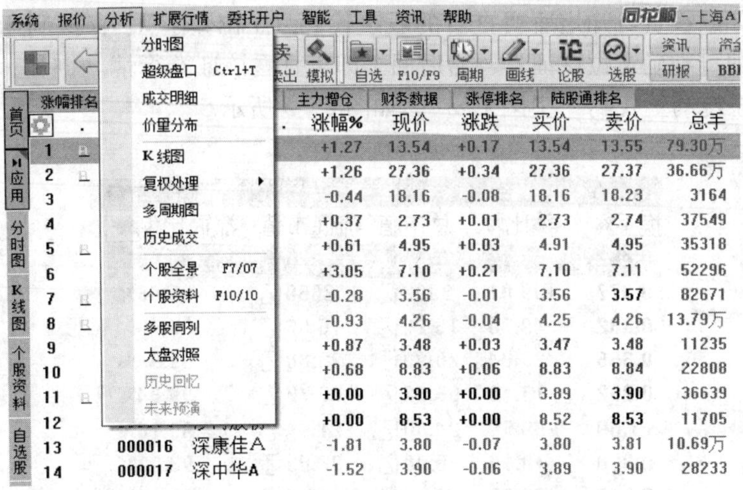


图 2－3　同花顺软件大盘走势选择示意图

图 2－4　利用键盘精灵查看股票行情

或者如果投资者知道所要查看的股票代码（6 位数字），直接利用数字键盘输入代码即可准确定位该证券，然后回车即可查看该证券行情。例如，敲入代码 601318，系统马上找到“中国平安”，如图 2－5 所示。

图 2－5　输入证券代码准确定位证券

在个股页面，可以通过分时走势图综合了解该股票当日的价格走势，以及该股票的市盈率、成交量、买盘价、卖盘价等数据，还可以通过 K 线图了解该个股某一段时间的价格走势及近期表现，如图 2－6 及图 2－7 所示。在 K 线图状态下，可以通过上、下方向键来展开或压缩 K 线显示的数量。

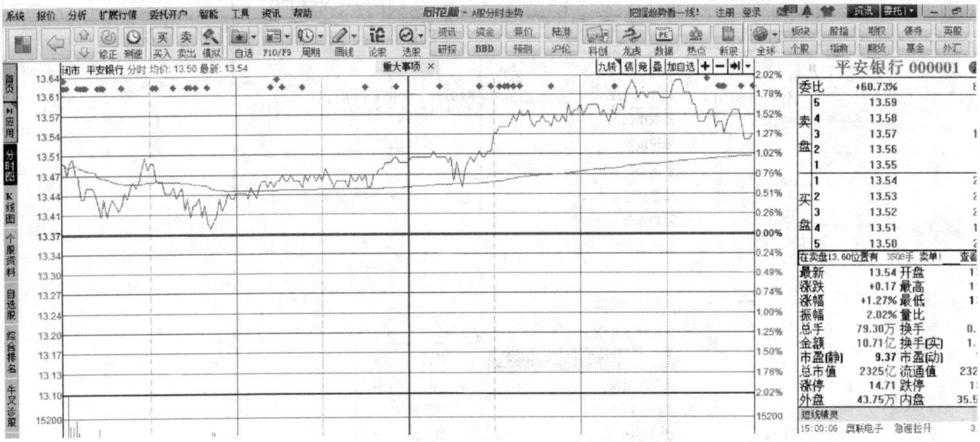


图 2-6 个股分时走势图

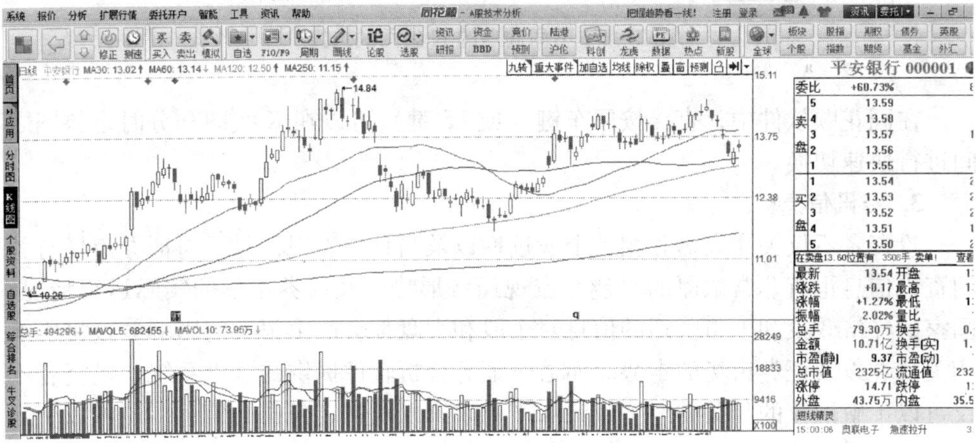


图 2-7 个股历史走势 K 线图

根据分析的需要，可以显示不同周期的 K 线图，其方法有两种：（1）在 K 线图状态下，通过 F8 键在不同 K 线周期下进行切换；（2）在 K 线图状态下，鼠标右键点击 K 线窗口空白处，在弹出的菜单中选择“分析多周期”，可以选择查看从 1 分钟到年线共 10 种不同周期的 K 线图，具体操作如图 2-8 所示。

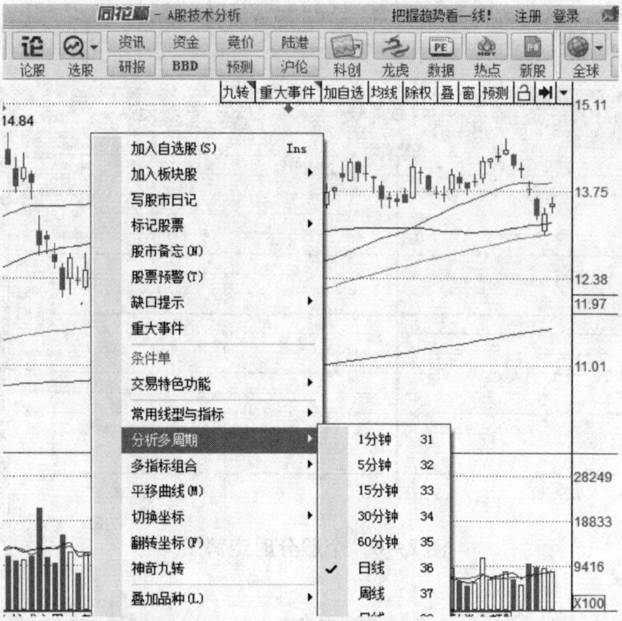


图 2－8　不同周期的 K 线图的选择

在同花顺软件中，直接按回车键（或 F5 键）可以在 K 线图和分时走势图之间进行快速切换。

**3. 资讯信息**

投资者不仅关注大盘和相关个股近期以及当日的表现，对于与证券市场有关的资讯信息也有非常浓厚的兴趣。宏观经济形势以及证券市场的实际运行情况，国家的经济政策和上市公司的信息对个股和大盘都会产生很大的影响，直接影响相关证券以及证券市场的走势。而通过证券分析软件提供的资讯系统，投资者不仅可以了解国家的相关的经济政策和产业政策以及特定公司的信息，还可以了解到很多专业人士以及证券研究机构对证券市场的看法和未来走势的预测，使得不具备专业知识的普通投资者也能获得专业的投资建议，及时把握证券行情，为其投资活动提供一定的信息支持。

同花顺软件提供了大量的资讯信息，投资者可以通过画面最上方的“资讯”选项调出资讯窗口，进行查看。如图 2－9 所示。

另外，投资者如果要查看个股的相关资讯，在个股分时走势图或 K 线状态下可以按 F10（或输入“10”后按回车）调出 F10 资料，查看相关基本面信息。如图 2－10 所示。

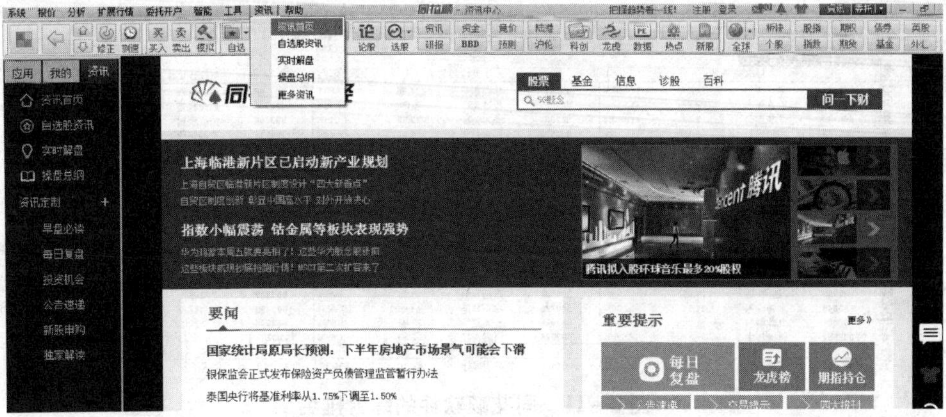


图 2－9　同花顺软件提供的资讯

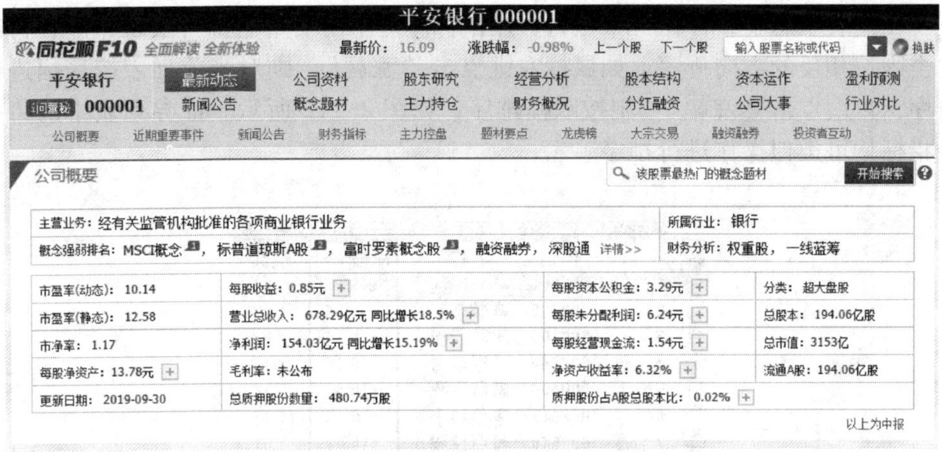


图 2－10　同花顺软件个股 F10 资料

## 4. 查看综合排名

同花顺软件还提供不同分类的证券综合排名的查看功能。通过对不同市场的上市证券按照不同的参照指标进行排名，使得投资者能够综合了解个股之间的相对变化，以及不同市场间的比较。投资者可以利用排名的功能进行证券的选择，以及对于原有证券的进一步操作提供依据。敲数字 80、81、82、83、84、85、86，可分别调出沪深所有 A 股，上海 A、B 股，深圳 A、B 股，沪债，深债的综合排名。系统用 9 个排成方阵的小窗列出所选市场的股票的涨幅、跌幅、振幅、5 分钟涨幅、5 分钟跌幅、量比、委比、成交金额排名。如图 2－11 所示。

图 2－11　同花顺软件的综合排名

### 5. 证券排序

在列表状态下，任何一个栏目，用鼠标左键单击变量名都可实现排序，再次单击则按相反的方向排序。如鼠标左键点击“涨幅”，则对当前列表按涨幅进行排序，再次点击“涨幅”，则按跌幅排序，如图 2－12 所示。证券列表中的每一个指标均可类似操作进行排序。

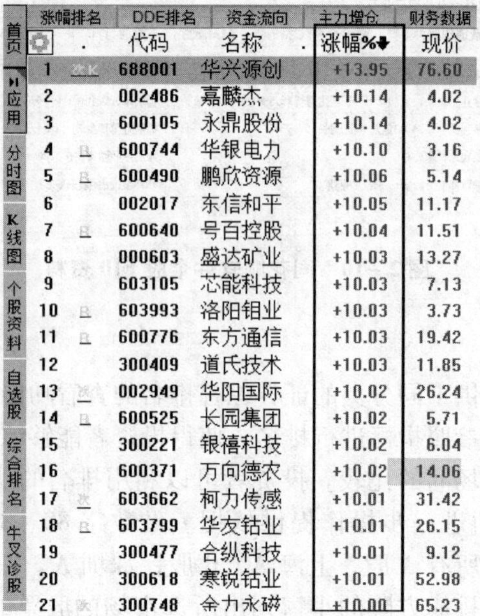


图 2－12　当前证券列表按涨幅排序

**6. 所属板块**

如果要了解某个证券的“板块”属性，可以通过 CTRL + R 或右键菜单中的“所属板块”进入查看，板块属性给出了单个证券的行业、地域和概念特征，便于了解该证券的基本面特征，如图 2 – 13 所示。

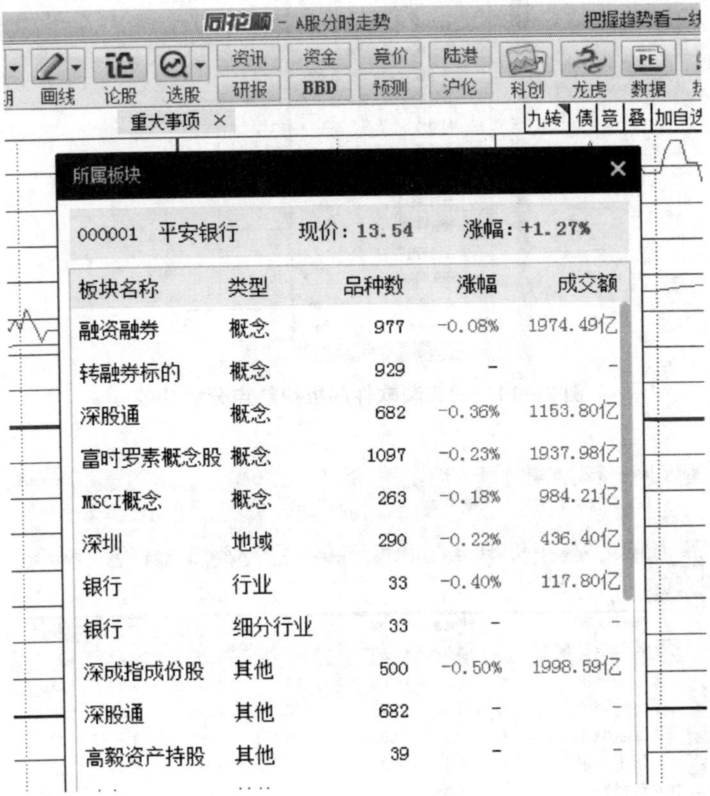


图 2 – 13　所属板块

**7. 热门板块查看**

同花顺软件提供了热门板块排序功能。点击“报价”菜单下的“板块热点”（或输入“94”后按回车键）即可打开该功能，主要对板块涨跌幅进行动态排序，点击“涨幅”可以逆序排名，便于及时发现热门板块、领涨的龙头股。点击“板块”名称，进入板块内的个股排序报价表，可对板块内的个股进行多种排序操作。该功能在捕捉个股行情方面有独到的功效，也是板块联动战法的必备工具。如图 2 – 14、图 2 – 15 所示。

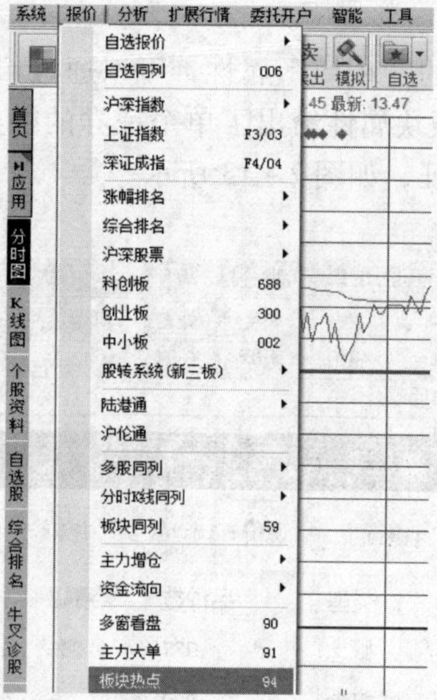


图 2 – 14　同花顺软件的板块热点分析功能

图 2 – 15　同花顺板块热点动态排序

**8. 自选股设定**

由于证券市场交易的品种太多，投资者可以将重点关注的证券集中放在自选股中便于查看，其操作方法是：在证券分时图或K线图状态下，点击鼠标右键，选择“加入自选股”（快捷键：Ins），即可将关注的证券加入自选股列表。以后可输入“06”按回车（或按F6键），快速进入自选股列表；或者在列表状态下，鼠标直接点击屏幕下方的自选股标签查看。

## （三）同花顺软件中技术分析的高级功能

**1. 技术分析基本界面**

证券分析软件的使用者可以用回车键或者“F5”键实现技术分析界面和分时走势图界面的相互切换，或者点击功能栏选取“技术分析”项也可以切换到技术分析界面。

技术分析界面默认分为3个区，最上面是主图区（默认为K线图），下面是2个技术指标区，软件默认显示2个技术指标。投资者可以通过快捷键“ALT+数字键”（比如4、5、6）来改变画面组合，以同屏显示更多的技术指标，如图2－16所示。

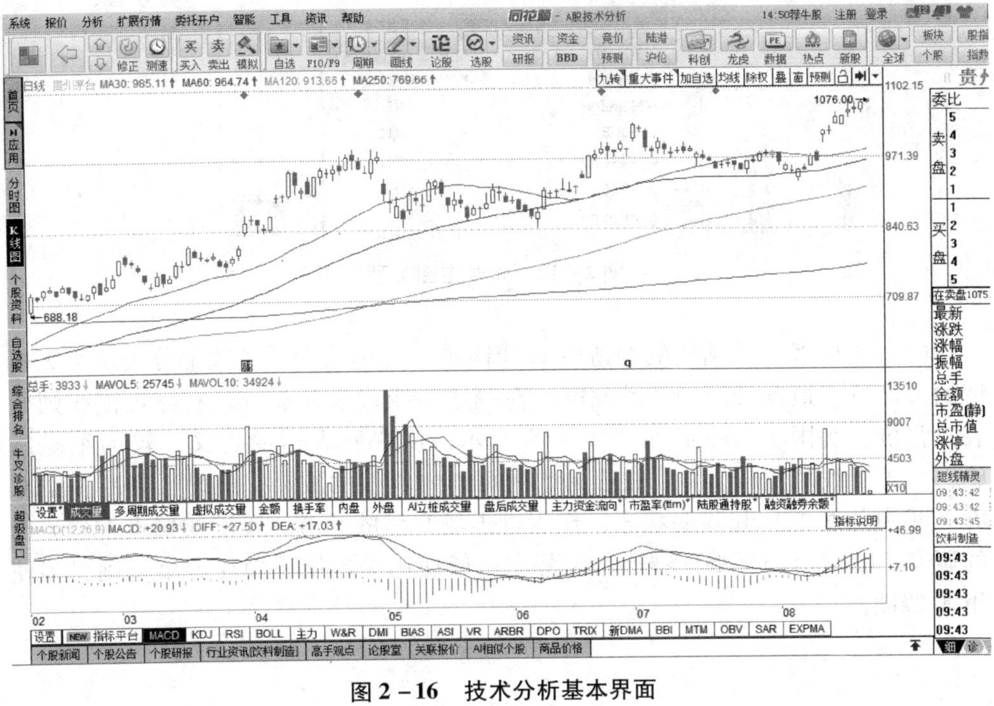


图2－16　技术分析基本界面

**2. 主图类型的选择**

同花顺软件的默认主图为K线图（空心阳线），除此之外，软件还可以提供美国线、收盘线、宝塔线等。在K线图状态下，可以在鼠标右键菜单的“常用线型与指标”中选中相应的主图进行切换查看，或者直接输入主图类型的英文字母进行选择，如图2－17所示。

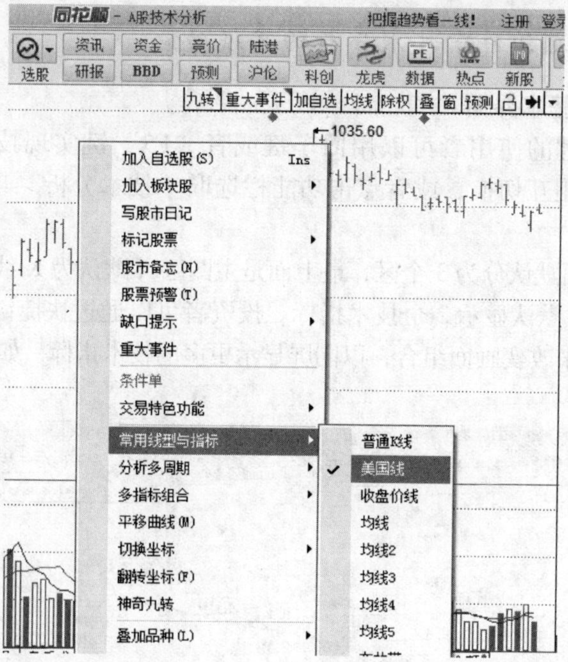


图2－17　修改主图类型

（1）美国线。美国线的构造较K线简单，美国线中的竖线部分表示当天行情的最高价与最低价间的波动幅度，左侧短横线代表开盘价，右侧短横线则代表收盘价。美国线的图形如图2－18所示。K线所表达的含义，较为细腻敏感，与美国线相比较，K线较容易掌握短期内价格的波动，也易于判断多空双方（买力与卖力）和强弱状态，作为进出场交易的参考。美国线偏重于趋势面的研究。欧美市场反映证券历史走势图一般使用美国线，而亚洲市场则更多使用K线图。

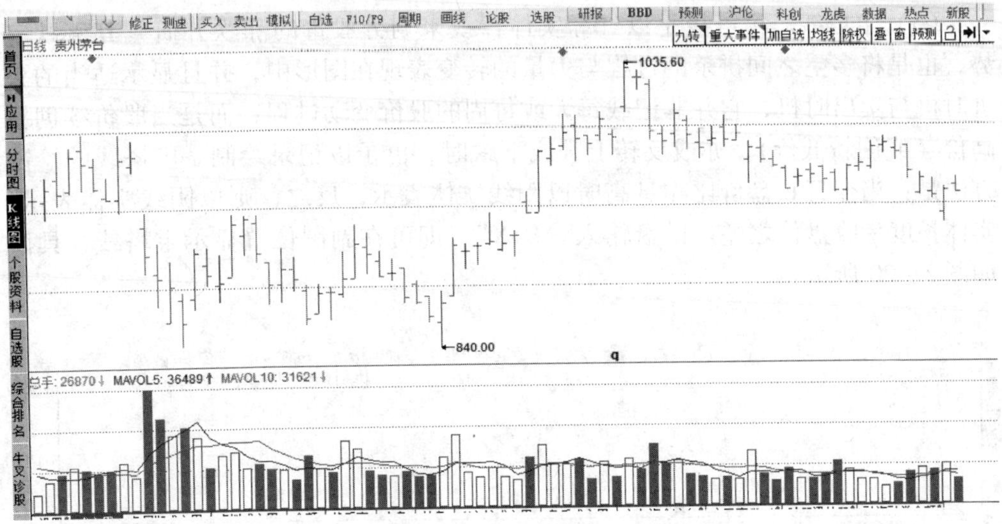


图 2－18　美国线

（2）收盘价线。收盘价线的绘制忽略了开盘价、最高价和最低价，重点关注收盘价，将每个周期的收盘价按时间序列连接起来的图形就是一条收盘价线，如图 2－19 所示。收盘价线以简单明了的曲线可直观反映证券价格的总体走势特征，适合于观察证券价格长期的变化。

图 2－19　收盘价线

（3）宝塔线。宝塔线是以红绿实体棒线来划分股价的涨跌并研判其涨跌趋势，也是将多空之间拼杀的过程与力量的转变表现在图形中，并且显示适当的买进时机与卖出时机，它并非记载每天或每周的股价变动过程，而是当股价续创新高价（或创新低价），亦或反转上升或下跌时，再予以记录绘制。宝塔线的绘制方法是：当今日收盘价比昨日高时以阳线实体表示，反之，则以阴线实体表示。实体长度为收盘价之差。键盘输入“BTX”，即可在副图位置显示宝塔线，具体如图 2－20 所示。

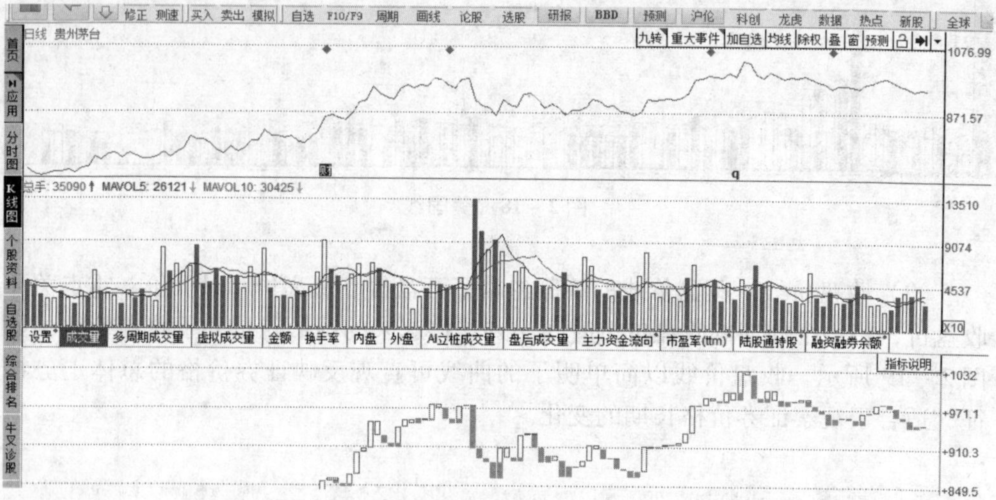


图 2－20 宝塔线

**3. 主图坐标的选择**

同花顺分析软件的主图坐标共有普通坐标、百分比坐标和对数坐标 3 种。在技术分析界面（或右侧价格刻度栏）的右键菜单中，点击主图坐标进行选择。一般情况下，软件初始将主图坐标设定为普通坐标，投资者可根据分析的需要选择其他类型的坐标，如图 2－21 所示。

**4. 技术指标的选择与参数调整**

（1）主图指标的选择。同花顺软件中，与主图类型配合观察的主图指标共有 17 种，在技术分析界面的右键菜单中，点击“常用线型与指标”进行选择，或者直接输入主图指标的英文字母进行选择。投资者可以在主图指标的对话框上打开主图指标的用法诠释，也可以自行设定或变动这些指标的参数值。实际中，绝大多数投资者将主图指标设定为移动平均线 MA，如图 2－22 所示。

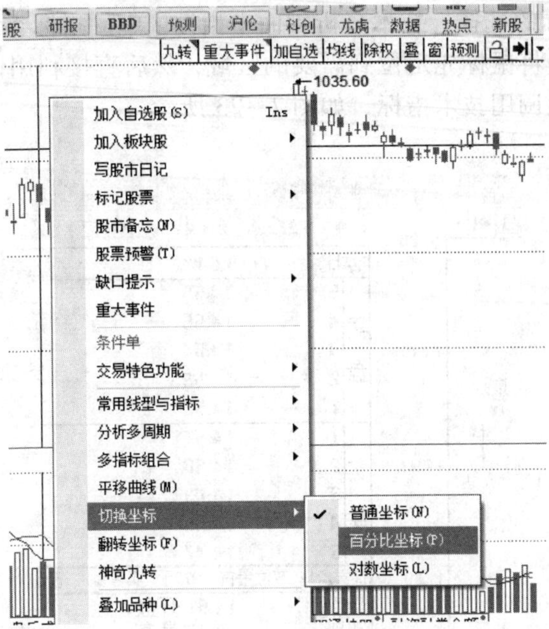


图 2－21　主图坐标的选择

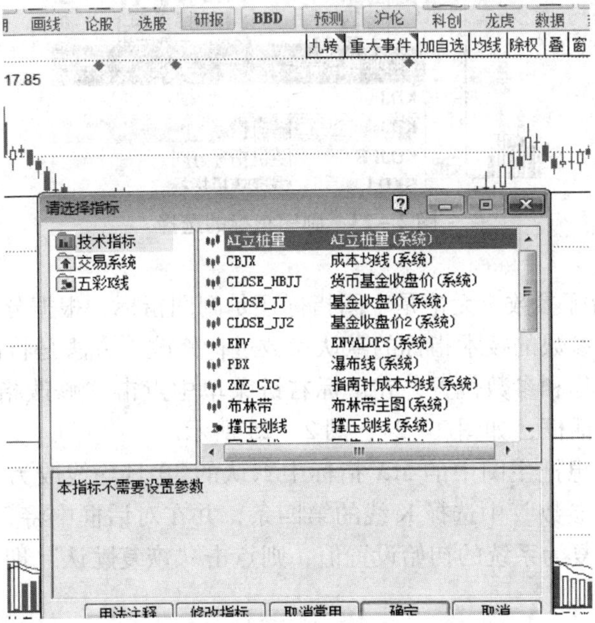


图 2－22　主图指标的选择

（2）副图指标的选择。技术分析画面中指标区中的指标类型投资者也可以自己选择，其方法是将鼠标先定位到需要的区域，然后直接利用键盘精灵输入指标名称就可以方便地调用技术指标，如图 2－23 所示。

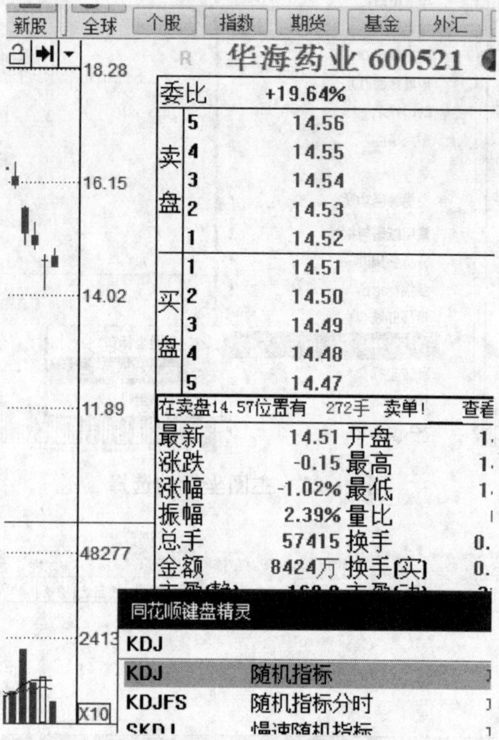


图 2－23 副图指标的选择

（3）修改指标参数。无论是主图指标还是副图指标，根据分析的需要，投资者都可以对带有参数的技术指标的默认参数进行修改。方法是将鼠标指向技术指标图中的指标名称和参数位置，在鼠标右键菜单中点击“修改指标参数”，出现公式参数调整对话框，如图 2－24、图 2－25 所示。

比如，用户想把主图中的 MA 指标中默认的 30 日均线改为 120 日均线，只要在“修改指标参数”中选择 K 线的第四条，并在对话框中将 30 改为 120 就可以了。如果要恢复为系统的初始设置值，则点击“恢复默认”即可。

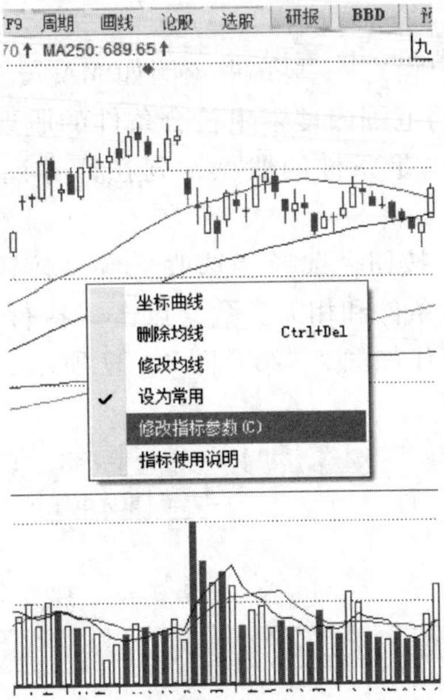


图 2－24　调整指标参数的方法

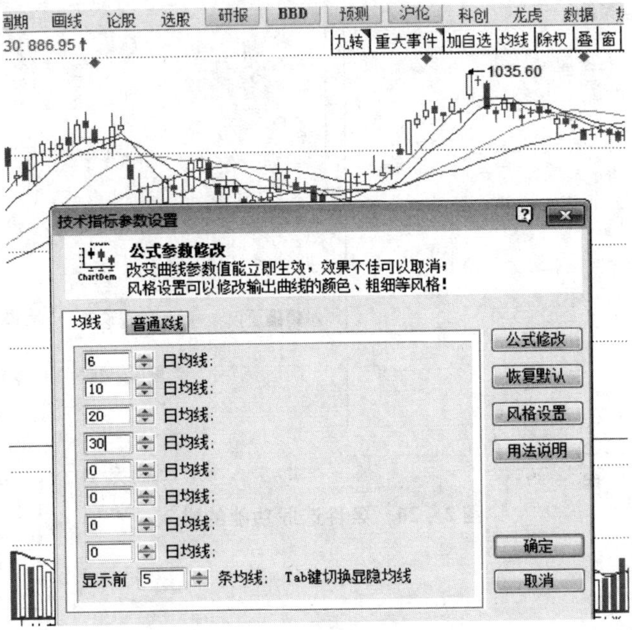


图 2－25　指标参数修改界面

**5. 条件选股**

条件选股就是由用户设定一些条件（例如 MA 黄金交叉），软件按照这个条件由系统自动在设定的范围内搜索出符合条件的股票。该功能可以为用户筛选出当前或一段时间内满足条件的股票，列在证券列表中，供用户逐个进行分析。

点击功能栏“智能”按钮，选择“选股平台”按钮，就会弹出条件选股窗口，根据需要设定好选股条件和相关参数，点击“执行选股”，系统即会筛选出符合条件的股票，具体操作如图 2－26、图 2－27 所示。

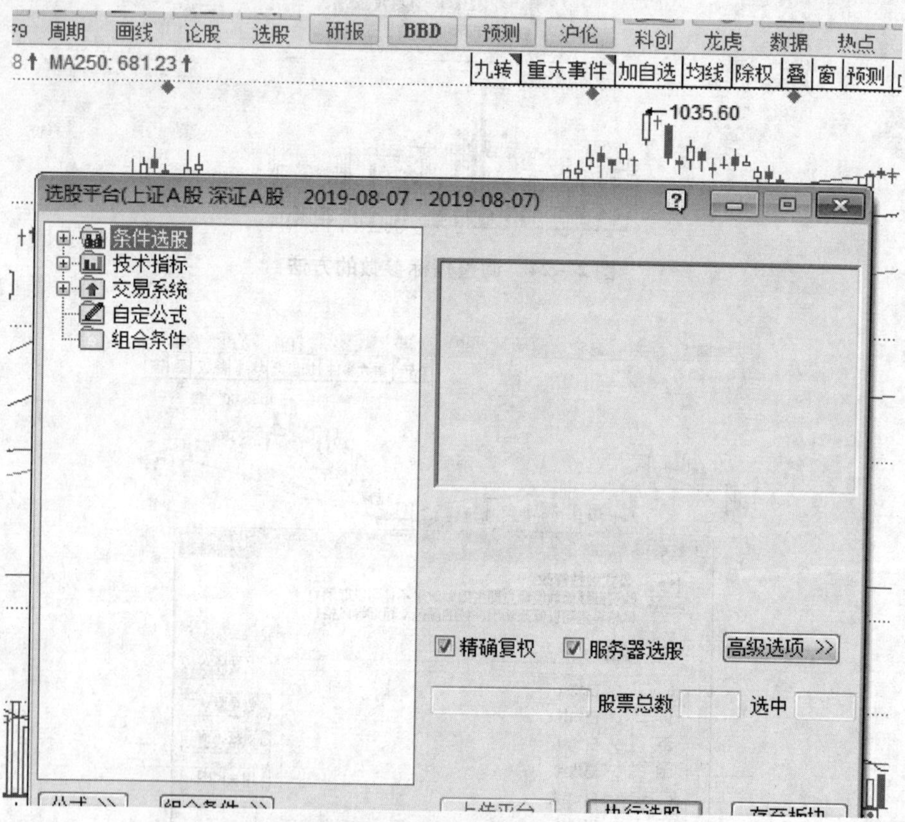


**图 2－26　条件选股功能的进入**

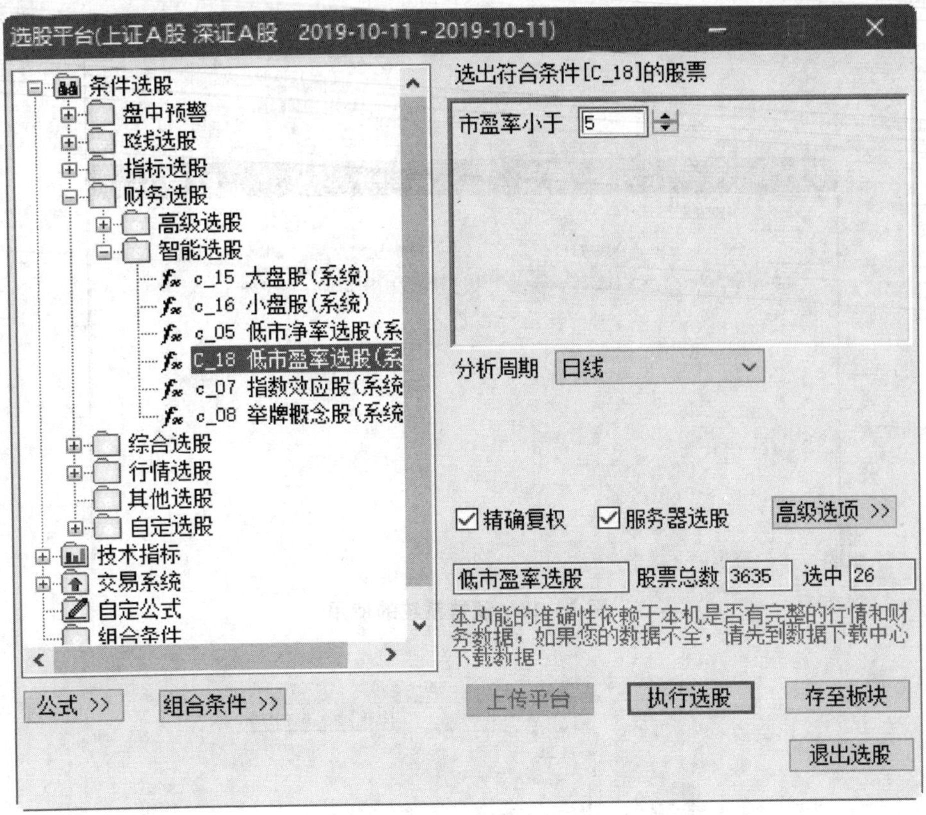


图 2 – 27 条件选股的使用

注意，部分选股条件可能需要本地计算机拥有完整的行情和财务数据，系统会提醒补全数据。如果数据不全，可能影响选股的准确性。

**6. 预警功能**

同花顺证券分析软件还具有预警功能，投资者可以按功能菜单的“智能”按钮，选择“股票预警”，然后按照投资者本人的关注热点和喜好进行预警设置，并打开预警开关，这样当行情变动触动预警条件时，软件就会向投资者发出警示，如图 2 – 28 所示。

**7. K 线复权功能**

当上市证券发生权益分派、公积金转增股本、配股等情况，交易所会在股权（债权）登记日（B 股为最后交易日）次一交易日对该证券作除权除息处理。在 K 线图上往往表现为向下的缺口，如图 2 – 29 所示。

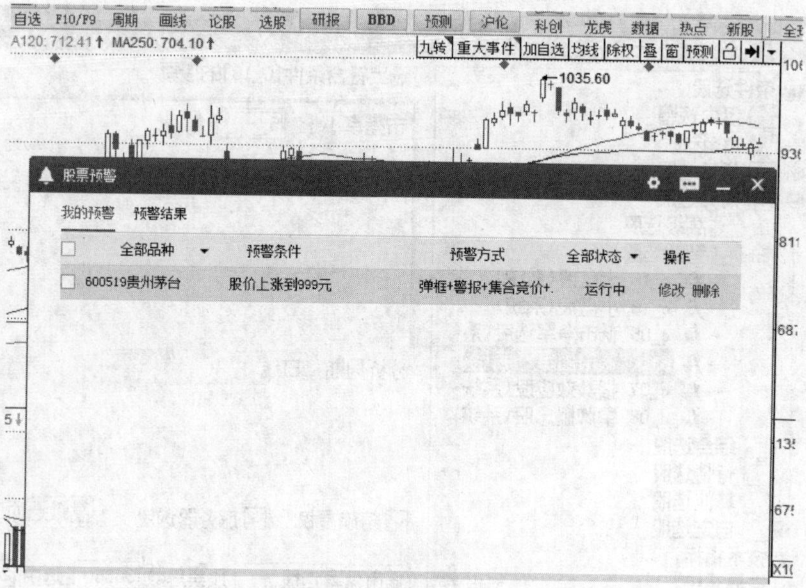


图 2－28　预警系统的使用

图 2－29　除权除息缺口

除权、除息的基本思想就是“股东财富不变”原则，意即分红事项不应影响股东财富总额，这是符合基本财务原理的。依据此原则，交易所在除权前后提供具有权威性的参照价格，作为证券交易的价格基准即除权、除息报价。在除权、除息日交易所公布的前收盘是除权、除息报价而非上一交易日收盘价，当日的涨跌幅以除权、除息参考报价为基准计算，所以能够真实反映投资者相对于上一交易日的盈亏状况。交易所依据“股东财富不变”原则制定除权、除息报价计算公式。目前沪深交易所除权除息报价的基本公式如下：

除权（息）参考价 =［（前收盘价 − 现金红利）+ 配（新）股价格 × 流通股份变动比例］÷（1 + 流通股份变动比例）

除权、除息之后，股价随之产生了变化，往往在股价走势图上出现向下的跳空缺口，但股东的实际资产并没有变化。这种情况可能会影响部分投资者的正确判断，看似这个价位很低，但有可能是一个历史高位，在股票分析软件中还会影响到技术指标的准确性。因此，软件提供了复权功能。所谓复权就是对股价和成交量进行权息修复，按照股票的实际涨跌绘制股价走势图，并把成交量调整为相同的股本口径。复权有前复权和后复权之分。

前复权就是保持现有价位不变，将以前的价格缩减，将除权前的K线向下平移，使图形吻合，保持股价走势的连续性。如图2－30为恒瑞医药前复权的情形。

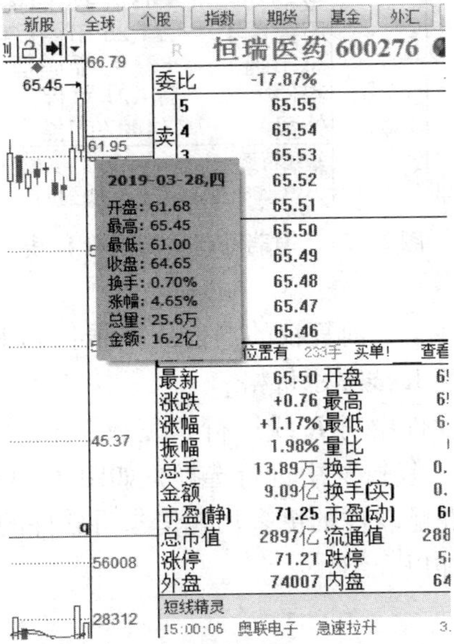


图2－30　恒瑞医药前复权的K线

后复权就是保持先前的价格不变，而将以后的价格增加。图 2 - 31 为恒瑞医药后复权的情形。

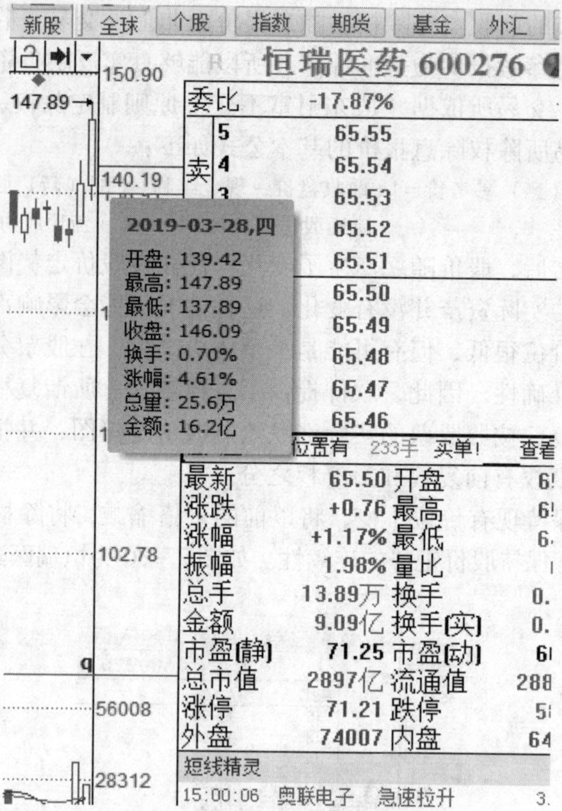


图 2 - 31　恒瑞医药后复权的 K 线

两者最明显的区别在于，前复权的当前周期报价和 K 线显示价格完全一致，而后复权的报价大多低于 K 线显示价格。

投资者如果需要在软件中对 K 线进行“复权”和“不复权”的切换，可以右键点击 K 线画面，在“复权”中进行选择，如图 2 - 32 所示。

由于篇幅所限，同花顺软件的更多功能请参看软件的帮助系统，也可由实验指导教师根据情况酌情加以介绍。

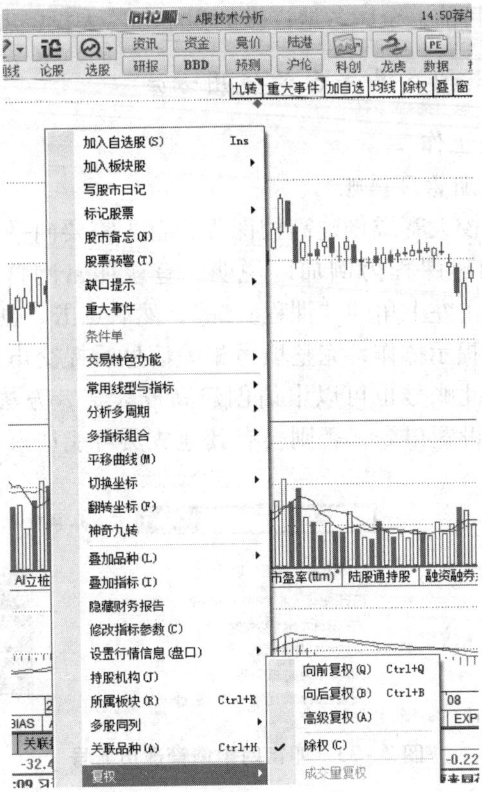


图 2－32　复权功能的使用

## 三、证券模拟交易系统

目前可用于证券模拟交易的平台较多，本书重点介绍一个被众多高校、团体及个人广泛使用的免费模拟交易平台，即叩富网证券模拟交易平台。

### （一）叩富网证券模拟交易平台的基本情况介绍

叩富网是国内唯一一家专业致力于模拟炒股开发和运营的网站，2008 年被上海证券交易所选为年度投资者教育训练网站。平台采用 Web 方式进行证券模拟交易，不用下载客户端，不用安装，不占硬盘，对机器配置没有要求，只要能上网，就能正常使用。系统行情与交易所同步，成交撮合、闭市清算流程和交易所完全一致。该平台具有强大的功能，不仅能满足基本的证券模拟交易，还提供了一套全面系统的个人投资绩效评估指标，比如个人资产增长走势图、段位制评级、选股成功率、资金周转率等。目前，全国各地许多的大学和广大投资者均在广泛使用。

## （二）叩富网模拟交易平台的使用方法

### 1. 实验教师准备工作

（1）教师申请注册管理员账号。

教师申请创建高校大赛或创建高校课程，首先需要向平台管理员申请创建管理员账号。下面以创建课程为例加以说明。登录叩富网首页（网址为 http：//www. cofool. com)，点击左上角的“课程实练”，然后点击“创建高校实践课程”按钮（见图 2－33)，按提示操作，完整填写相关信息后提交申请表。平台审核通过后会发账号到邮箱。此账号也可以申请创建高校大赛，方法类似。为方便管理，建议教师创建课程时设置口令，否则会有其他成员可能加入本课程。

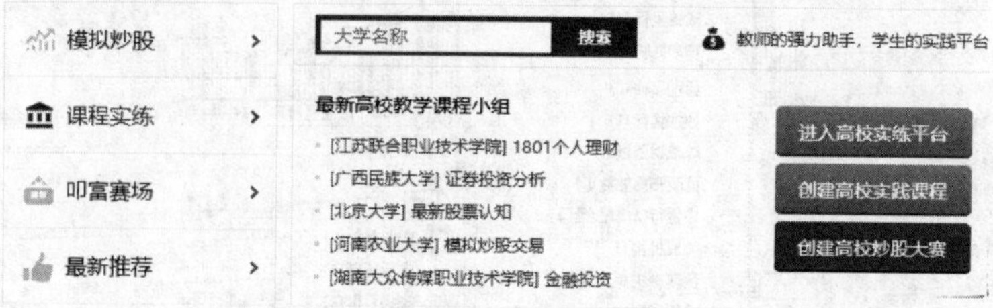


图 2－33　叩富网申请管理员账号

（2）教师开设新的班级。

教师创建课程后，在新的学期开学前，可以在该课程里面提前添加新的班级，以适用于不同的授课对象。具体操作路径为：以管理员账号登录，进入“个人中心”，点击“我的课程” － “我创建的”，在右上方点击“添加班级”，按提示操作即可，具体如图 2－34 所示。

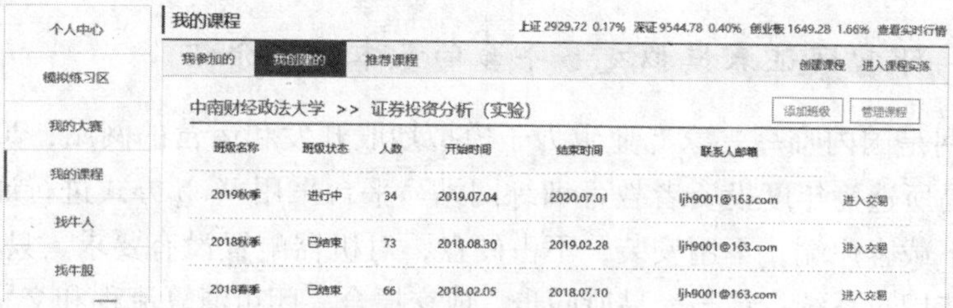


图 2－34　叩富网课程管理员申请添加班级

**2. 学生注册账号并加入课程**

实验教师创建好课程后，可以指导学生注册账号并加入到指定的班级中，就可以开始进行模拟交易了。具体操作步骤说明如下：

（1）学生登录叩富网（http：//www. cofool. com/）主页，在右上方登录窗口区点击“免费注册”（如图 2 – 35 所示），根据提示填写相关内容进行注册。为方便教师观察学生的交易情况并及时加以指导，建议学生以学号作为用户名，注册页面如图 2 – 36 所示。

图 2 – 35 叩富网学生注册账号入口

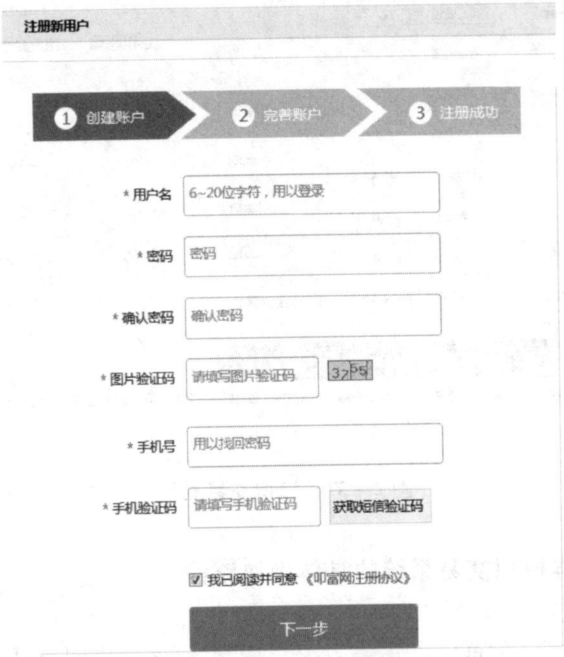


图 2 – 36 叩富网学生账号注册界面

（2）学生加入课程和班级。

学生注册成功模拟账号后，可根据教师的提示加入对应的课程和班级。具体操作如下：学生登录叩富网首页，点击左侧“课程实练”栏目，在搜索框搜索大学名，找到所在的大学，在“课程展示”类点击右侧“更多”，找到课程名，然后点击“报名”，加入相关课程和班级。加入时需要验证口令的需要教师提供口令。

**3. 学生开始模拟交易**

学生加入课程班级后，此后用自己的账号登录就可以进行模拟交易了。模拟交易界面所展示的信息如图 2－37 所示。

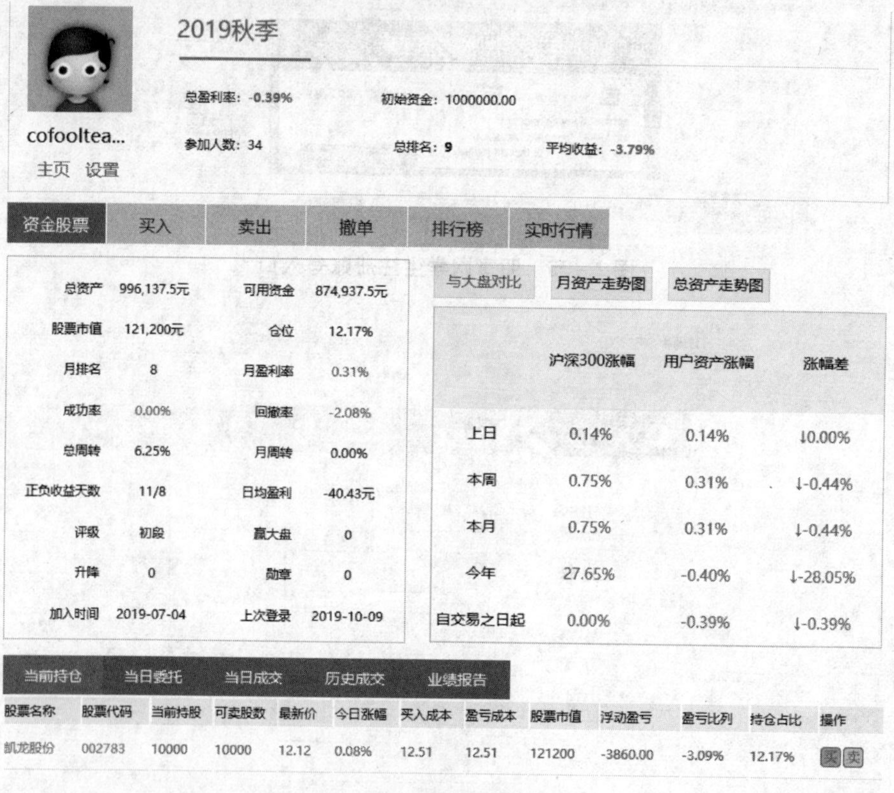


**图 2－37 模拟交易界面**

**4. 叩富网证券模拟交易系统的具体操作流程**

（1）买入证券。

在“模拟炒股”页面，点击“买入”，键入证券代码、买入价格和买入数量，点击“买入下单”按钮，在弹出信息提示窗口后，进一步确认指令无误，可确定提交，具体如图 2 – 38 所示。

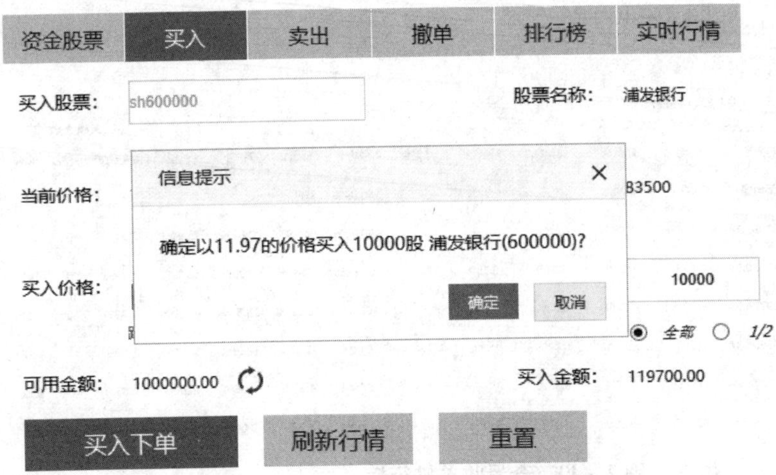


图 2 – 38　买入操作界面

（2）卖出证券。

要卖出所持有的证券，点击“卖出”按钮，进入卖出页面，选择要卖出的证券，输入卖出价格和卖出数量，点击“卖出下单”，在弹出信息提示窗口后，进一步确认指令无误，可确定提交，如图 2 – 39 所示。

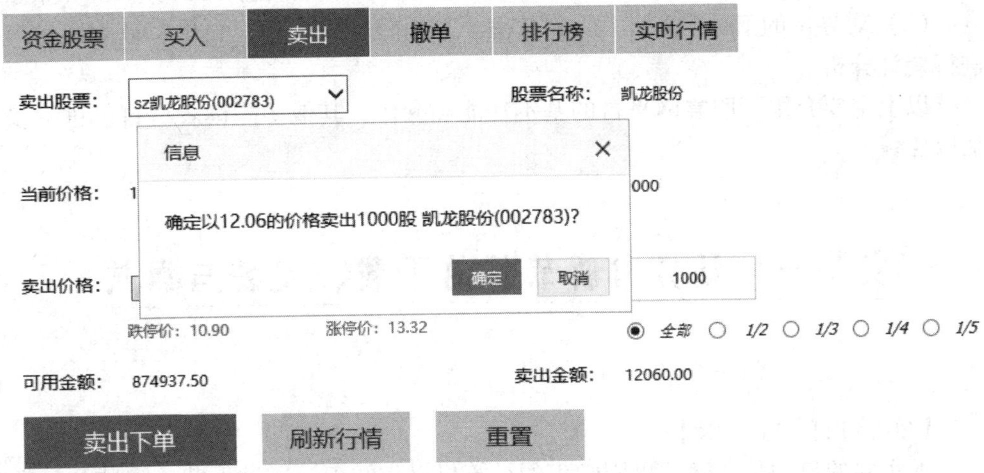


图 2 – 39　卖出操作界面

（3）查询排行榜。

有了交易记录后，教师和学生可点击“排行榜”，查看班级成员或自己的收益排名及相关情况，如图 2－40 所示。

**大赛排行榜**（更新于2019-10-09 16:13:44）

入榜人数 31

| 总盈利排名 | 昵称 | 总资产 | 总盈利↓ | 昨盈利 | 周盈利 | 月盈利 | 年盈利 | 成功率 | 总周转 | 月周转 | 仓位 | 最大回撤 | 升降 | 评级 |
|---|---|---|---|---|---|---|---|---|---|---|---|---|---|---|
| | | 组平均值→ | -3.79% | 0.24% | 0.02% | 0.02% | -3.79% | 40.84% | | | | | | |
| 1 | 201721030424 | 1031991.14 | 3.20% | -1.03% | 0.06% | 0.06% | 3.20% | 50.00% | 94.79% | 0.82% | 75.99% | -2.21% | 0 | 初段 |
| 2 | 201721030247 | 1018120.93 | 1.81% | -0.99% | -0.16% | -0.16% | 1.81% | 83.33% | 78.41% | 0.00% | 56.32% | -1.79% | 0 | 初段 |
| 3 | 201729030504 | 1009726.93 | 0.97% | -0.52% | 0.52% | 0.52% | 0.97% | 100.00% | 107.31% | 28.59% | 89.79% | -3.22% | 0 | 初段 |
| 4 | 201721030176 | 1003801.37 | 0.38% | 0.38% | 0.38% | 0.38% | 0.38% | 0.00% | 17.26% | 17.26% | 34.79% | 0.00% | -- | 初段 |
| 5 | 21729030505 | 1000873.29 | 0.09% | 0.16% | 0.16% | 0.16% | 0.09% | 0.00% | 1.67% | 1.06% | 2.28% | -0.07% | 0 | 初段 |
| 6 | 201721030077 | 998409.84 | -0.16% | -0.26% | 0.01% | 0.01% | -0.16% | 0.00% | 7.92% | 0.00% | 15.71% | -0.26% | ↓-2 | 初段 |

图 2－40　查看收益排行榜

**5. 教师期末总结点评**

班级模拟交易训练结束后，指导教师可以导出全体成员的交易数据，作进一步分析和点评。导出数据的具体操作方法为：

（1）教师以管理员账号登录平台，在右上角点击“个人中心”，左侧点击“我的课程”，在对应的课程模块点击“管理班级大赛”，在左侧选择“常用操作”后点击“下载成绩”，可以将全体成员的排行榜信息批量导出为 Excel 文档。

（2）对导出的 Excel 文档中的收益率、总周转、成功率、仓位、最大回撤等进行统计分析。

以上主要介绍了叩富网平台的基本功能和操作，其他功能读者可自己进一步加以探索。

## 实验一　证券分析软件的下载、安装与调试

【实验目的与要求】

本实验的目的是考察并巩固学生的计算机操作知识，通过下载并安装几种常见的证券分析软件，为日后的证券投资分析实验提供工具。要求学生自行在互联

网上搜索并下载常见的证券分析软件，并安装调试，以保证其能正常运行和接收行情数据信息。

【实验准备】

1. 选择一台能够正常运行并且连接互联网的计算机；

2. 实验前了解本次实验的目的与要求，认真预习相关知识，保证实验的连续性，达到预期的实验效果。

【实验步骤】

1. 认真阅读实验目的与要求，充分做好实验准备；

2. 按照事先安排，在指定设备上机；

3. 调试设备，保证实验设备能够正常的运行以及相关网络设备的连接通畅；

4. 打开互联网浏览器，在指定的网站上下载证券分析软件安装包，并且根据相关的提示，按照正确的步骤把证券分析软件安装在自己所使用的设备上。

具体实验流程如图 2－41 所示。

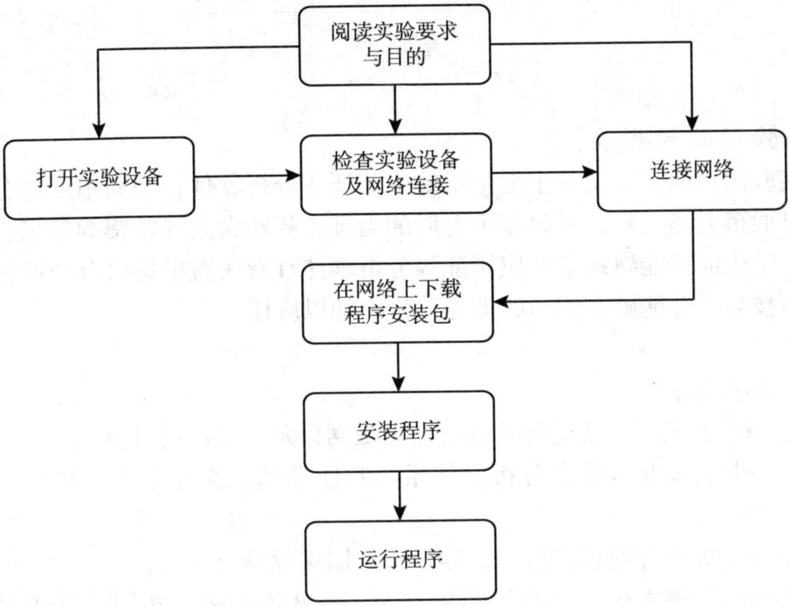


**图 2－41　实验一基本流程**

【实验总结】

本实验是一项基础性的工作。目前，许多公司都免费提供证券分析软件和行情数据，只要按照软件的说明安装，保证网络畅通，一般都可以很容易安装成功。大部分证券分析软件的基本功能是类似的，个别软件有一些特色功能，同学们可以在一台电脑上安装几种软件取长补短，并根据自己的习惯选取一种软件进行操作。

【思考题】

1. 在本项实验中，前期的准备工作包括哪几项？都有什么重要的作用？
2. 在实验过程中，如果软件安装出现问题，是否可以独立解决？
3. 同花顺证券分析软件和东方财富证券分析软件的基本功能有何区别？

## 实验二　使用证券分析软件查看当日大盘走势及涨跌排行

【实验目的与要求】

本实验的目的在于使学生能正确地安装证券分析软件，并利用证券分析软件查看当日股市大盘走势，了解相关个股的当日走势和大盘涨跌幅的排名。要求通过实验，学生应该能熟练掌握应用证券分析软件查看大盘走势以及个股排名的基本方法与技巧，并能够在实际的证券分析中加以应用。

【实验准备】

1. 选择一台能够正常运行并且连接局域网以及互联网的计算机；

2. 检查是否安装有证券分析软件系统和证券模拟交易系统，并且以上各系统能够正常运行；

3. 检查相关软件网络连接和证券行情数据接收是否正常；

4. 实验前了解本次实验的目的与要求，认真预习相关知识，保证实验的连续性，达到预期的实验效果。

【实验步骤】

1. 认真阅读实验目的与要求，充分做好实验准备；

2. 按照事先安排，在指定设备上机；

3. 调试设备，保证实验设备能够正常的运行以及相关网络设备的连接通畅；

4. 启动证券分析软件，找到当日大盘综合走势指标，在对大盘进行综合了解的情况下，选取相关个股，了解个股当日价格走势，并查询当日涨跌综合排名。

具体实验流程如图 2－42 所示。

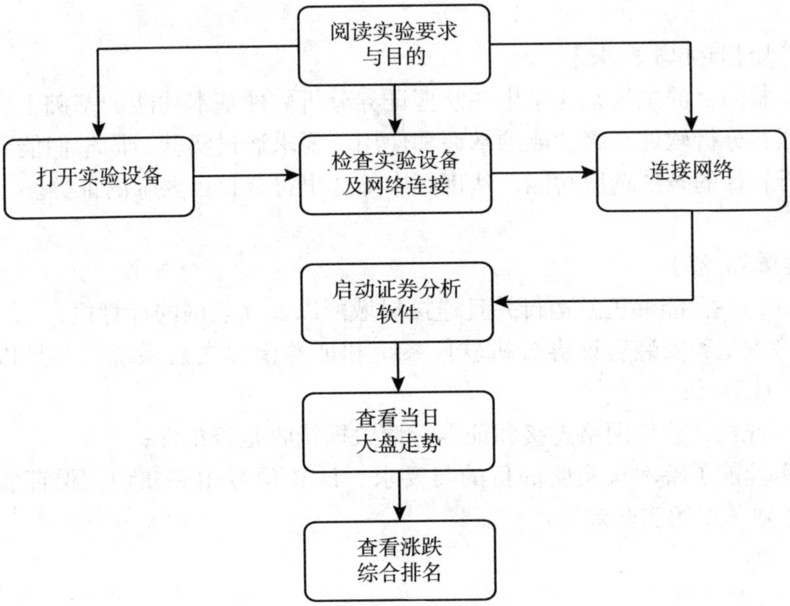


**图 2－42　实验二基本流程**

【实验总结】

本实验主要在于考查学生对于证券分析软件的基本功能的运用能力。通过实验，使学生在正确使用证券分析软件的基础上，基本了解对于当日大盘的综合走势以及个股的涨跌排名，并能结合课堂所学的基本理论知识，对大盘及个股情况进行解释，培养学生理论结合实际的能力。

【思考题】

1. 当日大盘走势与绝大多数个股的走势有何关系？
2. 当日涨幅（或跌幅）前列的股票相互之间是否有联系？
3. 在综合排名中观察涨幅前6名的股票和成交金额前6名的股票有何特征？

## 实验三　使用证券分析软件进行条件选股

【实验目的与要求】

本实验的目的主要是让学生在掌握证券分析软件基本功能的基础上，进一步加深对证券分析软件高级功能的掌握和使用。要求通过实验，同学们能熟练运用证券分析软件的条件选股功能，从市场中筛选出符合自己要求的证券。

【实验准备】

1. 选择一台能够正常运行并且连接局域网以及互联网的计算机；
2. 检查是否安装有证券分析软件系统和证券模拟交易系统，并且以上各系统能够正常运行；
3. 检查相关软件网络连接和证券行情数据接收是否正常；
4. 实验前了解本次实验的目的与要求，认真预习相关知识，保证实验的连续性，达到预期的实验效果。

【实验步骤】

1. 认真阅读实验目的与要求，充分做好实验准备；
2. 按照事先安排，在指定设备上机；
3. 调试设备，保证实验设备能够正常运行以及相关网络设备连接通畅；
4. 打开证券分析软件，在相应的应用模块中，通过设定选股条件，选出符合预设条件的证券；
5. 观察所选出证券的各方面特征，选出值得未来关注或投资的证券。

具体实验流程如图2－43所示。

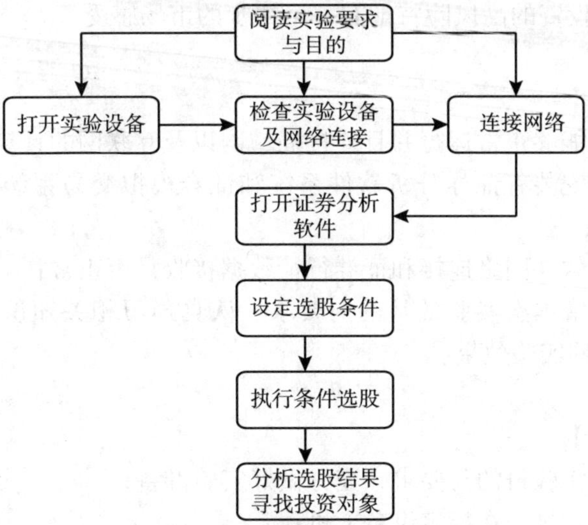


**图 2－43　实验三基本流程**

【实验总结】

条件选股是许多证券分析软件的重要功能之一，充分利用这一功能，可以在几千种证券中快速筛选出符合投资者某种（某些）条件的证券，减少选股范围，以提高投资者进行证券研究的效率。同学们应熟练应用这一功能。

【思考题】

1. 常见的基本面条件选股指标有哪些？

2. 根据你自己对市场的理解，设计一个条件组合并利用软件选出符合要求的证券。

## 实验四　证券模拟交易

【实验目的与要求】

本实验主要是通过证券模拟交易平台帮助学生了解证券投资的基本过程，掌握证券交易的基本步骤，培养证券投资实战的能力。要求学生通过证券交易系统进行模拟交易后，能熟练地进行证券的买卖、撤单、查询交易结果、盈亏状况等操作，并对证券投资的高风险特征有一个初步的市场感受。

【实验准备】

1. 选择一台能够正常运行并且连接局域网以及互联网的计算机；

2. 检查是否安装有证券分析软件系统和证券模拟交易系统，并且以上各系统能够正常运行；

3. 检查相关软件网络连接和证券行情数据接收是否正常；

4. 实验前了解本次实验的目的与要求，认真预习相关知识，保证实验的连续性，达到预期的实验效果。

【实验步骤】

1. 认真阅读实验目的与要求，充分做好实验准备；

2. 按照事先安排，在指定设备上机；

3. 调试设备，保证实验设备能够正常的运行以及相关网络设备的连接通畅；

4. 登录叩富网证券模拟交易大赛平台，根据教师的安排在既定的分组中注册账号，并登陆模拟证券交易系统，运用前面的相关介绍，进行模拟证券交易。

5. 通过一段时间的模拟交易，把投资结果与其他同学进行比较，并总结自己成功的经验与失败的教训。

具体实验流程如图 2 - 44 所示。

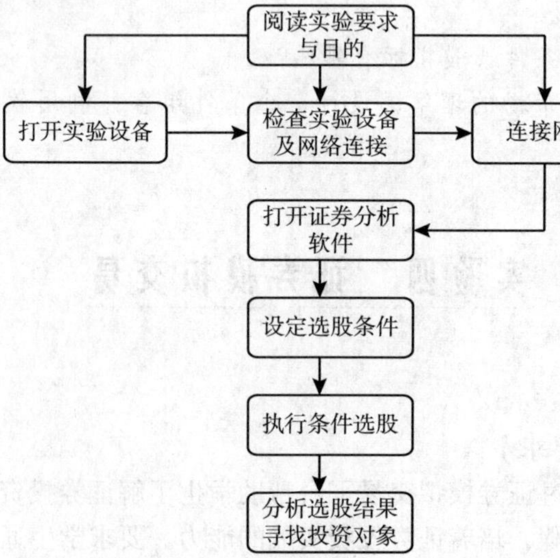


**图 2 - 44　实验四基本流程**

【实验总结】

叩富网证券交易系统是一个免费的互联网证券模拟交易系统，目前广大炒股爱好者和几百所高校的师生都利用这一平台开展证券模拟交易大赛。充分利用这一优秀的平台，可以提高我们的证券投资决策水平。

【思考题】

1. 在模拟交易中，你是如何进行选股的?

2. 在模拟交易中你获得收益最高的一支证券是什么？试分析取得成功的原因。

3. 在模拟交易中你亏损最大的一支证券是什么？试分析失败的原因。

4. 和你的同学比较，在模拟交易中你的综合收益率排名如何？从其他同学那可学到什么?

## 综合思考题

1. 有人认为:“只要拥有功能强大的证券分析软件，就能在证券投资活动中稳操胜券。”通过一段时间对证券分析软件的使用和模拟交易，你对此有何看法?

2. 通过模拟交易，谈谈你对证券投资风险的认识和体会。

# 附录 同花顺软件快捷键一览表

表1 画面调用快捷键

| 快捷键 | 调用画面 | 快捷键 | 调用画面 |
| --- | --- | --- | --- |
| 0 + Enter | 沪深指数报价 | 73 + Enter | 券商信息 |
| 00 + Enter | 沪深领先指数 | 80 + Enter | 沪深 A 股综合排名 |
| 03 + Enter（F3） | 上证领先 | 81 + Enter | 上海 A 股综合排名 |
| 04 + Enter（F4） | 深证领先 | 82 + Enter | 上海 B 股综合排名 |
| 1 + Enter | 上海 A 股行情报价 | 83 + Enter | 深圳 A 股综合排名 |
| 2 + Enter | 上海 B 股行情报价 | 84 + Enter | 深圳 B 股综合排名 |
| 3 + Enter | 深圳 A 股行情报价 | 85 + Enter | 上海债券综合排名 |
| 4 + Enter | 深圳 B 股行情报价 | 86 + Enter | 深圳债券综合排名 |
| 5 + Enter | 上海债券行情报价 | 87 + Enter | 上海基金综合排名 |
| 6 + Enter | 深圳债券行情报价 | 88 + Enter | 深圳基金综合排名 |
| 7 + Enter | 上海基金行情报价 | 89 + Enter | 香港证券综合排名 |
| 8 + Enter | 深圳基金行情报价 | 06 + Enter（F6） | 自选报价 |
| 9 + Enter | 香港证券行情报价 | 006 + Enter | 自选同列 |
| 580 + Enter | 沪深权证行情报价 | 51 ~ 58 + Enter | 自定义板块 51 ~ 58 报价 |
| 002 + Enter | 中小企业行情报价 | Ctrl + F6 | 大字报价 |
| 60 + Enter | 沪深 A 股涨幅排名 | XKT + Enter | 星空图 |
| 61 + Enter | 上海 A 股涨幅排名 | 90 + Enter | 多窗看盘 |
| 62 + Enter | 上海 B 股涨幅排名 | 91 + Enter | 主力大单 |
| 63 + Enter | 深圳 A 股涨幅排名 | 92 + Enter | 阶段统计 |
| 64 + Enter | 深圳 B 股涨幅排名 | 93 + Enter | 强弱分析 |
| 65 + Enter | 上海债券涨幅排名 | 94 + Enter | 板块分析 |
| 66 + Enter | 深圳债券涨幅排名 | 95 + Enter | 指标排行 |
| 67 + Enter | 上海基金涨幅排名 | 41 + Enter | 股本结构 |
| 68 + Enter | 深圳基金涨幅排名 | 42 + Enter | 财务数据 |
| 69 + Enter | 香港证券涨幅排名 | 43 + Enter | 财务指标 |
| 999 + Enter | 沪深权证涨幅排名 | 44 + Enter | 基金周报 |
| 602 + Enter | 中小企业涨幅排名 | 45 + Enter | 股东变化 |
| 71 + Enter | 上证新闻 | 700 + Enter | 期货行情报价 |
| 72 + Enter | 深证新闻 | 800 + Enter | 外汇行情报价 |

**表 2　　画面切换快捷键**

| 快捷键 | 切换画面 | 快捷键 | 切换画面 |
|---|---|---|---|
| Ctrl + 4 | 四股分时同列 | Ctrl + F11 | 财务图示 |
| → | 向右移动列 | Ctrl + L | 两股对比 |
| ← | 向左移动列 | Ctrl + Q | 向前复权 |
| 05 + Enter（F5） | 技术分析 | Ctrl + B | 向后复权 |
| 01 + Enter（F1） | 成交明细 | Alt + 1 | 一图组合 |
| 02 + Enter（F2） | 价量分布 | Alt + 2 | 二图组合 |
| 07 + Enter（F7） | 个股全景 | Alt + 3 | 三图组合 |
| 10 + Enter（F10） | 公司资讯 | Alt + 4 | 四图组合 |
| 11 + Enter（F11） | 基本资料 | Alt + 6 | 六图组合 |
| Ctrl + F8 | 多周期图 | Alt + 9 | 九图组合 |
| Ctrl + F11 | 财务图示 | Ctrl + Z | 最大化左侧图形窗口 |
| Ctrl + D | 大盘对照 | ↓ | 缩小 K 线 |
| Ctrl + L | 两股对比 | ↑ | 放大 K 线 |
| Ctrl + Z | 最大化左侧图形窗口 | Ctrl + → | 光标快速右移 10 个周期 |
| ↓ | 增加连续多日分时 | Ctrl + ← | 光标快速左移 10 个周期 |
| ↑ | 减少连续多日分时 | Ctrl + Alt + → | 光标快速右移 30 个周期 |
| Home、End | 定位光标到分时窗口最左、最右 | Ctrl + Alt + ← | 光标快速左移 30 个周期 |
| +、- | 切换右侧功能标签 | Shift + ← | 锁定光标位置右移 K 线 |
| *、/ | 切换右侧功能标签上一层标签 | Shift + → | 锁定光标位置左移 K 线 |
| 右键选择区域 | 区间统计 | Shift + PageUP | 锁定光标时间轴位置向上翻页 |
| Ctrl + Enter | 历史分时（在 K 线窗口） | Shift + PageDown | 锁定光标时间轴位置向下翻页 |
| 左键双击 | 历史分时（在 K 线窗口） | Ctrl + PageUP | 向上翻页时向主站重新请求数据 |
| 05 + Enter（F5） | 分时走势 | Ctrl + PageDown | 向下翻页时向主站重新请求数据 |
| 01 + Enter（F1） | 历史成交 | Home、End | 定位光标到 K 线窗口最左、最右 |
| 07 + Enter（F7） | 个股全景 | Home、End | 切换技术指标标签（无光标时） |
| 08 + Enter（F8） | 切换分析周期 | Ctrl + Home、End | 定位到本地 K 线最前、后一根 |
| Shift + F8 | 返回到前一顺序的分析周期 | +、- | 切换右侧功能标签 |
| 10 + Enter（F10） | 公司资讯 | *、/ | 切换右侧功能标签上一层标签 |
| 11 + Enter（F11） | 基本资料 | 右键选择区域 | 区间统计或放大 K 线 |
| Ctrl + F8 | 多周期图 | | |

表 3　　其他快捷键

| 快捷键 | 切换画面 | 快捷键 | 切换画面 |
|---|---|---|---|
| Esc | 返回上一画面 | Ctrl + R | 查看所属板块 |
| Insert | 加入自选股 | Ctrl + S | 保存页面 |
| Delete | 从自选股中删除 | Ctrl + W | 全屏显示 |
| Ctrl + A | 自动翻页 | 空格键 | 调出信息地雷内容 |
| Ctrl + F | 功能树 | Scroll Lock | 锁定主图光标时间轴 |
| Ctrl + G | 股灵通 | Alt + Z | 快速隐藏（默认） |
| Ctrl + H | 查看港股关联代码 | F12 | 委托下单 |
| Ctrl + K | 查看快捷键列表 | Ctrl + F12 | 期货下单（或港股下单） |
| Ctrl + M | 输出到图片 | Shift + F1 | 这是什么？（跟随帮助） |
| Ctrl + N | 新建 | Alt + F4 | 退出程序 |

第三
实验单元

# 证券投资基本分析

- 实验一　宏观基本面分析与证券市场关系
- 实验二　行业分析与行业投资选择
- 实验三　公司分析与证券投资对象选择
- 实验四　证券投资基本分析方法综合实践

## 实 验 目 的

1. 熟悉证券投资基本分析方法的基本思路；

2. 理解证券内在价值与基本分析的关系；

3. 能够充分利用互联网资源和证券分析软件的资讯功能搜集并整理进行基本分析所需的宏观面信息、中观面信息、微观面信息和其他信息，并对其进行筛选、加工和提炼，为基本分析提供良好的信息支持；

4. 掌握宏观分析的基本内容和方法，并根据所掌握的宏观信息预测证券市场的基本走势；

5. 掌握行业分析的基本内容和方法，能够运用行业分析方法进行行业分析并选择未来可供投资的有前景的行业；

6. 掌握公司分析的基本内容和方法，能够对上市公司基本素质和财务报表进行全面分析，进行证券投资对象的选择；

7. 熟练掌握证券分析软件的基本面分析功能并加以使用；

8. 能够综合运用基本分析法进行证券投资决策。

## 本单元知识要点

### 一、基本分析概述

证券投资基本分析法是分析影响证券未来收益的基本经济要素的相互关系和发展趋势，据此预测证券的收益和风险，并最终判断证券内在价值的一种分析方法。其理论基础是证券是具有内在价值的，证券起伏不定的价格最终围绕其内在价值而波动，证券价格与其内在价值经常不相符，但迟早会向它的内在价值调整。证券内在价值的高低主要取决于发行公司的获利能力等基本因素。基本分析就是对证券内在价值和未来成长性的分析，通过理论价值与市场价格相比较，确定交易时机和交易对象。基本分析方法认为证券的内在价值表现为向投资者提供未来的收益，因而这种方法完全建立在对未来的基本经济要素及其供求关系的预测基础上。基本分析方法认为公司的业绩取决于公司运营的经济环境，取决于各种投入资源的供求价格，取决于公司产品或服务的供求价格。因此基本分析的内容包括宏观、中观和微观三个层次的系统分析，即宏观、行业和公司的系统分析。

基本分析法遵循自上而下和自下而上两种程序。多数基本分析遵循自上而下的程序，分析人员首先要对整个国民经济作出预测，然后是行业，最后是公司。行业预测是以整个经济的预测为基础的，接下来的公司预测是以它所处行业和整个经济预测为基础的。少数基本分析法采取自下而上的程序，从对公司前景的估计开始，然后建立对行业和最终整个经济前景的估计。

在实践中，人们常将两种方法结合使用。例如，按自上而下方法对经济进行预测，然后把这种预测结果又提供给为个别公司进行自下而上预测的分析师作参考。单个公司预测的综合应当与总的国民经济预测相吻合。否则，人们将要重复做这一工作，以保证达到这两种方法之间的一致性。

基本分析方法对选择具体的投资对象特别重要，对预期整个证券市场的中长期前景很有帮助，但对把握短期股市的具体变化作用不是很大。

## 二、证券内在价值的评估

### （一）债券内在价值的评估

**1. 债券内在价值的基本评估模型**

债券是各类社会经济主体为了筹措资金而向投资者出具的并且承诺按一定利率定期支付利息和到期偿还本金的债权债务凭证，它是对特定时期收入流的一个要求权，又被称为固定收益证券。债券作为一种以法律与信用原则为基础的借款凭证，具有法律约束力，反映借贷双方的经济权益关系，双方都必须严格按照合同规定履行自己的权利和义务。债券的票面上一般载明了债券的面额、利息及支付方式和债券到期的时间等基本要素。

债券的价值是由现在或未来的收益、风险等基本经济变量决定的，它等于债券持有人将来所能期望获得的现金流的现值之和。为了给安全性定价，我们要确定合适的贴现率，贴现率要反映货币的时间价值和该债券的风险。在实践中，不同时期的现金流，会有不同的贴现率，为简化问题，一般忽略这一限制条件。

债券可以从各种不同角度进行分类，这里重点介绍附息债券、贴现债券及统一公债三种类型债券的价值评估模型。

附息债券又称直接债券或固定利息债券，按照票面金额计算利息，票面上可附有作为定期支付利息凭证的息票，也可不附息票。投资者不仅可以在债券期满时收回本金，而且还可定期获得固定的利息收入。直接债券的内在价值公式如下：

$$P = \sum_{t=1}^{T} \frac{C}{(1+r)^{t}} + \frac{M}{(1+r)^{T}}$$

其中，$P$ 代表内在价值，$C$ 为债券每期支付的利息，$r$ 代表折现率，$M$ 代表债券面值，$T$ 是债券到期时间。

贴现债券，又称零息票债券，是一种以低于面值的贴现方式发行，不支付利息，到期按债券面值偿还的债券。贴现债券的内在价值由以下公式决定：

$$P = \frac{M}{(1+r)^{T}}$$

统一公债是一种没有到期日的特殊的定息债券，统一公债的内在价值公式如下：

$$P = \sum_{t=1}^{\infty} \frac{C}{(1+r)^{t}} = \frac{C}{r}$$

**2. 债券定价定理**

债券的内在价值受许多因素的影响，1962 年马凯尔（B. G. Malkiel）最早提出了债券定价的 5 个定理，并用久期和凸性来描绘债券价格的利率敏感性，这对于投资者对债券的投资价值分析具有重要的指导意义。

马凯尔债券定价定理如下：

定理 1：债券价格与债券到期收益率成反比关系；利率越高，债券持有人所得的现值支付就越低。因此，债券价格在利率上升时会下跌。这是债券的一个重要的普遍性规律。

定理 2：到期期限越长，债券价格对利率的敏感性越大，即长期债券的利率风险较高，而短期债券的利率风险则较低。

定理 3：随着债券到期日的临近，债券价格的波动幅度减小，并且是以递增的速度减小；反之，到期时间越长，债券价格波动幅度增大，并且是以递减的速度增大。

定理 4：对于既定期限的债券，由利率下降导致的债券价格上升的幅度，大于同等幅度的利率上升导致的债券价格下降的幅度。

定理 5：除贴现债券和永久债券外，息票率越低的债券受市场利率的影响越大。

债券价格主要受到利率波动的影响，利率变动会使固定收益投资具有风险，债券久期就是债券价格对利率波动的敏感性的衡量，债券久期概念由马考勒（F. R. Macaulay）于1938年提出，又称为马考勒久期，它是使用加权平均数的形式计算债券的平均到期时间，解决了债券多次支付的"期限"含糊不清的问题。马考勒久期的计算公式如下：

$$D = \frac{\sum_{t=1}^{T} PV(c_t) \times t}{P}$$

其中，$D$ 为马考勒久期，$PV(c_t)$ 为债券未来第 $t$ 期现金流（利息或本金）的现值，$T$ 为债券的到期时间，$t$ 为债券未来第 $t$ 期现金流支付至当前时点的时间（年），$P$ 为债券当前的市场价格。

久期用来衡量债券价格对利率变化的敏感性，即收益率变化1%所引起的债券价格变化的百分比。债券的久期越大，利率的变化对该债券价格的影响也越大，因此风险也越大。在降息时，久期大的债券价格上升幅度较大；在升息时，久期大的债券价格下跌的幅度也较大。因此，投资者在预期未来降息时，可选择久期大的债券；在预期未来升息时，可选择久期小的债券。久期将债券价格和利率的关系看作是线性的，一般近似久期（直线）总是低于债券的价值，当收益率下降时，它低估债券价格的增长程度，当收益率上升时，它高估债券价格的下跌程度，这个缺陷可以通过债券凸性加以弥补。

债券凸性是指债券价格变动率与收益率变动关系曲线的曲度。在收益率增加相同单位时，凸性大的债券价格下跌幅度较小；在收益率减少相同单位时，凸性大的债券价格上升幅度较大。因此，在久期相同的情况下，凸性大的债券其风险较小。因此，投资者一般喜欢凸性大的债券。

**3. 收益率曲线与利率的期限结构理论**

收益率曲线是以债券到期时间为函数的到期收益率曲线，反映一定时点债券的到期收益率与期限之间的关系。到期收益率为使债券的支付现值与债券价格相等的利率。这一利率通常被视为债券自购买日持有至到期日为止所获得的平均收益率的测度。

利率期限结构是指在某一时点上，不同期限资金的收益率（Yield）与到期期限（Maturity）之间的关系。利率的期限结构反映了不同期限的资金供求关系，揭示了市场利率的总体水平和变化方向，为投资者从事债券投资和政府有关部门加强债券管理提供可参考的依据。主要有三种理论被用来解释利率的期限结构。

（1）市场预期理论。又称"无偏预期理论"，认为利率期限结构完全取决于公众对未来短期利率的预期。如果预期未来利率上升，则利率期限结构会呈上升趋势；相反，则为下降趋势。在某一时点，各种期限债券的即期利率是不同的，但在某特定时期内，市场上预计所有债券都取得相同的收益率，而不管其到期期限的长短，即长期债券是短期债券的替代物。

（2）流动性偏好理论。考虑到资金需求的不稳定性和风险的不可精确预知性，投资者在同样的收益率下，更倾向于（偏好）购买短期证券。这一偏好迫使长期资金的需求者提供较高的收益率（流动性溢价）才能促使投资者购买其证券。在对不同形态的利率期限结构的解释上，该理论与市场预期理论相似。两者的区别仅在于曲线的弯曲幅度大小不同。

（3）市场分割理论。由于存在着法律、偏好上或其他因素的限制，证券市场上的供需双方不能无成本地实现资金在不同期限债券之间的自由转移。证券市场不是一个整体，而是被分割为长、中、短期市场。不同期限债券的即期利率取决于各市场独立的资金供求。即使不同市场存在理论上的套利机会，但由于跨市场转移的成本过高，所以资金不会在不同市场之间转移。根据该理论，呈上升趋势的利率结构是因为长期债券市场资金供需的均衡利率高于短期市场的均衡利率。

### （二）普通股内在价值的评估

股票投资的收益很大程度上来自股票价格和内在价值的背离，内在价值指的是在假定完全了解资产投资特征的前提下资产的价值。分析股票内在价值是获得超额收益的重要步骤。股票价值分析模型主要有绝对价值模型和相对价值模型两类。这里重点介绍其中的股利贴现模型和市盈率模型及其应用。

**1. 股利贴现模型及其应用**

股利贴现模型认为未来现金流应该是股票未来所发放的全部股利，因为股利是投资者可以从股票投资中获得的唯一的现金收入。股利贴现模型同其他基于现金流贴现思想的价值模型一样，认为股票的价值等于股票所有未来股利的现值，其一般形式如下：

$$V_0 = \frac{D_1}{1+k} + \frac{D_2}{(1+k)^2} + \frac{D_3}{(1+k)^3} + \cdots$$

其中，$V_0$ 为普通股每股现值；$D_1$、$D_2$、$D_3$……分别为股票在第 1、2、3……期支付的股利；$k$ 为投资者的期望报酬率（折现率）。

股利贴现模型主要包括三个部分的内容：零增长模型、固定增长模型和多元增长模型。

（1）零增长模型。在股利贴现模型投资实践中，要对未来股利的增长方式进行一定的假设。如用 $g_t$ 来代表每期的股利增长率，零增长模型就是假设每期股利（$D$）都不变，即 $g_t=0$ 时股利贴现模型简化为：

$$V_0 = \sum_{t=1}^{\infty} D \times \left(\frac{1}{1+k}\right)^t = \frac{D}{k}$$

即股票的价值等于上次股利值同期望报酬率的比值。由于普通股每年的股利不可能一直不变，因此这一零成长率的股票价值衡量模式应用并不太广，只是在股利政策比较稳定的普通股估价和优先股分析时采用。

（2）固定增长模型。又称戈登模型，其假设股票今后的股利增长率是一个保持不变的常数 $g$，那么未来任意一期的股利 $D_t$ 可以表示为：

$$D_t = D_0(1+g)^t$$

则固定增长模型在数学上就可以表示为：

$$v_0 = \sum_{t=1}^{n} \frac{D_0(1+g)^t}{(1+k)^t} = \frac{D_0(1+g)}{k-g} = \frac{D_1}{k-g}$$

值得注意的是，$g$ 必须小于 $k$。如果 $g>k$ 或 $g=k$，上式级数发散，公式将变得毫无意义，这种情况将使得现值变得无限大。也就是说，若股市上有这种股票将是千金难买的。固定增长的股利贴现模型暗示这一股票的价值在以下情况下将增大：每股预期红利更多、市场资本报酬率 $k$ 更低及预期股利增长率更高。由于并不是所有的公司的股利都是以固定的比例增长，因此，这一模型主要适用于那些成熟公司或者公共事业公司。

（3）多元增长模型。在这一模型中，假定在将来的某一时点之后，股利将以固定的速度增长，则公司处于固定成长期，股利现值的计算可运用固定成长股模型。而在此之前，公司处于非固定成长期，股利现值将由投资者分别算出。具体而言，假定这个时点为 $T$，则股利 $D_1$、$D_2$、……、$D_T$ 将由投资者分别估算，直至股利以固定速度 $g$ 增长。则多元增长模型可以表示为：

$$V_0 = \sum_{t=1}^{T} \frac{D_t}{(1+k)^t} + \frac{D_{T+1}}{(k-g)(1+k)^T}$$

注意在多元增长条件下，释放了股利将按不变比例 $g$ 增长的假设以及 $k>g$ 的限制。多元增长模型分析更加复杂精确。

根据对股利增长模式的不同假设可以构造多阶段股利贴现模型。除以上主要形式外，还有两阶段增长模型、H 模型、三阶段增长模型。两阶段增长模型适合具有下列特征的公司：公司当前处于高增长阶段，并预期在今后的一段时间内仍将保持较高增长率，在此之后，支持高增长率的因素消失。H 模型适合具有下列特征的公司：公司当前的增长率较高，但是当公司的规模越来越大时，预期增长率将随时间逐渐下降。三阶段增长模型则适合具有下列特征的公司：公司当前以很高的速度增长，并将保持一段时间，但当公司规模越来越大开始失去其竞争优势时，公司预期的增长率将会下降，最后逐渐达到稳定增长阶段的增长率。

**2. 市盈率模型及其应用**

市盈率模型是最常用的相对价值模型。市盈率是公司股票价格和每股盈利的比值，反映了投资人对每元净利润所愿意支付的价格，是股票的相对股价。市盈率的高低反映了市场对公司未来发展前景的预期，是投资的重要参考指标。设 $P$ 代表股票的价格，$E$ 代表每股盈利，则：

$$市盈率=\frac{P}{E}$$

如果用股利贴现模型所估计的价值代替股票价格，即可得到影响市盈率的基本因素。假如在定常增长模型中，假设现金流是红利，则：

$$P=\frac{D_1}{r-g}$$

$$市盈率(P/E)=\frac{D_1}{E(r-g)}$$

所以，股票的市盈率是增长率和红利支付率的增函数，是公司风险程度的减函数。

市盈率模型可应用于股利价值分析中。首先确定一个合理市盈率，市盈率即股价不存在高估和低估时的市盈率，然后用根据当前股价计算的市盈率同这个合理比较，如果高于合理市盈率则说明股价被高估了，反之说明股价被低估了。上述市盈率模型就是对合理市盈率的确定的过程。

### （三）投资基金内在价值的评估

影响基金价格最主要的因素是基金净值的高低，基金净值的变化缘于基金收入与费用支出之间的差距。基金的收入来源一般包括股息收入、二级市场的买卖差价以及投资增值等；基金的费用支出则一般包括基金管理费、基金托管费、上市费用、交易费用以及相关的会计师费用和律师费用等。由于证券投资基金可分为开放式基金和封闭式基金，下面将讨论这两种投资基金的价格决定。

**1. 开放式基金的价格决定**

开放式基金发行在外基金份额的规模是不确定的。基金管理公司与基金投资人之间是基金买卖的双方，投资人增持或减持基金单位必须通过管理公司或由基金管理公司购回才能实现。

开放式基金是以其单位净资产价值（NAV）为基础计算申购、赎回价格的。

开放式基金单位的申购价格包括资产净值和一定的销售费用。赎回价格中费用的收取是按照基金投资年数不同而设立不同的赎回费率。

**2. 封闭式基金的价格决定**

封闭式基金最为显著的特征就是发行后基金份额将保持不变，投资者如果想增加或减少持有的基金份额就只能从其他的投资者手中买入或卖给其他的投资者。封闭式基金的价格决定和股票价格一样，可以分为发行价格和交易价格，除此之外，还有以下几个方面的因素会影响基金的价格决定：基金已实现的收益率和投资者对该基金回报率的期望；同期银行存款利率和证券市场上其他金融工具的活跃程度。

封闭型基金的定价类似于股票，但基金有存续期，可参考股票的定价模型。

$$V_0 = \frac{D_1}{1+k} + \frac{D_2}{(1+k)^2} + \frac{D_3}{(1+k)^3} + \cdots + \frac{p_n}{(1+k)^n}$$

值得注意的是，由于封闭型基金在交易所挂牌交易，受市场供求关系等因素的影响，其价格经常背离价值。封闭式基金经常以较高的折价进行交易，被称为“封闭式基金折价之谜”，投资者在交易时需加以注意。

### （四）认股权证的价值评估

**1. 认股权证**

认股权证又称股票认购授权证，它由上市公司发行，给予持有权证的投资者在未来某个时间或某一段时间以事先确认的价格购买一定量该公司股票的权利。认证股权实质上就是一种看涨期权。认证股权的要素有标的资产（股票、指数、期货、利率等）、行使价格（执行价格）、到期日（美式或欧式）、权利金、杠杆倍数即标的证券价格除以认购权售价，通常用来估计当标的证券价格变动1%时，认股权证价格变动的百分比、结算方式（实物交割、现金结算或发行人指定）、认股比例（单位权证认购标的证券的数量）。认股权证是一种高杠杆的金融工具，具有高报酬、高风险的特征。

**2. 认股权证的价值分析**

认股权证的价值主要由内在价值和时间价值两部分构成，其内在价值是指行使认股权证时所得的利润，等于在考虑转换比率后，行使价与相关资产现价的正数差距。单位认股权证的内在价值 =（相关资产价格 − 行使价）/转换比率。而时间价值为权证价格与内在价值的差，只要认股权证尚未到期，标的股价就有上涨的空间，随到期日的临近不断趋于零。

认股权证价值受多种因素影响，如认股权证与标的股价、标的股价的波动性、到期时间及利率水平呈正方向变动，与执行价格和现金股利反方向变动。

## 三、基本分析的主要内容

### （一）宏观分析

**1. 宏观政治分析**

一国的政局是否稳定对证券市场有着直接的影响。一般而言，政局稳定则证券市场稳定运行；相反，政局不稳则常常引起证券市场价格下跌。政治因素包括的内容十分广泛，诸如政府更迭、国内战争、民族冲突、国内罢工、政治丑闻、重要政府官员的更换等。

**2. 宏观经济因素分析**

证券市场与宏观经济密切相关，尤其是股票市场素有宏观经济晴雨表之称，所以宏观经济分析对证券投资来说非常重要。宏观经济因素对证券市场的影响具有根本性、全局性和长期性。所以，要成功地进行证券投资，首先必须认真研究宏观经济状况及其走向，进行宏观经济因素分析。影响证券市场的宏观经济因素主要有国内生产总值、通货膨胀率、失业率、利率、汇率、国际收支等。

（1）国内生产总值。国内生产总值（GDP）指按市场价格计算的一个国家（或地区）所有常住单位在一定时期内生产活动的最终成果。以收入法进行计算，国内生产总值主要有个人消费支出、国内私人总投资、政府支出和净出口四个部分构成。GDP 的增长速度一般用来衡量经济增长率，这是反映一定时期经济发展水平变化程度的动态指标，也是反映一个国家经济是否具有活力的基本指标。因此，在宏观经济分析中，国内生产总值占有非常重要的地位，具有十分广泛的用途，而国内生产总值的持续、稳定增长是任何政府不断追求的目标。

（2）通货膨胀率。通货膨胀指的是社会经济生活中一般物价水平在比较长的时期内持续以比较高的幅度上涨。就计量指标来说，衡量通货膨胀时可选取消费物价指数、批发物价指数和 GDP 平减指数这三种，一般消费物价指数应用得最多，因为该指标统计比较及时，对通货膨胀反应也比较敏感。通货膨胀对股票价格走势的影响比较复杂，既有刺激股票价格上涨的作用，又有抑制股票价格的作用。一般来说，在适度通货膨胀的情况下（一般认为，通货膨胀率小于 10%），股票具有保值功能。适度的通货膨胀还可以造成有支付能力的有效需求增加，从而刺激生产的发展和证券投资的活跃。但是，通货膨胀达到一定限度就会损害经济的发展，严重的通货膨胀会导致货币加速贬值，人们将资金用于囤积商品保值，这时人们对经济发展的前景不会乐观，对政府提高利率以抑制通货膨胀的预期增强，许多证券投资者可能退出证券市场，这样就导致市价下跌。同时，企业成本上升，盈利水平下降，企业破产数量增多，经济形势进一步恶化，导致社会恐慌心理加重，从而加深了证券市场不景气的状况。

（3）失业率。充分就业也是经济社会追求的一个主要目标，失业率是与就业率相对的概念，其指的是劳动力人口中失业人数所占的比重，但并不包括有劳动能力却不寻找工作的自愿失业情况。就业率的变动反映了整个经济活力的变动，当就业率较低时，大量资源被白白浪费，人们的收入和生活水平就会降低，从而引发一系列社会问题，失业率也成为评价政府宏观经济管理能力的重要指标。

（4）利率。利率又称利息率，是指在借贷期内资金贷入方向贷出方承担利息额占所贷资金的比率，一般以一年为期，这时又称为年利率。利率直接反映的是信用关系中债务人支付给债权人的资金使用代价，也就是资金的价格。从宏观角度看，利率反映了整个资金市场的需求状况：当经济繁荣增长时，资金需求增加，利率提高；反之，利率下降。从另一个角度来说，利率，特别是基准利率，也是政府货币政策的目标，政府通过扩张性的货币政策来压低利率并以此刺激经济增长。利率水平也是债券价格的主要决定因素。

（5）汇率。汇率是外汇市场上一国货币与其他国货币相互交换的比率。也可以将其看作是以一国货币表示的另一国货币的价格。由于世界经济一体化趋势逐步增强，包括证券市场在内的各国金融市场上的相互影响日益加深，一国汇率的波动也会影响其证券市场价格。一方面，汇率上升，本币贬值，将导致资本流出本国，于是本国证券市场需求减少，价格下跌。另一方面，汇率上升，本币贬值，本国产品的竞争力增强，出口型企业将受益，因而此类公司的证券价格就会上扬；相反，进口型企业将因成本增加而受损，此类公司的证券价格就会下跌。但是，这种影响对国际性程度较低的证券市场来说比较小。

（6）国际收支。国际收支是指一国居民在一定时期（通常是一年）内与非居民各项交易的货币价值总和，主要包括：一国与他国之间的商品、劳务和收益等交易行为；该国持有的货币、黄金、特别提款权的变化，以及与他国债权、债务关系的变化；凡不需要偿还的单方面转移项目和相应的科目，以及由于会计上必须用来平衡的尚未抵消的交易。国际收支综合地记录了一国对外经济活动的概况。

值得注意的是，经济发展水平还受到消费者与生产者的心理因素的影响，即人们对经济采取的是悲观态度，还是乐观态度。一些机构对消费者信心指数和景气指数这样的经济指标进行统计，其目的就是要了解经济中供求双方的心理预期及其变化。

除了上面介绍的几种反映宏观经济状况指标以外，还有投资指标、金融指标、消费指标和财政指标等部门指标。在作宏观经济分析的时候，必须把握宏观经济运行发展的重点和热点，并据以选取最有解释能力和预测能力的指标。

**3. 宏观经济周期分析**

经济从来不是单向性地运动，而是在波动性的经济周期中运动。这种周期性即为宏观经济周期，可以定义为经济生产或再生产过程中周期性出现的经济扩张和经济萧条交替更迭的一种现象。宏观经济周期一般经历四个阶段，即复苏、繁荣、衰退、萧条。从证券市场的情况来看，证券价格的变动大体和经济周期一致。一般来说，经济繁荣，证券价格上涨；经济衰退，证券价格下跌。但是，不同行业受经济周期影响的程度会有差异，有些行业（如钢铁、能源、耐用消费品等）受经济周期影响比较明显，而有些行业（如公共事业、生活必需品行业等）受经济周期影响较小。

用经济周期性来预测股票市场的变化必须建立在总体经济的扩张时期和收缩时期都可辨别这个前提的基础上，为了达到这个目的，可以按照指标波动与经济周期波动发生的关系，将经济指标分为领先指标、同步指标、滞后指标和其他指标等经济周期指标并对宏观经济周期进行分析。

领先指标指那些通常在总体经济活动达到高峰或低谷前，先达到高峰或低谷的经济时间序列，如股票指数、货币供应量、消费者信心指数、制造业平均每天开工时间数等。这类指标可以对将来经济状况提供预示性的信息，因为所有的信息中对未来的信息是最宝贵的，因此，这类指标也最有分析价值。

同步指标指那些高峰和低谷与经济周期的高峰和低谷几乎同步的时间序列。由于这些指标反映的国民经济转折状况基本上与总体经济活动发生转变的时间相同，政府和一些科研机构甚至用这些指标序列来帮助定义经济周期的不同阶段。

滞后指标指那些高峰和低谷都滞后于总体经济的高峰和低谷的经济时间序列。一般滞后期都在 3 个月到半年之间。

还有一类指标是其他序列，这些指标没有明显的周期性，但却对宏观经济运行有重要影响，例如国际收支状况，财政收支状况，等等。

但是必须指出的是，周期性指标在分析宏观经济周期时还存在不少局限性，其中最大的局限性就是周期性指标会发出错误的信号。

**4. 宏观经济政策分析**

宏观经济政策指的是政府有意识有计划地运用一定的政策工具，调节控制宏观经济运行，以达到充分就业、经济增长、物价稳定和国际收支平衡等政策目标。由于宏观经济政策会影响经济运行，也就不可避免地对证券市场产生影响，宏观经济政策分析也就成了证券投资分析的主要内容。宏观经济政策分析的目的就在于通过研究当前政策环境及其对总体经济运行的影响，来预测宏观经济走势对证券市场的影响，帮助投资者确定基本投资策略，并为下一步行业投资分析打好基础。下面就财政政策和货币政策这两大宏观经济政策进行分析。

（1）财政政策分析。

财政政策是政府依据客观经济规律制定的指导财政工作和处理财政关系的一系列方针、准则和措施的总称，也是当代市场经济条件下国家干预经济的重要手段。财政政策分为短期、中期、长期财政政策，并各有目标，其中短期目标是促进经济稳定增长，而中长期目标是实现资源的合理分配，并实现收入的公平分配和社会和谐发展。财政政策的手段主要包括财政预算、税收、国债、财政补贴、财政管理体制、转移支付制度等。这些手段可以单独使用，也可以配合协调使用。

财政政策对宏观经济的影响有“相机抉择”和“自动均衡”两个方面，而在进行政策分析时主要关注前者。从总体来看，不管是扩大支出、减税、减发国债，宽松的财政政策主要通过增加社会需求来刺激证券价格上涨。例如，减税会增加居民的可支配收入和企业的投资积极性，供需提高使企业的股票和债券的价格上扬；减发国债首先会通过降低债券市场供给来提高债券价格；并通过货币供给效应和证券联动效应来刺激证券价格；反之，紧缩的财政政策会使证券价格下降。

（2）货币政策分析。

货币政策是指政府为实现一定的宏观经济目标所制定的关于货币供应和货币流通组织管理的基本方针和基本准则，一般由一国的货币当局实施。更具体地说，货币政策是指通过控制货币的供应量而影响宏观经济的政策。货币政策的目标主要是通过影响利率而实现的，货币供应量的加大会使短期利率下降，并最终刺激投资需求和消费需求。

中央银行主要通过三大货币政策工具来实现对宏观经济的调控，即法定存款准备金、再贴现率和公开市场业务。当国家为了防止经济衰退、刺激经济发展而实行扩张性货币政策时，中央银行就会通过降低法定存款准备金率、降低中央银行的再贴现率或在公开市场上买入国债的方式来增加货币供应量，扩大社会的有效需求。当经济持续高涨、通货膨胀压力较重时，国家往往采用适当紧缩的货币政策。此时，中央银行就可通过提高法定存款准备金率、提高中央银行的再贴现率或在公开市场上卖出国债来减少货币供应量，紧缩信用，以实现社会总需求和总供给大体保持平衡。除了以上三大工具外，中央银行还有优惠利率、消费信用管制和间接信用指导等选择性的货币政策工具。

货币政策对证券市场的影响是通过投资者和上市公司两方面因素来实现的。对投资者来说，当增加货币供应量时，一方面证券市场的资金增多，另一方面通货膨胀也使人们为了保值而购买证券，从而推动证券价格上涨；反之，当减少货币供应量时，证券市场的资金减少，价格的回落又使人们对购买证券保值的欲望降低，从而使证券市场价格呈回落的趋势。对上市公司来说，宽松的货币政策一方面为企业发展提供了充足的资金，另一方面扩大了社会总需求，刺激了生产发展，提高了上市公司的业绩，推动证券市场价格上升；反之，紧缩的货币政策使上市公司的运营成本上升，社会总需求不足，上市公司业绩下降，证券市场价格也随之下跌。从具体的政策手段来看，中央银行对再贴现率的调整将直接影响市场基准利率，对证券市场的影响最为显著。

### （二）中观分析

中观分析即行业分析或产业分析。行业或产业是介于宏观和微观之间的重要经济因素，它位于一个中间层次，因此可称为中观分析。中观分析有助于投资人了解所投资的证券所在行业的前景。

**1. 行业的定义及其分类**

行业是指一个企业群体，在这个企业群体中，各成员企业由于其产品在很大程度上的可相互替代性而处于一种彼此紧密联系的状态，并且由于产品可替代性的差异而与其他企业群体相区别。

行业分析的第一步是对行业进行分类，进行行业分析的主要目的是预测其发展前景，而行业的发展前景又与多方面的因素有关，因此，行业的分类方法也有多重标准。

按对国民经济周期性变化的反应不同可分为成长性行业、周期性行业和防御性行业。成长性行业基本不受宏观经济周期性变动的影响，可实现持续成长。周期性行业的运动状态直接与经济周期相关，具有较高需求收入弹性。防御性行业的运动状态并不受经济周期的影响，行业的销售收入和利润均呈缓慢的成长态势或变化不大。

按行业所处生命周期的不同，行业可划分为初创期、成长期、成熟期和衰退期四个阶段。初创期行业其产品的市场接受度值得怀疑，商业战略的实施并不清晰，存在高风险和许多破产事件。成长期行业的产品已被接受，业务拓展开始，销售额和盈利加速增长，商业战略的正确实施仍是一个问题。成熟期行业的行业趋势与总体经济趋势相同，参与者在稳定的行业中争夺市场份额。衰退期行业特征是消费偏好的改变和新技术的出现使产品的需求逐步减少。

按行业要素的集约度，行业可分为资本密集型、劳动密集型和技术密集型行业。

根据行业未来可预测的发展前景不同可分为朝阳行业和夕阳行业。朝阳产业是指未来发展前景乐观的产业，夕阳产业是指未来发展前景不乐观的产业。这种划分具有一定的相对性，一个国家或地区的夕阳产业在另一个国家或地区则可能是朝阳产业。

根据行业所采用的技术先进程度，行业可划分为新兴行业和传统行业。新兴产业采用新技术进行生产，产品技术含量高，如电子业。传统产业采用传统技术进行生产，产品技术含量低，如资源型产业。

根据市场结构可以将行业分为完全竞争、完全垄断、垄断竞争和寡头垄断四种类型。

**2. 行业竞争性分析**

行业竞争性分析更注重特定行业内公司的获利能力，因为盈利的增长比销售增长更能刺激投资收益率的提高。竞争战略之父迈克尔·波特指出，行业盈利的增长潜力取决于行业的竞争激烈程度，他提出的“五力”模型已经成为行业竞争策略分析的经典。即有五股力量决定了一个行业的竞争结构，而不同行业之间五股力量的作用强度是不同的。

（1）现有厂商的竞争。

这里主要分析的是行业内竞争激烈程度是趋于激烈还是缓和。当行业内厂商的市场份额差别不大时，由于他们力图扩大各自的市场份额，于是在市场中就会出现价格战，从而降低了边际利润。如果行业本身销售增长缓慢，这些竞争就会更加激烈，因为此时扩张就意味着掠夺竞争对手的市场份额。高固定成本也会对降价产生压力，因为固定成本将促使公司利用其完全的生产能力来进行生产。如果企业之间生产几乎相同的产品，那么他们就会承受相当的价格压力，因为此时公司就不能在区分产品的基础上进行竞争。

（2）潜在进入者。

当行业被较少的厂商垄断或者有领导型厂商时，其竞争态势会比较稳定，但这并不意味着行业内厂商就能获得稳定的收益。新的进入者会对市场价格和利润形成压力，甚至潜在的进入者也会对现有的价格和利润形成压力，因为高价和高利润率会驱使新的竞争者加入这个行业。所以，进入壁垒是行业获利能力的重要决定因素。高盈利低壁垒的行业将吸引大量的新厂商，加剧竞争，最终行业利润率和投资回报率必然降低。

（3）替代产品。

如果一个行业的产品存在着替代品，那么这就意味着它将面临与相关行业进行竞争的压力。替代品的存在对厂商向消费者索取高价作了无形的限制，过高的定价会令消费者选择替代品。替代品价格下降也会对行业产生降价的压力。根据替代程度的不同，替代品的范围也有差别，替代程度越大的产品对行业的威胁就越大。

（4）需求方议价能力。

如果一个采购者购买了某一行业的大部分产品，那么他就会掌握很大的谈判主动权，进而压低购买价格，要求提高质量和提供更好的售后服务，这些行为都会降低企业盈利能力。如果需求方对行业有较充分价格、成本等信息的话，他们的出价会更低。

（5）供给方议价能力。

如果关键投入品的供给厂商在行业中处于垄断地位，它就能对这件产品索取高价，进而从需求方行业中赚取高额利润。当供给方的产品是主要的投入要素时，情况会变得对需求方更不利。决定供给者谈判能力的关键因素是需求方能否得到相关的替代品。如果替代品存在而且可以被需求者获得，供给者就失去了讨价还价的资本，因此，也就难以向需求方索取高价，反之供应方会有很强的议价能力。

**3. 行业生命周期分析**

行业生命周期分析就是将行业发展的整个过程划分为几个不同时期，并对各阶段的行业销售增长趋势、股利政策等特点进行分析。生命周期一般是划分4个至5个阶段，这里以五分法进行介绍。按照销售量的增长状况，将行业发展的过程划分为初步发展、高速增长、稳定增长、成熟稳定和衰退下降五个阶段。

初步发展阶段。在行业的初创阶段，由于产品和技术刚诞生不久，行业创立投资和产品的研究、开发费用比较高，而由于大众缺乏了解使得产品市场需求小、销售低，因此这些创业公司在账面上可能不仅没有盈利，反而出现亏损。这时在行业中选择特定的公司进行投资是有相当风险的。

高速增长阶段。在初创阶段后期，随着产业生产技术的提高、生产成本的降低和市场需求的扩大，新产业便逐步进入高风险高收益的成长期。这个时期行业的产品已经建立了较稳定的市场，行业中出现了规模较大、资本结构比较稳定的企业，其市场份额也比较容易预测。

稳定增长阶段。经过第二阶段以后，行业产品和服务的大部分市场需求已经被满足，因此，在第三阶段的销售增长率虽然超出平均水平，但却不再是递增的。由于市场需求日趋饱和，行业内厂商不能单纯地依靠扩大产量，提高市场的份额来增加收入，而必须依靠提高生产技术，降低成本，以及研制和开发新产品的方法来争取竞争优势并维持企业生存。上述两个阶段是企业的成长期，此时的行业增长有较强的可预测性，受不确定因素的影响比较小，产业的整体波动也比较小。投资者分享行业增长带来的收益的可能性大大提高。

成熟稳定阶段。在成长阶段的后期，竞争使行业内厂商数量趋于稳定，由于市场需求基本饱和，产品的销售增长率放慢，迅速赚取利润的机会减少，整个行业开始进入成熟期。

衰退下降阶段。在经过一段较长时间的稳定阶段后，由于市场需求下降和新产品不断涌现，原行业产品的销量开始下降，行业内厂商的获利能力也逐步萎缩，甚至出现不少亏损。最终，正常利润无法弥补固定资产的折旧，投资者开始将他们的资金向前景更好的行业转移，一个行业在度过其生命周期的最后阶段后开始慢慢解体了。

上述行业生命周期的五个阶段的描述只是针对一般的情况，一般可以由以下影响因素来判断行业所处的实际生命周期的阶段：（1）行业规模变化趋势。行业的市场容量和行业资产规模总会经历一个“小—大—小”的阶段。（2）产出增长率。该指标在产业成长期高而在成熟期和衰退期较低。（3）技术进步率、技术熟练程度和开工率。随着行业的兴衰，行业的创新能力有一个强增长到逐步衰弱的过程，技术熟练程度有一个“高—低—老化”的过程，而开工率的高低与行业发展景气程度正相关。（4）利润水平。该指标是一个行业兴衰过程的综合反映，在整个生命周期中，行业的利润水平会经历一个“低—高—稳定—低—亏损”的过程。（5）资本进退。行业生命周期中的每个阶段都会有企业的进退发生。（6）其他非经济因素。一个行业的发展很大程度上也取决于其所处的环境。通常所指的行业环境，不仅包括经济环境，还有社会环境、技术环境和政策环境。

**4. 行业特性与证券投资的选择**

顺应产业结构演进的趋势，选择有潜力的产业进行投资。对于处在生命周期不同阶段的产业，不同的投资者、不同性质的资金应有不同的选择。正确理解国家的产业政策，把握投资机会。

### （三）微观分析

微观分析即微观层面的公司分析。公司分析主要包括公司基本素质和公司财务报表分析等具体内容。

**1. 公司基本素质分析**

公司基本素质分析是对公司的综合素质进行评价，为证券投资人提供信息，帮助他们了解企业的现状、发展趋势以及未来可能的发展潜力，是明确公司最重要的利润产出点和最主要的业务风险所在。具体分析的内容包括：公司的获利能力分析和公司的竞争战略分析。

（1）公司获利能力分析。投资者投资企业的目的是获利盈利，因此公司的盈利能力强弱是投资者进行投资抉择首先要考虑的因素。获利能力越高，资产成本越低，公司投资价值应该就越高。一般而言，决定一个公司的获利能力，首先取决于公司所属行业的选择。前面在行业竞争分析中介绍的行业竞争的五力模型的五股力量都是影响行业内公司获利能力的重要因素。

（2）公司竞争战略分析。公司竞争战略所涉及的问题是在给定的一个业务或行业内，经营单位如何竞争取胜的问题。企业要在行业中保持盈利，就要有持久的竞争优势。竞争优势的两种基本形式即低成本或差异性。这两种基本形式与企业寻求获取这种优势的活动范围相结合，就可以得到企业在行业中的三个基本竞争战略：成本领先战略、差异化战略和集聚化战略。企业采用任何一种战略都能获得竞争优势，但实现不同战略的途径和范围是不一样的。成本领先战略和差异化战略在整个行业的广阔范围内寻求优势，而集聚化战略则是在某个行业狭窄的细分市场中寻求成本优势或差异化。在不同的行业中，可行的基本战略是不相同的，并且推行每一种战略所要求的具体实施步骤也因行业的不同而差别很大。

**2. 公司财务报表分析**

财务报表是公司根据财务标准或准则向股东、高层管理者、政府（如税务部门）或债权人（如银行）提供或报告公司在一段时期以来的有关经营和财务信息的正式文件。公司财务报表分析是公司分析中最具体、最重要的分析工作，它最能量化地反映出公司真实的经营状况，是证券投资分析中最为重要的一环。

（1）公司财务报表的主要内容。现行的财务会计制度中规定，公司完整的财务报表一般包括资产负债表、损益表和现金流量表。

资产负债表反映的是公司在某一特定时点的全部资产、负债和所有者权益的状况。编制原理为：资产 = 负债 + 所有者权益，其基本目标是报告股东某时点在公司的净投资的账面价值或会计价值。其一般与市场价值有差距，这种差距是因为投资者根据企业未来发展预期的判断所引起的。

损益表反映公司在一段时期内使用资产从事经营活动所产生的净利润或净亏损。损益表的编制原理为：销售收入 - 销售成本 - 经营费用 - 管理费用 - 财务费用 - 所得税 = 税后利润。所以，净利润增加了投资者的价值，而净亏损减少了投资者的价值。编制依据是权责发生制，因此，利润不等于现金。假定其他因素不变，如果“应收账款”太多，盈利的企业可能没有现金；如果“应付账款”增加，亏损的企业不一定没有现金。

现金流量表报告公司在一段时期内从事经营活动、投资活动和筹资活动所产生的现金流量。来自经营性活动的现金净流入量简称“净营业现金流”，它是由企业正常的经营活动产生的，与企业“出售资产”“银行借款”“发行股票”或“发行债券”无关。因此净营业现金流是企业现金流量表的最重要组成部分，其信息的含义对企业高层经理、投资者、银行和政府主管机关，都具有重要的政策启示。

（2）财务报表分析内容及方法。财务报表分析的主要内容是分析公司的流动性、公司面临的风险和公司盈利能力如何。

财务报表分析方法主要有比率分析法、对比结构分析法和因素分析法。

①比率分析法。比率分析首先建立一系列财务指标，全面描述企业的资产流动性、负债管理能力、资产使用效率、盈利能力、价值创造、市场表现。然后将这些财务指标与企业历史上的财务指标、与行业的平均数和行业的先进企业的相关指标进行对比。最后综合判断企业的经营业绩、存在问题和财务健康状况。财务比率分析应注意结合实际情况，如行业特点、季节性趋势和通货膨胀等。结合财务报表后的“附注”或“注释”部分，以防止企业的“盈利操纵”。

②对比结构分析法。对比结构分析是计算某一时期各年“三表”中各项账目的比例，然后与本企业历史财务指标、行业的平均数或先进企业的指标或相关比例进行对比，综合判断企业的经营业绩、存在问题和财务健康状况。主要有历史比较和结构分析、行业平均数比较、行业先进指标比较。

③因素分析法。因素分析法一般是通过对某个核心财务指标进行分解，以考察引起核心指标变动的原因。比如对股东权益报酬率（ROE）进行分解：

$$
\begin{aligned}
\text{股东权益报酬率} &= \frac{\text{税后净利}}{\text{平均股东权益}} \times \frac{\text{平均总资产}}{\text{平均总资产}} \times \frac{\text{销售收入}}{\text{销售收入}} \\
&= \frac{\text{税后净利}}{\text{销售收入}} \times \frac{\text{销售收入}}{\text{平均总资产}} \times \frac{\text{平均总资产}}{\text{平均股东权益}} \\
&= \text{销售利润率} \times \text{总资产周转率} \times \text{权益乘数}
\end{aligned}
$$

从对 ROE 指标的分解可以看出，决定股东权益报酬率高低的因素有销售利润率、总资产周转率和权益乘数。销售利润率越高，净资产收益率也越高。影响销售利润率的因素是销售额和销售成本。销售额高而销售成本低，则销售利润率高；销售额高而销售成本高，则销售利润率低。总资产周转率是反映公司运用资产以产生销售收入能力的指标。对资产周转率的分析，需要对影响资金周转的各因素进行分析，以判明影响公司资金周转的主要问题在哪里。权益乘数反映了公司利用财务杠杆进行经营活动的程度。权益乘数就大，说明公司负债程度高，公司会有较多的杠杆利益，但风险也高；反之，权益乘数就小，说明公司负债程度低，公司会有较少的杠杆利益，但相应所承担的风险也低。

## 实验一　宏观基本面分析与证券市场关系

【实验目的与要求】

学会利用互联网资源收集和整理相关宏观经济指标数据，并能借助大量宏观经济指标分析宏观经济的总体运行情况，选择投资对象和投资时机，提出相应的投资策略。

【实验准备】

1. 实验的主要设备：实验室服务器、电脑工作站；用于数据传递的交换机；实验使用的电脑，网络环境、上市公司数据库、Excel 软件或其他统计分析软件；

2. 利用国家统计局、中国人民银行、国家外汇管理局及有关证券网站的网络资源；

3. Wind、东方财富 Choice 等金融数据库的使用；

4. 同花顺、东方财富等股票分析软件的使用。

【实验步骤】

1. 登陆国家统计局及相关金融数据库和网站收集近 10 年的宏观经济指标数据。主要有国内生产总值、失业率、通货膨胀率、货币供应量、利率、汇率、财政赤字或结余等指标。

2. 评价宏观经济形势的基本变量的变动态势。对收集的主要数据进行整理、筛选、分析和评价基本变量反映的经济含义及其变动趋势。

3. 分析经济周期变动对证券市场的影响。通过分析经济周期指标如领先指标、同步指标和滞后指标等来判断经济周期的阶段及其对证券市场短期、长期的影响。

4. 分析宏观经济政策对证券市场的影响。如可通过近期的国家预算、税收、国债、财政补贴、财政管理体制及转移支付制度来判断财政政策的种类并分析其对证券市场走势的影响；法定存款准备金率、再贴现政策、公开市场业务、直接信用控制及间接信用指导等方面的政策来分析其对证券市场的影响。

5. 将分析的结果用于指导投资实践活动。

具体实验步骤如图 3－1 所示。

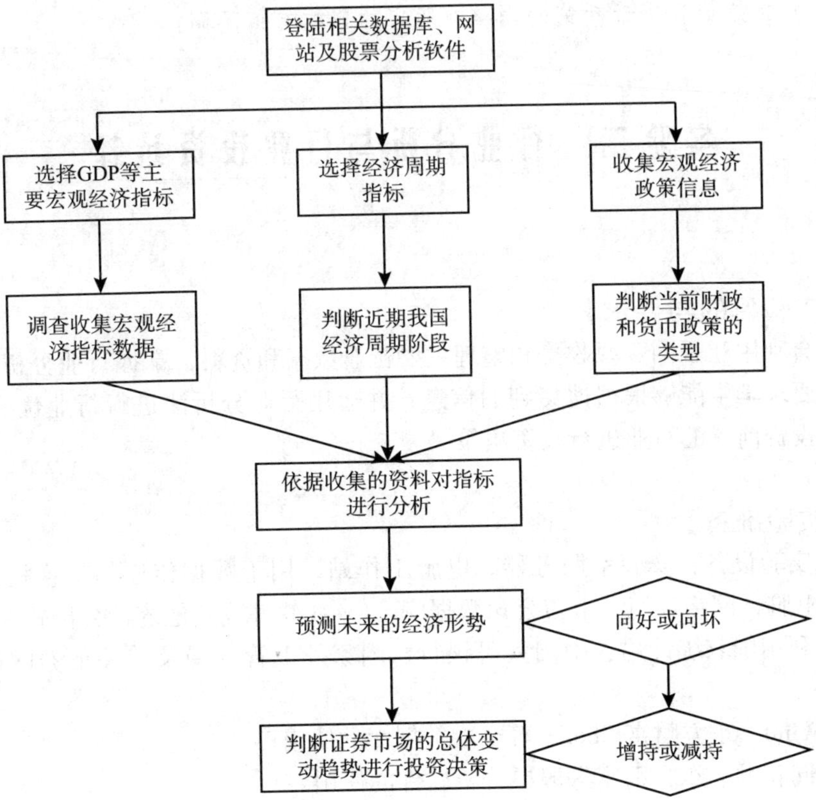


**图 3－1　宏观经济分析的基本流程**

【实验总结】

宏观分析通常是基本分析的第一步，它主要通过对影响宏观经济变动的主要因素进行系统分析和综合判断，从而对证券市场行情的中长期态势进行研判，为投资者把握大的投资机会提供决策依据。这种分析是建立在对全局和总体判断的基础上的，同学们在实际的应用中应注意综合各方面的有用信息，不可一叶障目。

【思考题】

1. 股票市场的走势有时和宏观经济的走势并不一致，你认为出现这种状况的原因是什么？

2. 在中央银行宣布升息后，股价指数并未上涨，试分析其中的原因。

3. 财政政策和货币政策的调整对股市的影响有何不同？

## 实验二　行业分析与行业投资选择

【实验目的与要求】

学会利用互联网资源收集和整理主要行业数据和资料，掌握行业分析的基本方法。要求学生能够根据搜集到的信息，并运用行业分析法进行行业优劣比选，选择有投资前景的行业进行投资决策。

【实验准备】

1. 实验设备：实验室服务器、电脑工作站，用于数据传递的交换机，实验使用的电脑，网络环境，上市公司数据库，Excel 软件或其他统计分析软件；

2. 利用国家统计局、中国人民银行、国家外汇管理局及有关证券网站的网络资源；

3. Wind、东方财富 Choice 等金融数据库的使用；

4. 同花顺、东方财富等股票分析软件的使用。

【实验步骤】

1. 从上市公司行业分类中选择两类行业作为实验样本；

2. 收集目标行业近一年的相关行业信息；

3. 分析整理所收集的行业发展资料，判断样本行业的行业特征、行业市场类型、行业生命周期等；

4. 分析行业竞争性，通过“五力”模型分析行业的竞争态势和盈利能力；

5. 考察目标行业对经济周期的敏感度，使用行业销售量、经营杠杆系数和风险系数 β 来分析行业与经济周期变动的相关性，判断其所属行业类型；

6. 预测两种行业的发展和产业政策趋势，比较判断两种行业的优劣；
7. 制定相应的投资策略，选择优势行业进行投资。

具体实验步骤如图 3－2 所示。

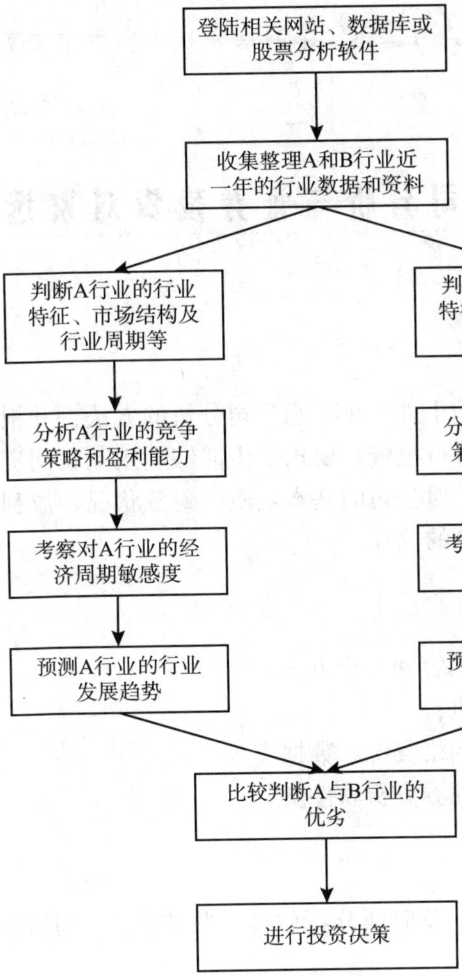


**图 3－2　行业分析的基本流程**

【实验总结】

行业分析是基本分析的重要内容之一。行业的发展态势与宏观经济的周期变动密切相关，不同的行业在国民经济发展的不同时期其表现也不一样，同时行业的发展受到政府政策的影响。选择优势行业进行投资是投资成功的重要保证。

【思考题】

1. 在宏观经济扩张时期，投资者对于周期敏感型行业和防御型行业应如何进行选择？

2. 从行业生命周期来看，对于保守型的投资者应选择处于哪个阶段的行业进行投资？

## 实验三　公司分析与证券投资对象选择

【实验目的与要求】

本实验的目的在于帮助学生进一步熟悉公司分析的方法，并根据掌握的信息在特定行业中选择优势企业进行投资。要求学生能够利用互联网资源收集和整理上市公司的经营和财务信息，对公司的基本素质、财务状况、盈利能力等进行系统分析，并据此进行投资对象的选择。

【实验准备】

1. 熟悉公司分析的基本内容和分析方法；
2. 准备可以联网的计算机；
3. 能够查阅相关信息的网络资源、数据库等；
4. 能够正常接收信息的证券分析软件。

【实验步骤】

1. 登录相关数据库、网站及股票分析软件，收集所关注股票发行公司的基本信息；

2. 考察该公司的主要会计报表及该上市公司年报，收集相关财务数据；

3. 建立一系列财务指标，如流动比率、资产负债率、总资产周转率、销售净利率、股东权益报酬率、市盈率、经济增加值等全面描述企业的资产流动性、负债管理能力、资产使用效率、盈利能力、价值创造、市场表现；

4. 选取股票发行公司企业的近两年的数据，分析该公司基本素质，包括公司行业竞争地位、区位分析、产品分析、公司经营管理能力分析、成长性分析等；

5. 比较近两年的财务指标与行业的平均数和行业中先进企业的相关指标进行对比，综合判断企业的经营业绩、存在问题和财务健康状况；

6. 结合数据，对该公司进行全面综合分析，判断股票实际价值，价格是否合理；

7. 预测该股票发行公司发展前景；

8. 判断是否对该股票进行投资及相应的投资策略。

具体实验步骤如图 3－3 所示。

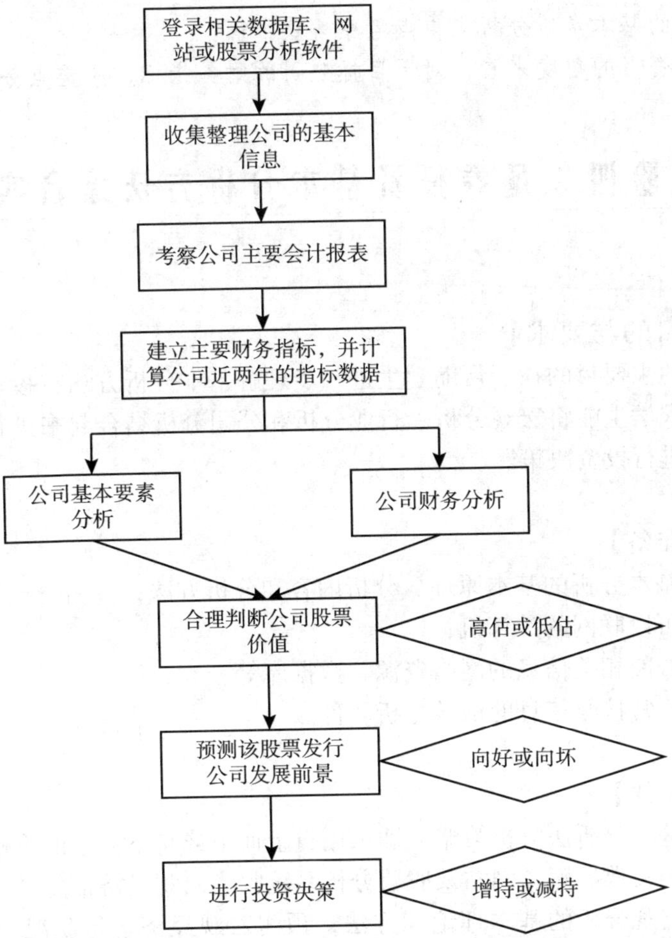


**图 3－3　公司分析的基本流程**

【实验总结】

公司分析的主要内容包括公司基本素质分析和财务分析两个方面。通过本实验，同学们应学会阅读公司的财务报告，会建立相关财务指标并分析其经济含义，能够合理预测公司未来的收益前景并估测股票的内在价值，预测股票发行公司未来发展前景，并提出合理化的投资建议。

【思考题】

1. 公司的基本素质分析应重点考察哪些方面？
2. 从投资者的角度来看，对于目标公司的财务指标，应重点分析什么？

## 实验四　证券投资基本分析方法综合实践

【实验目的与要求】

本实验的主要目的在于帮助学生进一步理解基本分析方法在投资实践中的综合应用，要求学生能将宏观分析、行业分析和公司分析结合起来进行综合分析判断，并据此进行投资决策。

【实验准备】

1. 熟悉基本分析的基本原理、分析内容和分析方法；
2. 准备可以联网的计算机；
3. 能够查阅相关信息的网络资源、数据库等；
4. 能够正常接收信息的证券分析软件。

【实验步骤】

1. 确定基本分析法分析策略，即采用自上而下或自下而上的策略；
2. 登录相关数据库、网站及股票分析系统收集宏观经济信息；
3. 运用宏观分析的基本理论和方法，预测宏观经济运行状况，进而对证券市场行情的总体变动趋势进行判断，确定投资机会；
4. 在宏观分析的基础上，通过行业分析选择有潜力的行业；
5. 在选定的行业中，通过公司分析选择有潜力的公司；

6. 根据公司的相关基本面信息，对目标公司进行全面综合分析，估算股票内在价值；

7. 构建股票池，并提出相应的投资建议。

具体步骤如图 3－4 所示。

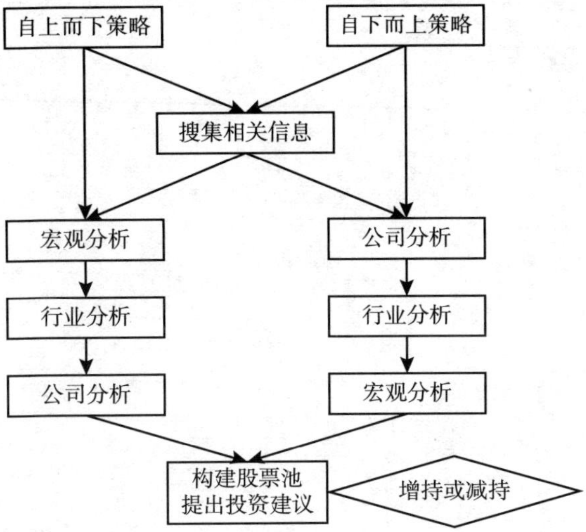


**图 3－4　综合性基本分析的流程**

【实验总结】

完整的基本分析通常需要从宏观、中观和微观三个层面进行，具体的分析方法可以采用自上而下或自下而上的策略，同学们可以选择一种方法进行实践。基本分析的主要作用在于帮助投资者选择投资对象，它建立在分析大量信息的基础之上。同学们应该熟练掌握搜集所需信息的渠道和方法，并能进行系统的筛选和整理，并加以综合判断，以便于作出良好的投资决策。

## 综合思考题

1. 对于“自上而下”和“自下而上”的两种基本分析方法，你倾向于选择哪一种？说说你的理由。

2. 根据基本分析进行投资决策后仍然出现重大亏损，你认为可能的原因是什么？

第四
实验单元

# 证券投资技术分析初步

▷ 实验一　盘面分析
▷ 实验二　价量关系分析

## 实 验 目 的

1. 正确认识技术分析的基本假设；
2. 掌握大盘和个股的盘面信息获取与分析方法；
3. 了解行业与板块的分类标准与方法；
4. 运用价量分析方法，提高对行情走势把握的准确度；
5. 了解沪、深股价指数的编制原理与种类。

## 本 单 元 知 识 要 点

### 一、技术分析的三大假设

技术分析是证券投资分析中极为重要的方面。上百年来，众多的证券投资者在进行证券投资的实践中总结出来的多种技术分析方法，在今天看来仍然具有很强的指导意义。

#### （一）技术分析的含义

证券投资分析主要分为基本分析和技术分析。所谓技术分析，是指直接对证券市场的市场行为所作的分析，其特点是通过对市场过去和现在的行为，应用数学和逻辑的方法，探索出一些典型的规律并据此预测证券市场的未来变化趋势。

#### （二）技术分析的三大假设

技术分析的理论基础是基于三项合理的市场假设：市场行为涵盖一切信息；价格沿趋势移动；历史会重演。

第一条假设是进行技术分析的基础。其主要的思想是认为影响股票价格的每一个因素（包括内在的和外在的）都反映在市场行为中，不必对影响股票价格的因素具体是什么作过多的关心。如果不承认这一前提条件，技术分析所作的任何结论都是无效的。这条假设是有一定合理性的。任何一个因素对股票市场的影响最终都必然体现在股票价格的变动上。如果某一消息一公布，股票价格同以前一样没有大的变动，说明这个消息不是影响股票市场的因素。如果有一天我们看到，价格向上跳空开盘，成交量急剧增加，那么一定是出了什么利多的消息，具体是什么消息，完全没有必要过问，它已经体现在市场行为中了；反之，向下跳空开盘，成交量大增，也一定出了什么利空消息，并且这个消息在股票市场行为中得到了反映。再比如，某一天，别的股票大多持平或下跌，唯有少数几只股票上涨。这时，我们自然要打听这几只股票出了什么好消息。这说明，我们已经意识到外部的消息已经在价格的变动和反常的趋势中得到了表现。外在的、内在的、基础的、政策的和心理的因素，以及其他影响股票价格的所有因素，都已经在市场行为中得到了反映。作为技术分析人员，不能只关心这些因素对市场行为的影响效果，而不关心具体导致这些变化的原因究竟是什么。

第二条假设是进行技术分析最根本、最核心的因素。其主要思想是股票价格的变动是按一定规律进行的，股票价格有保持原来方向运动的惯性。正是由于这一条，技术分析师们才花费大量心血，试图找出股票价格变动的规律。一般来说，一段时间内股票价格一直是持续上涨或下跌，那么，今后一段时间，如果不出意外，股票价格也会按这一方向继续上涨或下跌，没有理由改变这一既定的运动方向。“顺势而为”是股票市场中的一条名言，如果股价没有调头的内部和外部因素，没有必要逆大势而为。一个股票投资者之所以要卖掉手中的股票，是因为他认为目前的价格已经到顶，马上将往下跌，或者即使上涨，涨的幅度也有限，不会太多了。他这种悲观的观点是不会立刻改变的。一小时前认为要跌，一小时后，没有任何外在影响就改变自己的看法，认为会涨，这种现象是不多见的，也是不合情理的。这种悲观的观点会一直影响着投资者，直到悲观的观点得到改变。众多的悲观者就会影响股价的趋势，使其继续下跌。这是第二条假设合理的又一理由。否认了第二条假设，即认为即使没有外部因素影响，股票价格也可以改变原来的运动方向，技术分析就没有了立根之本。股价的变动是遵循一定规律的，我们运用技术分析这个工具找到这些规律，才能对今后的股票买卖活动进行有效的指导。

第三条假设是从人的心理因素方面考虑的。市场中进行具体买卖的是人，是由人决定最终的操作行为。人不是机器，他必然要受到人类心理学中某些规律的制约。一个人在某一场合，得到某种结果，那么，下一次碰到相同或相似的场合，这个人就认为会得到相同的结果。股市也一样，在某种情况下，按一种方法进行操作取得成功，那么以后遇到相同或相似的情况，就会按同一方法进行操作；如果前一次失败了，后面这一次就不会按前一次的方法操作。股票市场的某个市场行为给投资者留下的阴影或快乐是会长期存在的。在进行技术分析时，一旦遇到与过去某一时期相同或相似的情况，应该与过去的结果比较。过去的结果是已知的，这个已知的结果应该是现在对未来作预测的参考。

在三大假设之下，技术分析有了自己的理论基础。第一条肯定了研究市场行为就意味着全面考虑了影响股价的所有因素；第二条和第三条使得我们找到的规律能够应用于股票市场的实际操作之中。当然，对这三大假设本身的合理性一直存在争论，不同的人有不同的看法。例如，第一个假设说市场行为包括一切信息，但市场行为反映的信息只体现在股票价格的变动之中，同原始的信息之间毕竟有差异，损失信息是必然的。正因为如此，在进行技术分析的同时，还应该适当进行一些基本分析和别的方面分析，以弥补不足。再如，第三个假设为历史会重演，但股票市场的市场行为是千变万化的，不可能有完全相同的情况重复出现，差异总是或多或少地存在。

## 二、证券行情分类报价与板块分析

为了便于分析和交易，证券行情分析系统会进行分类报价与板块分析。上市公司行业和板块的分类方法科学与否，对于规范和提高上市公司信息披露质量、帮助投资者进行投资决策，都有着直接的影响。

### （一）行业分类

目前，世界上比较通用的几种行业划分标准主要有联合国国际产业分类、北美产业分类和摩根士丹利全球行业分类等。其中，联合国国际产业分类标准按产品同质性将产业划分为农业、狩猎、林业；渔业；采矿、采石业；制造业；电、煤气和水供应业；建筑业；批零贸易等。现在各国政府统计部门的行业分类基本上以其为基础。北美产业分类标准是以美国为代表的北美国家在联合国国际产业分类基础上进行了一些修改和调整而制定的，基本延续了联合国国际标准产业分类的框架。摩根士丹利全球行业分类标准是以公司为分类单位的标准，将营业收入作为公司划分的分类方法，盈利作为第二准则，将行业分为能源、材料、工业产品、主要消费品、可选择消费品、医疗、金融、信息技术 10 大部门。

由于各种原因，在我国证券市场建立之初，对上市公司没有统一的分类。上海证券交易所为编制沪市成分指数，将在上海上市的全部上市公司分为五类：工业、商业、房地产业、公用事业和综合类，并据此分别计算和公布各分类股价指数。深圳证券交易所将在深圳上市的全部上市公司分为六类：工业、商业、金融业、房地产业、公用事业和综合类，同时分别计算和公布各分类股价指数。

两个证券交易所为编制股价指数而对产业进行的分类显然是不完全的。近年来，随着证券市场的发展，上市公司数量的激增，两交易所原有分类的不足越来越明显地表现出来：分类过粗，给市场各方对上市公司进行分析带来了很多不便，我国股票市场上迫切需要一个科学的上市公司行业分类标准。为了提高证券市场规范化水平，中国证监会在总结沪深两个交易所分类经验的基础上，以我国国民经济行业的分类为主要依据，于 2001 年 4 月制定了《上市公司分类指引》并于 2012 年进行了修订。

《上市公司行业分类指引》根据《中华人民共和国统计法》《证券期货市场统计管理办法》《国民经济行业分类》等法律法规和相关规定制定。《上市公司行业分类指引》以上市公司营业收入等财务数据为主要分类标准和依据，所采用财务数据为经过会计师事务所审计并已公开披露的合并报表数据；当上市公司某类业务的营业收入比重大于或等于 50%，则将其划入该业务相对应的行业；当上市公司没有一类业务的营业收入比重大于或等于 50%，但某类业务的收入和利润均在所有业务中最高，而且均占到公司总收入和总利润的 30% 以上（包含本数），则该公司归属该业务对应的行业类别；不能按照上述分类方法确定行业归属的，由上市公司行业分类专家委员会根据公司实际经营状况判断公司行业归属；归属不明确的，划为综合类。

《上市公司行业分类指引》参照《国民经济行业分类》（GB/T4754－2017），将上市公司的经济活动分为门类、大类两级。与此对应，门类代码用一位拉丁字母表示，即用字母 A、B、C……依次代表不同门类；大类代码用两位阿拉伯数字表示，从 01 开始按顺序依次编码。

### （二）板块划分

在股票市场中，所有具有一定共同特征的上市公司均可以构成一个板块，即按照一般市场的行为和概念来划分的，更多依据于“市场”的习惯和概念。板块分类标准不一，如按地域划分，有深圳板块、浦东板块等；如按上市公司的经营业绩划分，包括绩优板块、ST 板块等；如按行业分类，有高科技板块、金融板块、房地产板块、酿酒板块、建材板块等。随着上市公司的不断发展及数量的日益增多，划分板块的标准也越来越多，各个板块之间的相互联动关系也日趋复杂。只要一个名称就能成为市场炒作的题材，就能以此名称冠名一个板块。

行业和板块的最大区别是行业划分是基本固定的，而板块的概念不一定很精确。一个板块可以有多种行业存在，而且还会随着市场变化而变化，投资者也会根据市场的需要，对板块及板块里的所属个股进行实时调节。例如，2008 年北京奥运会之前，“奥运板块”作为最火爆的概念之一，受到市场的充分炒作。该板块涉及 40 多家 A 股上市公司，其中包括房地产、网络信息、电信、玩具制造、旅游、商业、银行、保险、食品等多个行业的上市公司。但是当奥运会结束之后，该板块也就不再是市场热点了。

目前，各类行情分析软件都会为投资者提供行业分类报价和指数以及板块分析功能。

### （三）行业与板块分析在股票投资中的作用

**1. 行业分析可为股票投资者提供更为详尽的行业投资背景**

宏观经济分析主要分析了社会经济的总体状况，但没有对社会经济的各组成部分进行具体分析。社会经济的发展水平和增长速度反映了各组成部分的平均水平和速度，但各部门的发展并非都和总体水平保持一致。在宏观经济运行态势良好、速度增长、效益提高的情况下，有些部门的增长与国民生产总值、国内生产总值增长同步，有些部门则高于或低于国民生产总值或国内生产总值的增长。投资者除需了解宏观政治经济背景之外，还需对各行业的一般特征、经营状况和发展前景有进一步的了解，这样才能更好地进行投资决策。

**2. 行业分析可协助股票投资者确定行业投资重点**

国家在不同时间的经济政策与对不同地区的政策导向会对不同的行业和地区产生不同的影响，属于这些行业和位于这些地区的企业会受益匪浅。如我国政府提出了开发西部的目标，要加强对西部发展的支持力度，利用财政政策等各种手段加快西部的基础设施建设，这会直接或间接对西部许多上市公司产生有利影响，投资者可根据这一行业背景选择合适的企业进行投资。

**3. 行业与板块分析可协助股票投资者选择投资企业及持股时间**

通过对行业所处生命周期和影响行业发展的因素进行分析，投资者可了解行业的发展潜力和欲投资企业的优势所在，这对其最终确定所投资企业及确定持股时间有重要作用。很多时候，股票的价格会随着某一行业的发展而相应地上升。板块分析对于投资者选择股票也有较大的影响。在市场发展的某一阶段，属于某一板块的数只股票长期处于强势，那么该板块中的其他尚处于盘整阶段的股票很有可能就是当前市场最有上升潜力的股票，极具投资价值；而在板块中大多数股票升势转弱时，该板块中的其他股票也就接近其出货时机了。

# 三、盘面信息的识别

## （一）指数走势盘面分析

以上证指数为例，介绍即时行情盘面的分析，如图4－1所示。

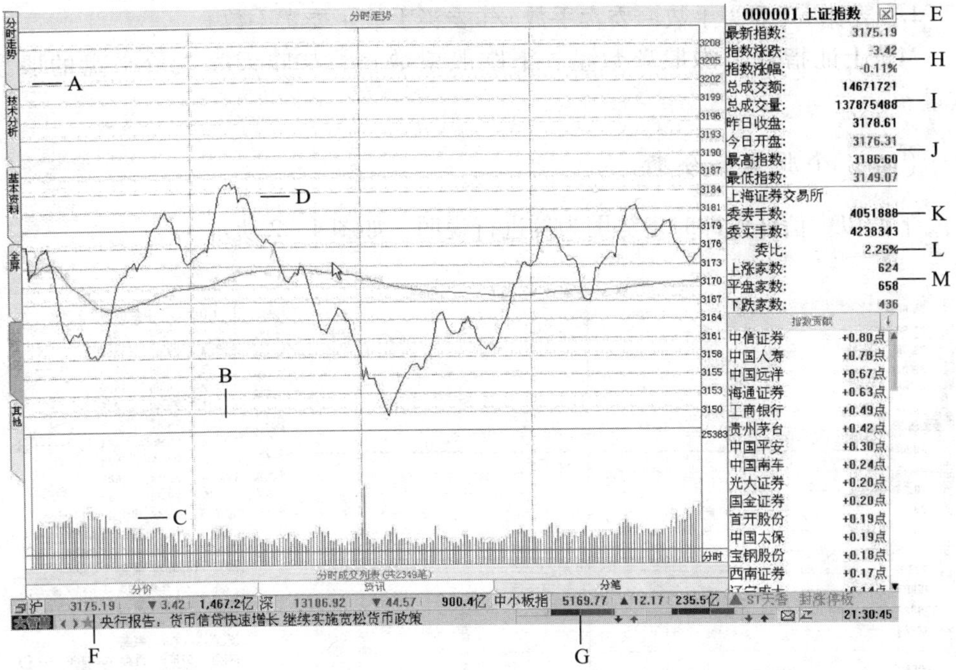

图4－1　上证指数盘面信息

下面对图中各项逐一解释：

A：指数坐标

B：成交量坐标

C：成交量线

D：指数即时走势线

E：指数或股票名称

F：指数栏，左边为上证指数，右边为深证指数。每个指数均显示涨跌指数、成交金额

G：显示市场买卖气势。买气用红色表示，卖气用绿色表示，红色框长度越长表示买气越强，红色框比绿色框长时，表示多头比空头占优势，指数将上涨

H：上证指数及其涨跌

I：上证 A 股的成交总额及成交手数

J：上证指数开盘、最高、最低值

K：委买手数 = 现在所有各股委托买入下三档手数的总和

委卖手数 = 现在所有各股委托卖出上三档手数的总和

L：委比 =（委买手数 − 委卖手数）/（委买手数 + 委卖手数）

M：上证指数上涨股票数量、下跌股票数量、与昨天收盘价平盘的股票数量。

## （二）个股盘面分析

下面以中信证券即时走势图为例进行说明，如图 4－2 所示。

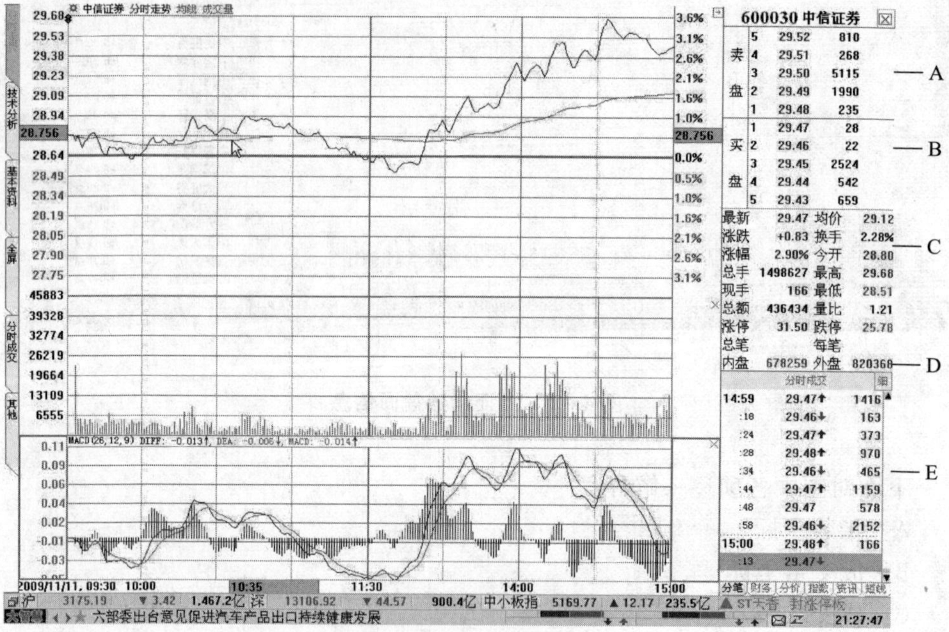


图 4－2　个股盘面信息

个股即时走势图中，凡是红色价格数字，表示高于昨天收盘价。若为绿色表示低于昨天收盘价，若为白色表示与昨天收盘价相同。下面对图中内容进行解释。

A：只列出所有卖出价中最低的五个价位及对应的待成交手数，依从上往下顺序，价格从高向低排列。计算委比指标时需要用到委卖手数，它等于这五个待成交手数之和。

B：只列出所有买入价中最高的五个价位及对应的待成交手数，依从下往上顺序，价格由低向高排列。计算委比指标时需要用到委买手数，它等于这五个待成交手数之和。

C：涨跌是指现在的价格比昨天收盘价高出多少或低出多少。它被限制在涨跌停板范围内。总手指开盘到现在成交的总手数。现手指刚成交的一笔交易的手数，从总手及现手可以看出该股票是散户行情还是大户行情。

$$量比=\frac{现在总手}{[(5\text{ 日平均总手}/240)]\times 目前已开市多少分钟}$$

量比指标的应用为：

若量比大于1，表示现在成交总手放大了，这时若价涨则好，若价跌则不好。

若量比小于1，表示现在成交总手萎缩了，投资者都在观望，此时若价在头部，是不好的现象；若价处于底部，是好现象。

均价，表示此时买卖某股的平均价。其计算公式为：

$$均价=\frac{\sum(分时成交量\times 成交价)}{总成交股数}$$

若现在股价在均价以上，表示现在以前买进股票的都赚了，否则都亏了。

D：外盘，表示成交价在卖出价一方的成交手数；内盘，表示成交价在买入价一方的成交手数。

外盘的应用：当外盘累计数比内盘累计数大很多，而股价上涨时，表示很多人在抢盘买进股票。

内盘的应用：当内盘累计数比外盘累计数大很多，而股价下跌时，表示很多人在抛盘卖出股票。

E：显示分时成交价及手数。

## 四、价量关系分析

价量关系分析，是指根据股指或股价的变化与股票成交量的变化之间存在的内在联系来分析和判断股市走势的方法。这种方法的主要特点是直观性强，易于掌握和运用。

人们对股市的不同判断，决定股票的供、求形势，并在成交量上表现出来，进而决定股价的走势。所以要准确把握股价走势，仅分析股价本身还不够，而必须注重成交量的变化，把股价与成交量放在一起进行综合分析。成交量的变动，直接表现市场交投是否活跃，人气是否旺盛。因此，在股价涨跌中往往是“先见量，后见价”。

在长期的实践中，一些研究人员和投资者通过对股市中价量关系的研究分析，得出了一系列经验性结论，这些结论构成了价量关系分析的主要内容。

### （一）价涨量增

价涨量增主要有三种情形：

其一，在股指或股价呈上升走势的初期，如果随着价格上升，成交量也稳步增大，则表明股市将有一段上涨行情，此时，是投资购股的重要时机。

其二，在股指或股价上涨一段时间后，成交量突然放大，而股指或股价并未进一步上升，则表明多头实力已经转弱，空头压力增大，由此，股市的走势可能发生变化，此时，应考虑卖出股票。

其三，在股指或股价突破前期波峰时，若成交量并没有突破前期波峰处的成交量，则这种突破的有效性值得怀疑。

### （二）价涨量减

价涨量减主要有两种情形：

其一，股价上涨而成交量减少。这在一定程度上意味着股价偏高，投资者购股意愿不强，此时，应对随后几日的价量（尤其是成交量）变化认真观察。如果股指或股价继续上涨，而成交量也随之增加，则表明“价涨量缩”是由惜售导致的；如果股指或股价继续上涨，而成交量基本没有增加，则表明空头压力增强，为此，应考虑减少手中持有的股票。

其二，股价上涨而成交量基本不变。这在一定程度上意味着多空双方的某种试探性行为，其后市究竟如何，尚难判定，因此，投资购股应慎重选择。

### （三）价稳量变

价稳量变主要有三种情形：

其一，股价趋稳而成交量减少。这种情形表明，绝大多数投资者仍在等待观望，因此，不论是买入还是卖出都应慎重选择。如果这种情形发生在下降行情中，则预示着股市下行正进入“筑底”阶段；如果这种情形发生在上升行情中，则预示着股市上行正进入“筑台”阶段。

其二，股价趋稳而成交量增大。如果这种情形发生在上升行情的初期，则表明多头实力开始增强，后市可能继续呈上升走势；如果这种情形发正在上升行情的过程中，则可能预示着空头压力增大，后市可能呈下落走势。如果这种情形发生在下落行情的初期，则表明空头实力增强，后市将继续呈下落走势；如果这种情形发生在下落行情过程中，则可能预示着多头实力增强，后市可能转为上升走势。

其三，股价趋稳而成交量基本持平。这种情形表明，多空双方势均力敌，后市将呈盘整行情。

### （四）价跌量增

价跌量增主要有三种情形：

其一，在股指或股价连跌数日后，若股指或股价轻微续跌而成交量剧增，则意味着股指或股价已落入底部，此时，是选择投资购股的时机。

其二，在股指或股价开始下跌时，成交量放大，同时，收盘时往往还留有上影线，则意味着后市将继续下跌。

其三，在上涨行情中，如果发生价跌量增，则意味着走势反转，后市将呈下跌走势。

### （五）价跌量减

价跌量减主要有两种情形：

其一，在下降走势的初期，如果发生股指或股价下落而成交量减少，则预示着后市继续下跌。

其二，在下降行情持续一段时间后，若股指或股价下落，但跌幅减弱，成交量也已严重萎缩，则预示着行情将止跌回稳或止跌回升。

## 五、股价指数编制原理与行情分析

股票市场中股票种类繁多，价格各异。为了能综合反映股票市场各类股票价格变化的平均水平，一般用在证券交易所上市的部分或全部股票的价格在某一时刻的某种平均值来表示。又由于该平均值只能反映股票价格在固定时刻的情况，不能反映股票价格整体的涨落幅度，因此引入股票价格指数，简称股价指数。

### （一）股票价格指数的概念和意义

股价指数是反映股票价格综合变动趋势和程度的比较数，是将多种股票的某种平均价在两个不同时期的数值进行比较的改良结果。作为比较基础的分母成为基期水平，用来与基期比较的分子成为计算期水平。股价指数概念本身为了解决衡量整个股票行情的变化问题而产生的，其实质是用不同时期的平均值的比较来表述整个股票和市场的变化。

世界上各个主要的证券交易所都有自己的股票价格指数，并且指数的编制也逐步发展为由综合到分类，由单一到多样，由各交易所自己编制到多个交易所统一编制。如在我国的上海和深圳证券交易所就有综合指数、成分指数、分类指数、A 股指数、B 股指数等。而国际著名的有道琼斯指数、标准普尔指数、“金融时报”股价指数、日经指数和香港恒生指数等。

编制股价指数具有以下几方面的意义：

①股价指数不仅能反映一定时点上市股票价格的相对水平，同时也能反映一定时期股票市场平均涨落变化的情况和幅度。

②股价指数不仅反映了股票市场发展变化的趋势，而且也大致反映了国民经济的基本情况和发展态势，是衡量一国政治经济状况的参照表。

③股价指数为股票投资者提供了公开和合法的参考依据，投资者通过股价指数的起伏变动可以观察和分析股票市场的发展趋势，从而作出相应的投资选择。

④股价指数本身为投资者提供了一种新的投资机会，例如股价指数期货交易。因此，股价指数实际上已成为一种相对独立的金融投资工具。

### （二）股票指数编制的种类和方法

股价指数是报告期的股价与某一基期相比较的相对变化数。它的编制是先将某一时点定为基期，设定基期值（即基期股价指数）为 100（也可以取 10 或 1000 等），然后再用报告期股价与基期股价相比较而得出，其种类和编制方法主要有：

**1. 算术平均股价指数**

算术平均股价指数是指采用算术平均计算的股价指数，又分为简单算术平均法和总和法两种。

（1）简单算术平均法。简单算术平均法就是先计算各成份股（称选入股指计算的股票为成份股）的股价指数，再加总求其算术平均并乘以基期值，其计算公式为：

$$股价指数 = \left(\frac{1}{n}\sum_{i=1}^{n}\frac{p_{1i}}{p_{0i}}\right)\times 基期值$$

其中，$p_{0i}$表示第 $i$ 种成份股基期价格；$p_{1i}$表示第 $i$ 种成份股计算期（即报告期）价格；$n$ 为成份股的数目。

（2）总和法。总和法是先将各成份股票的基期和计算期价格分别加总求和，再对比并乘以基期值，其计算公式为：

$$股价指数 = \frac{\sum_{i=1}^{n} p_{1i}}{\sum_{i=1}^{n} p_{0i}} \times 基期值$$

**2. 加权平均法股价指数**

加权平均法股价指数是用加权平均法计算的股价指数，它用成份股的股本总数或交易量作权数分别计算出基期和计算期成份股的股本总市值，然后进行对比而求出，其计算公式为：

$$股价指数 = \frac{计算期成份股总市值}{基期成份股总市值} \times 基期值$$

由于成份股的资本额甚至成份股本身会随着时间的推移发生变化，因此，应根据实际情况对指数进行调整，调整公式为：

$$股价指数 = \frac{新成份股某日总市值}{上日成份股调整总市值} \times 上日收市指数$$

由于加权平均法中的权数可以根据需要分别固定在基期和计算期，因而用加权平均法计算股价指数就有两个计算公式。

（1）以基期股票发行量或交易量作权数。

$$股价指数 = \frac{\sum_{i=1}^{n} P_{1i}Q_{1i}}{\sum_{i=1}^{n} P_{0i}Q_{0i}} \times 基期值$$

其中，$P_{0i}$为第 $i$ 种成份股基期价格；$P_{1i}$为第 $i$ 种成份股计算期价格；$Q_{0i}$为第 $i$ 种成份股基期发行量或交易量；$n$ 为成份股的数目。

（2）以计算期发行量或交易量为权数。

$$股价指数 = \frac{\sum_{i=1}^{n} P_{1i}Q_{1i}}{\sum_{i=1}^{n} P_{0i}Q_{0i}} \times 基期值$$

此外，还有几何平均法股价指数，即用几何平均法计算的股价指数。其方法是先分别求出计算期和基期各成份股股价的几何平均值，再对比并乘以基期值得到股价指数。

# 实验一 盘面分析

【实验目的与要求】

本实验的目的是掌握盘面分析方法，用以指导证券交易。要求学生能够熟练利用行情分析软件，快速获取大盘与个股的价格和成交量等直接盘面信息，以及通过量比、委比等指标所反映的间接信息，并能有效地加以综合与研判，积累盘面分析经验，养成规范的分析习惯。

【实验准备】

1. 熟悉行情分析软件的基本操作，复习盘面指标的计算公式与判别方法；
2. 根据实验目的与要求，做好实验准备工作；
3. 按照实验课教师的安排，在指定设备上机；
4. 调试设备，保证实验设备能够正常运行以及相关网络设备连接通畅。

【实验步骤】

1. 选择一台能够正常运行并且联网的计算机；
2. 检查是否安装有证券分析软件系统和证券模拟交易系统，并能正常运行；
3. 检查网络连接和证券行情数据接收是否正常；
4. 启动证券行情分析软件；
5. 观察和分析上证指数价格水平；
6. 比较个股买盘与卖盘的价格差距以及每一个价位上的委托数量，计算委比、量比；
7. 比较外盘和内盘的数量；
8. 观察股价上升和下降时的成交量变化；
9. 观察股价走势与均价线之间的相对关系；
10. 观察个股与指数之间变动的关系；
11. 观察各个分类指数的走势；
12. 观察各个排行榜的变化情况。

具体实验流程如图 4－3 所示。

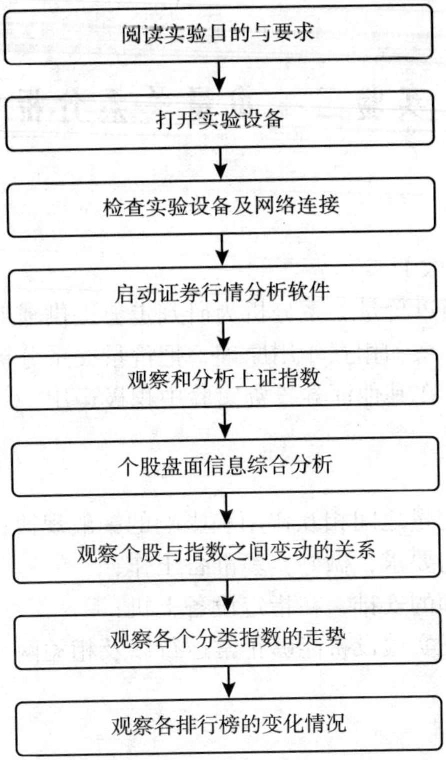


**图 4－3　实验一基本流程**

【实验总结】

盘面信息是交易决策的重要依据。通过实验，可以直观地感受到盘面信息的获取与分析对于证券投资的作用。如何把各类指数和个股的交易情况有机地联系起来，把各个盘面指标的数值与价格变化趋势之间的关系梳理清楚，把海量的盘面信息进行有效的选取与整合，是学生在实验课中应予以充分重视和强化的内容。

【思考题】

1. 外盘和内盘的数量变化，对股价有何影响？

2. 有人认为外盘大于内盘，通常意味着股价还要继续上涨，可以买入。你对此有何见解？

## 实验二　价量关系分析

【实验目的与要求】

本实验的目的是通过价量关系分析为研判走势提供辅助性依据。要求学生全面理解价量间的基本关系和相互作用原理，把价量关系分析纳入证券交易的分析框架和决策系统中，并在其他证券投资实验中积极运用。

【实验准备】

1. 熟悉价格与成交量之间相互作用和影响的一般规律；
2. 根据实验目的与要求，做好实验准备工作；
3. 按照实验课教师的安排，在指定设备上机；
4. 调试设备，保证实验设备能够正常运行以及相关网络设备连接通畅。

【实验步骤】

1. 选择一台能够正常运行并且联网的计算机；
2. 检查是否安装有证券分析软件系统和证券模拟交易系统，并能正常运行；
3. 检查网络连接和证券行情数据接收是否正常；
4. 启动证券行情分析软件；
5. 观察上证综合指数在牛市和熊市不同阶段的价量关系变化；
6. 在每个行业板块中，各选择 3 只个股，观察其在牛市和熊市不同阶段的价量关系变化；
7. 观察涨停板和跌停板时，个股的成交量大小以及随后的走势。

具体实验流程如图 4－4 所示。

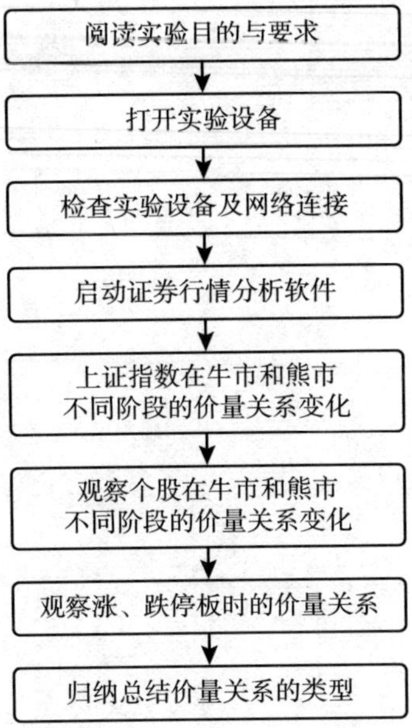


**图4-4　实验二基本流程**

【实验总结】

在市场行情的不同阶段，股价与成交量之间存在不同的对应关系，成交量从一定程度上反映了价格走势是否能持续以及持续的强度。通过实验，可以归纳出价涨量增、价涨量减、价稳量变、价跌量增、价跌量减等价量关系中的几种基本情况。同时，还应注意涨跌停板时的特殊价量关系，从而在交易中更加准确地把握价格走势。

【思考题】

1. 牛市行情中，价格与成交量之间的关系如何演变？
2. 涨停板时，不同的成交量水平对后市行情有何提示？

## 综合思考题

1. 行情分析软件能为我们提供哪些有用的盘面信息？
2. 怎样通过盘面分析把握买卖时机？

# 第五实验单元

# 证券投资技术分析

- 实验一　K线形态分析
- 实验二　移动平均线的运用
- 实验三　KDJ指标的运用
- 实验四　乖离率指标的运用
- 实验五　趋势分析
- 实验六　头肩顶形态的判别
- 实验七　交易决策系统的构建

## 实验目的

1. 掌握单根K线、多根K线组合以及K线反转形态的判断方法；
2. 学习常用技术指标的计算方法、参数设置、有效区间和使用方法；
3. 熟悉常见形态及其特征；
4. 掌握趋势线、通道线、黄金分割线、百分比线等切线的画法和研判方法；
5. 综合运用各种技术分析方法，指导证券投资。

## 本单元知识要点

### 一、K线分析

#### （一）K线的含义

K线分析是世界上最古老的图表分析方法。K线发源于日本，18世纪中期，大阪的米市商人用它记录米的行情价格的波动变化。K线虽然古老，但至今仍是技术分析最常用的工具之一。

就股票市场整体来说，买方与卖方永远站在对立的两边，投资者要确保个人利益，需要预测买卖双方在次日、下周或下个月谁会占优势，以便决定站在买方阵线或加入卖方行列，K线就是将买卖双方实战结果用图形表示出来，揭示买卖双方力量的增减与转变过程。

K线图中，横轴代表时间，每一格可代表一个时间单位，这个时间单位可长可短，它可以是五分钟、十分钟、三十分钟，也可以是一天、一周，甚至一个月、一年，根据分析者的意图和分析时间的长短而定。竖轴则代表指数或价位。

通常一根K线包含四个价位：开盘价、收盘价、最高价与最低价。开盘价是指每一交易时段的第一笔成交价格。收盘价是指每一交易时段的最后一笔成交价格，是多空双方经过一个交易时段的争斗最终达成的共识，也是供需双方一个交易时段最后的暂时平衡点，具有指明目前价格的非常重要的功能。最高价与最低价是每个交易时段交易品种的最高成交价格和最低成交价格，它们反映股票价格上下波动幅度的大小。最高价与最低价如果相差很大，说明该股票交易活跃，买卖双方斗争激烈。

低开高收的K线，称为阳线，实体用空心或红色表示；高开低收的K线称为阴线，实体用黑色或蓝色表示，如图5-1所示。

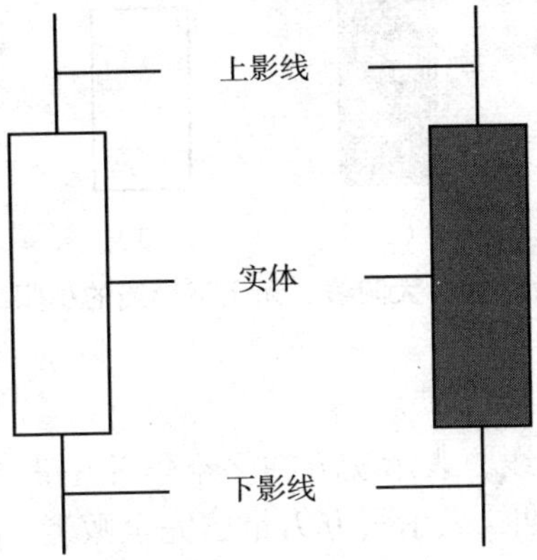


**图5-1　K线基本形状**

K线由三个部分组成：中间部分称为实体，从实体上部到最高价部分为上影线，从实体下部到最低价部分为下影线。大致上来说，当日开盘价高开或低开，是买卖双方经过前一天交易后预期心理的反应。从前一天的收市之后到当日的开市，这当中随着时间的推移，市场所处环境所发生的变动，包括宏观经济政策、宏观经济形势、行业和上市公司基本面的变化都可能让投资者重新考虑自己的买卖决策。

每当新的一天交易开始后，市场上看涨的多头不断地买进，形成买力大于卖力，一路将价格往上推动，以至于收市时价格比开市价高，或收在最高价，此时就会在K线图上形成阳线。反之，当日在市场上看跌的空头不断卖出，形成卖力大于买力，一路将价格杀低，以至于收市时价格比开市价低，或收于最低价，此时在K线图上则形成了阴线。因此，可以说收市价是一天交易中，多空双方力量对比的结果。通过研究K线图，可以从收市价上研判多头与空头的力量。

### （二）单根K线

从K线的实体与影线不同的组合，产生不同的K线。

**1. 大阳线**

上下均无影线的长阳线，是买方力量最强的表现，尤其在盘局末期或反转初期出现时，表明买方已占上风。大阳线如图 5－2 中（1）所示。

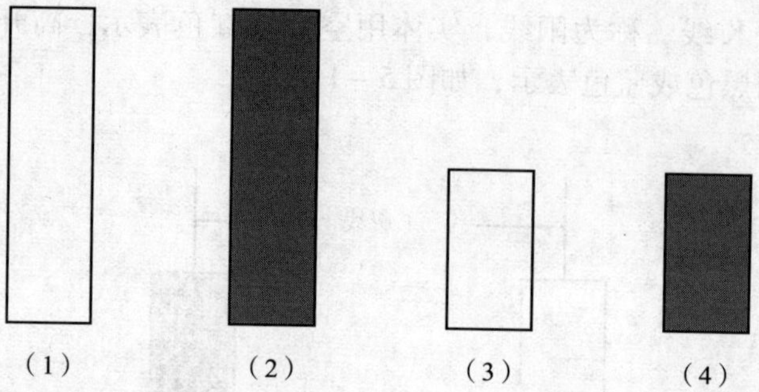

图 5－2 大阳线、大阴线、无上下影线的小阳线与小阴线

**2. 大阴线**

上下均无影线的长阴线，表示卖方在多空争斗中占绝对优势，尤其当大阴线出现在盘局末期或反转初期，表示买方力量已完全败退。大阴线如图 5－2 中（2）所示。

**3. 无上下影线的小阳线**

此种图形的上下价位波动有限。它出现于盘局时，表示买方力量增加，但是由于时机未成熟，买方不敢深入攻击，只是缓慢将股价向上推高，而卖方在当日虽被击败，但仍有反攻的力量与可能性。无上下影线的小阳线如图 5－2 中（3）所示。

**4. 无上下影线的小阴线**

此种图形的价格波动小，它出现于盘局机会较多，表示卖方力量加强，以最低价收盘，但是因买方仍在抵抗，卖方仅能将股价逐渐向下压，买方在当日作战失败，但仍有发动反攻的力量与可能性。无上下影线的小阴线如图 5－2 中（4）所示。

**5. 带上影线的阳线**

此种图形是上升抵抗型，买方力量受卖方压力，使股价上升遭遇阻力，买方力量强弱需看实体与上影线的长度比较。此类线可细分为三种：（1）实体长于上影线［如图 5－3 中（1）所示］，表示买方虽受挫折，但仍在当日较量中占上风。（2）实体与上影线几乎等长［如图 5－3 中（2）所示］，表示买方向高价位推进，卖方压力在迅速增强。（3）上影线长于实体［如图 5－3 中（3）所示］，表示买方力量受到严峻考验，在当日多空争斗结束后，卖方已准备在第二天全力向买方发动攻击。

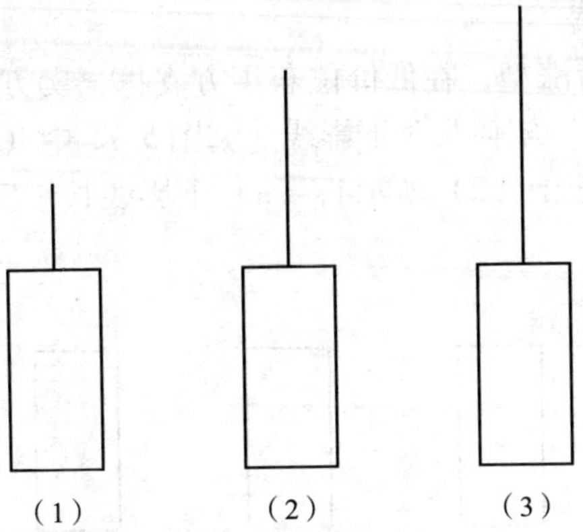

图 5－3　带上影线的阳线

**6. 带上影线的阴线**

此种图形是先涨后跌型，卖方力量充分发挥，使买方陷于困境，但卖方力量需由阴线实体来决定。此种线可分为：（1）实体长于上影线［如图 5－4 中（1）所示］，表示买方虽欲发起攻击，但受到卖方的压制，以当日最低价收盘，卖方势力强大。（2）实体与上影线基本等长［如图 5－4 中（2）所示］，表示卖方居于主动地位，局势对卖方有利。（3）上影线长于实体［如图 5－4 中（3）所示］，表示卖方虽以高价位将买方击退，但是在全天交锋中，卖方仅占少许优势，次日若买方全力反攻，则卖方的阴线实体很容易被攻破。

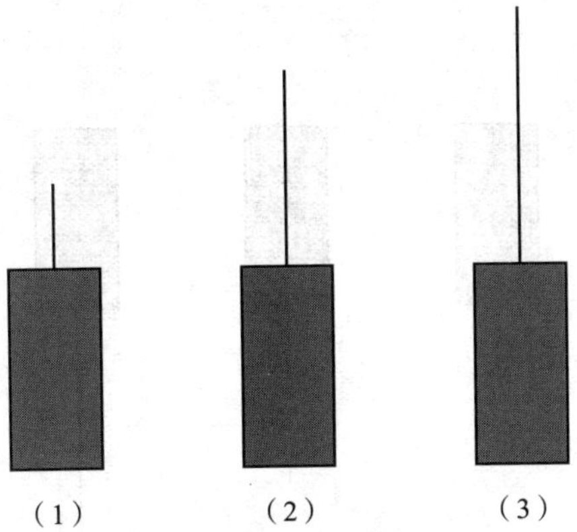

图 5－4　带上影线的阴线

**7. 带下影线的阳线**

此种图形是先跌后涨型，在低价位获买方支撑，卖方已受挫折。依买方实力强弱，依次可分为：(1) 实体长于下影线［如图 5-5 中 (1) 所示］；(2) 实体与下影线等长［如图 5-5 中 (2) 所示］；(3) 下影线长于实体［如图 5-5 中 (3) 所示］。

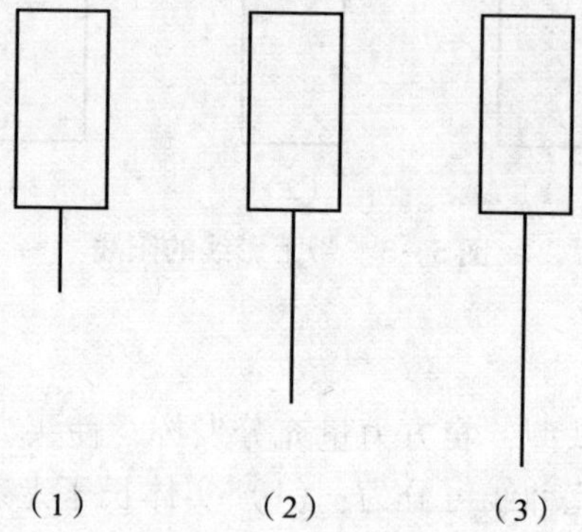


图 5-5　带下影线的阳线

**8. 带下影线的阴线**

此种图形是下跌抵抗型，卖方力量强大，但在低价位遭遇买方抵抗，也同样依次可分为三种：(1) 实体长于下影线［如图 5-6 中 (1) 所示］；(2) 实体与下影线等长［如图 5-6 中 (2) 所示］；(3) 下影线长于实体［如图 5-6 中 (3) 所示］。

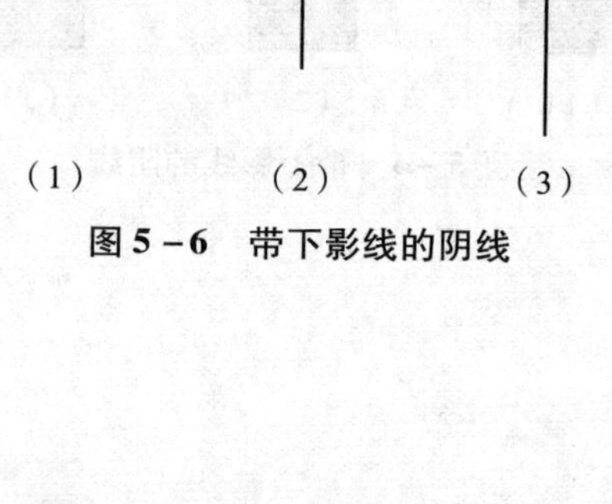


图 5-6　带下影线的阴线

**9. 上下均带影线的阳线**

此种图形反映买卖双方在全天的交易中没有一方完全控制局势。股价在高价位无法站稳，回落到低价位，以低于开盘价成交，但收盘时仍较开盘价高。此种图形又可分为：(1) 上影线长于下影线，包括两种：①实体长于影线［如图 5－7 中 (1) 所示］，表示买方虽受挫折，仍占优势；②影线长于实体［如图 5－7 中 (2) 所示］，表示在高位买方力量受到卖方的阻击，只能退却。(2) 下影线长于上影线，亦可分为两种：①实体长于影线［如图 5－7 中 (3) 所示］，表示买方受挫折，但仍居于主动地位；②影线长于实体［如图 5－7 中 (4) 所示］，表示买方力量仍有待观察，其多空力量之比可参照上下影线与实体的比例。

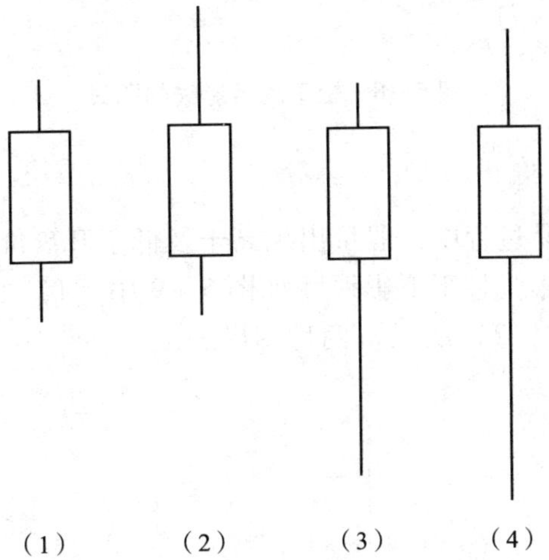


**图 5－7　上下均带影线的阳线**

**10. 上下均带影线的阴线**

此种图形反映股价曾在开盘价之上成交，但卖方渐渐占据主动，股价跌至开盘价以下，但收盘前买方力量转强，最终未以最低价收盘。具体可分为：(1) 上影线长于下影线，包括实体长于影线［如图 5－8 中 (1) 所示］与影线长于实体［如图 5－8 中 (2) 所示］两种图形。(2) 下影线长于上影线，亦可分为两种图形［如图 5－8 中 (3)、图 5－8 中 (4) 所示］。其走势的强弱同样可视影线与实体之比而定。

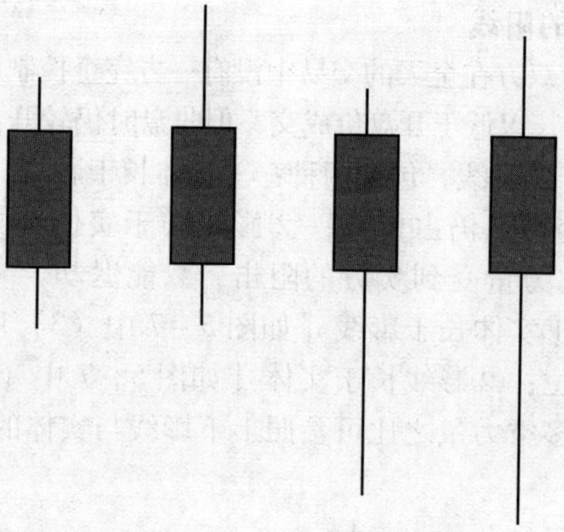

（1）　（2）　（3）　（4）

**图 5－8　上下均带影线的阴线**

**11. 十字线**

此种图形反映交易过程中，股价出现高于及低于开盘价成交，收盘价却与开盘价相同，可分为上影线长于下影线［如图 5－9 中（1）所示］，或下影线长于上影线［如图 5－9 中（2）所示］两种图形。

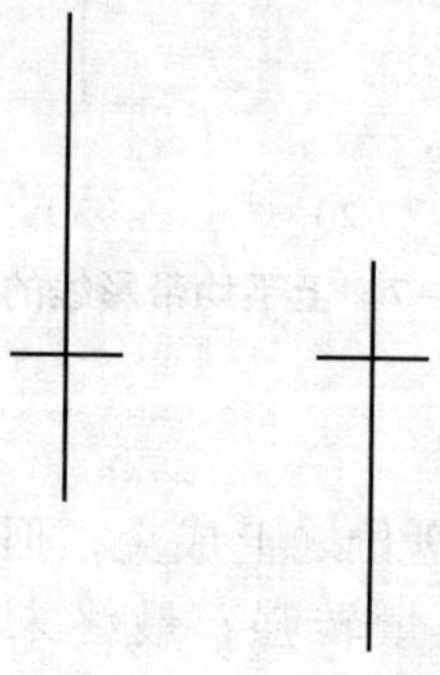

（1）　（2）

**图 5－9　十字线**

**12. T 字线**

此种图形反映开盘价与收盘相同，当日交易都在开盘以下的价位成交，而以当日最高价（即开盘价）收盘，表示卖方力量有限。T 字线如图 5－10 中（1）所示。

**13. 倒 T 字线**

此种图形反映开盘价与收盘价相同，当日交易都在开盘以上之价位成交，而以当日最低价（即开盘价）收盘，表示买方无力推升股票价格。倒 T 字线如图 5－10 中（2）所示。

**14. “一”字线**

此种图形较少见，只出现于交易非常冷清的时候，全日交易只有一档价位成交。在我国股市实行涨跌幅度限制时，有些股票由于突发的利空或利多达到跌停板或者涨停板时，常出现这种情形。通常此种情形当日成交数量很小。“一”字线如图 5－10 中（3）所示。

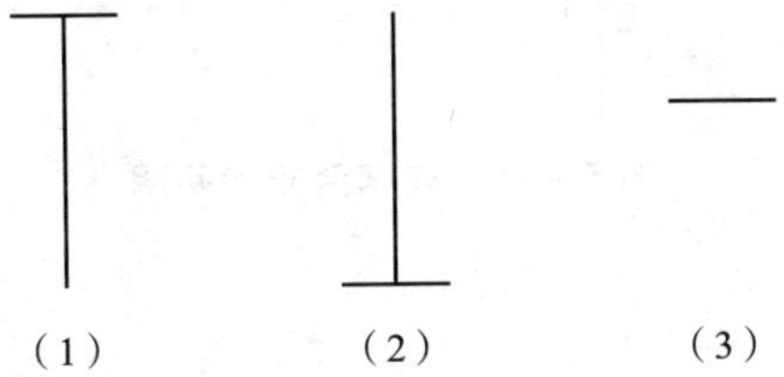


**图 5－10　T 字线、倒 T 字线与“一”字线**

以上介绍的多种 K 线所包含的对市场行为的反映，可以概括为：（1）实体表明一方的实力，实体越大，实力越强。阴线实体越长，越有利于下跌，阳线实体越长，越有利于上涨。（2）影线反映股票价格向这个方向变动的难易程度，指向一个方向的影线越长，越不利于股票价格今后朝这个方向变动。即上影线越长表明上档阻力越大，下影线越长表明下档支撑越强。

### （三）两根 K 线的组合

两根 K 线的组合情况千变万化，要同时考虑两根 K 线的阴阳、高低、上下影线。但是，K 线组合中，有些组合的含义是可以通过别的组合含义推测出来的，只需掌握几种特定的组合形态，然后举一反三，就可得知别的组合的含义。无论是两根 K 线还是三根 K 线，都是以两根 K 线的相对位置的高低和阴阳来推测行情的。将前一天的 K 线画出，然后将这根 K 线按数字划分成五个区域。第二天的 K 线是进行行情判断的关键。简单地说，第二天多空双方争斗的区域相对于前一天的 K 线越高，多方力量越强，越有利于上涨；越低，空方力量越强，越有利于下降。以下是几种具有代表性的两根 K 线的组合情况，由它们的含义可以得知别的两根 K 线组合的含义。

**1. 连续两阳和两阴**

多空双方的一方已经取得决定性胜利，牢牢地掌握了主动权，今后将以取胜的一方为主要运动方向。如图 5－11 所示，左图是多方获胜，右图是空方获胜。第二根 K 线实体越长，超出前一根 K 线越多，则取胜一方的优势就越大。

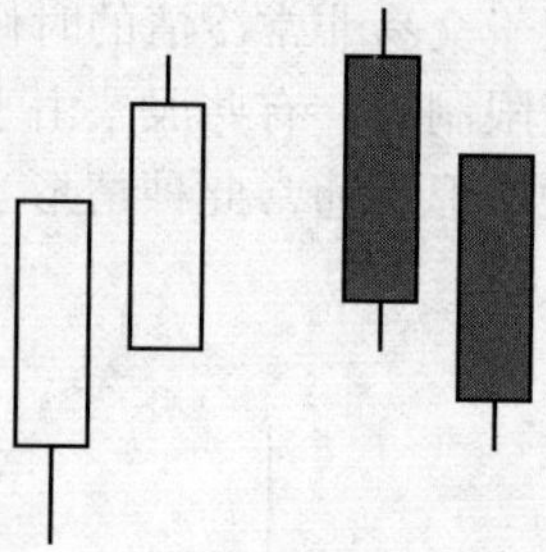

图 5－11　连续两阳和两阴

**2. 连续跳空阴阳线**

如图 5－12 所示，左图一根阴线之后又一根跳空阴线，表明空方全面进攻已经开始。如果出现在高价附近，则下跌将开始，多方无力反抗；如果在长期下跌行情的尾端出现，则说明这是最后一跌，是逐步建仓的时候了。如果第二根阴线的下影线越长，则多方反攻的信号越强烈。右图正好与左图相反。如果在长期上涨行情的尾端出现，则是最后一涨，第二根阳线的上影线越长，越是说明要跌了。

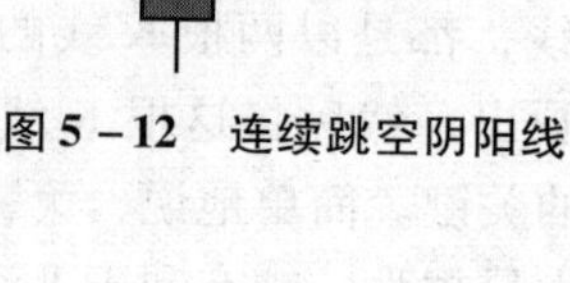

图 5－12　连续跳空阴阳线

**3. 跳空阴阳交替 K 线**

如图 5－13 所示，左图中，一根阳线加上一根跳空的阴线，说明空方力量正在增强。若出现在高价位，说明空方有能力阻止股价继续上升。右图与左图完全相反，多空双方中多方在低价位取得一定优势，改变了前一天的空方优势的局面，今后的股价走势还有待观察。

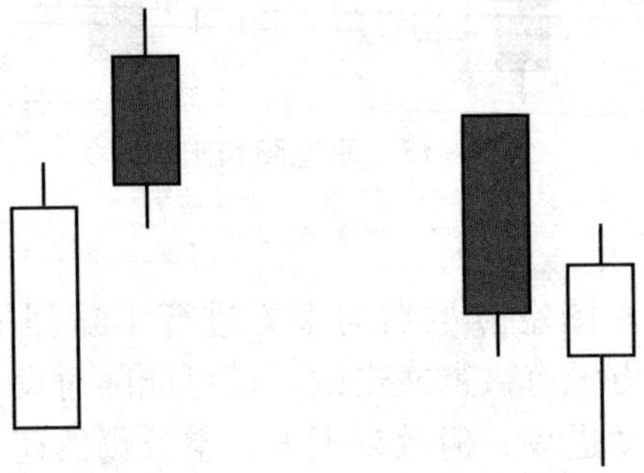

图 5 – 13　跳空阴阳交替 K 线

**4. 两阳和两阴**

如图 5 – 14 所示，左图连续两根阴线，第二根的收盘不比第一根低。说明空方力量有限，多方出现暂时转机，股价回头向上的可能性大。右图与左图正好相反。它是空方出现转机，股价可能将向下调整。如前所述，两种情况中，上下影线的长度直接反映了多空双方力量大小的程度。

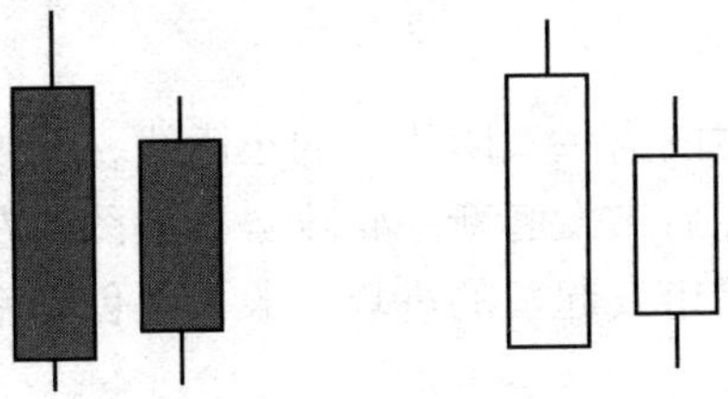

图 5 – 14　两阳和两阴

**5. 阴吃阳和阳吃阴**

如图 5 – 15 所示，左图一根阴线被一根阳线吞没，说明多方已经完全取得胜利，空方只能节节败退，重新寻找新的区域进行抵抗。阳线的下影线越长，多方优势越明显。右图与左图正好相反。它表明空方已经掌握主动，多方已经被击退。

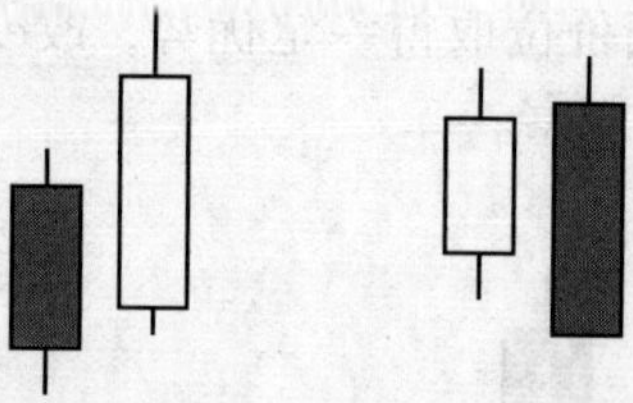

图 5 – 15　阴吃阳和阳吃阴

**6. 进攻失败（一）**

如图 5 – 16 所示，左图空方虽然向多方进行了猛烈的攻击，但由于力量所限，攻击效果有限，多方没有被彻底击败，还可能随时发动反攻。右图与左图刚好相反，多方向空方发动进攻，但效果不大，空方仍然还有相当实力。在研判过程中，第二根 K 线的上下影线的长度是很重要的。

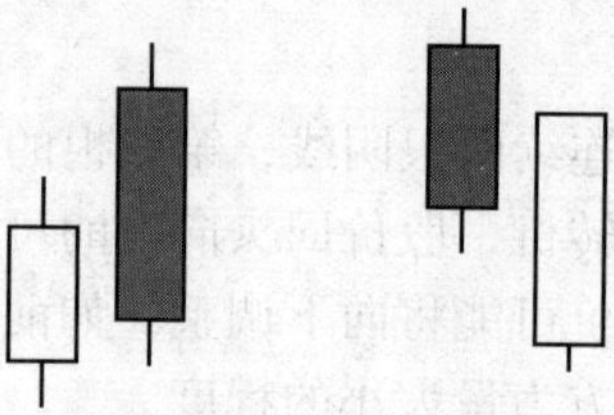

图 5 – 16　进攻失败

**7. 进攻失败（二）**

如图 5 – 17 所示，左图为一根阴线后的小阳线，反映多方进行了抵抗，但力量很弱，空方很有可能在后市发起新一轮攻势。右图与左图正好相反，空方力量薄弱，多方很有可能在后市发起新的进攻，股价将创出新高。

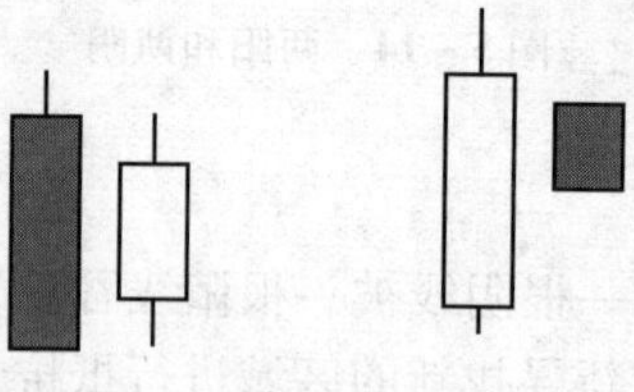

图 5 – 17　进攻失败

### （四）三根 K 线组合

两根 K 线的各种组合很多，三根 K 线的各种组合情况就更复杂了。但是，无论是两根K线还是三根K线的组合，分析思路是相同的，都是由最后一根K线相对于前面K线的位置来判断多空双方的实力大小。由于三根K线组合比两根K线组合多了一根K线，表达的信息就更多，得出的结论相对于两根K线组合来讲要更加准确，研判的可信度也更高。同两根K线的组合情况一样，下面给出了几种具有代表性的三根K线组合的情况，分析它们的表达含义和其展现的多空双方力量大小，借以推测次日股价的大致走向。如果遇到这几种情况之外的三根K线组合情况，可根据这几种代表性的组合，结合具体情况，相应进行预测。

**1. 反击成功**

如图5－18所示，左图中，一根阳线比两根阴线长，多方大力推动股价上涨，空方已经被多方击败。右图与左图正好相反，一根阴线比两根阳线长，空方势头强劲，向多方大举进攻、完全占据主动。

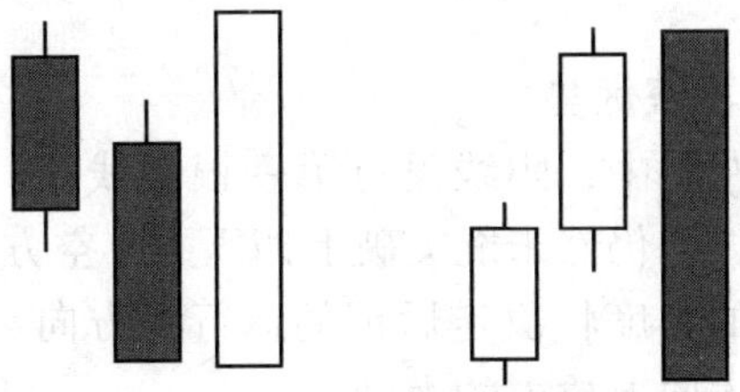

**图5－18　反击成功**

**2. 反击失败**

如图5－19所示，左图为连续两根阴线之后出现一根短阳线，但是这根阳线比第二根阴线低，说明买方力量不足，多方的这一次反击已经失败，下一步是空方可能发动新的攻击，股价有可能再创新低。右图与左图刚好相反，连续两根阳线之后出现一根小阴线，但是这根阴线比第二根阳线低，反映空方力量不足，多方仍居主动地位。

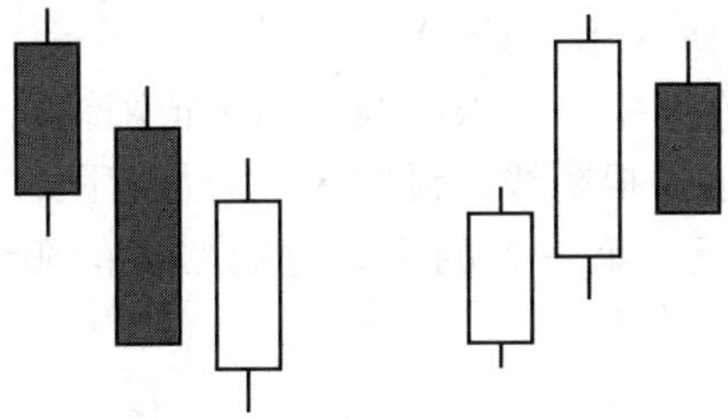

**图5－19　反击失败**

**3. 反击两天失败**

如图 5 – 20 所示，左图是一根长阴线加两根小阳线的形态，两根阳线比一根阴线短，表明多方虽顽强抵抗第一根 K 线所形成的下跌形势，但并未成功，后市即将出现空方的再次进攻。右图与左图相反，多方通过一根较大的阳线占据主动，空方通过两根阴线展开的反攻未能占据上风，后市多方极有可能再次上攻。

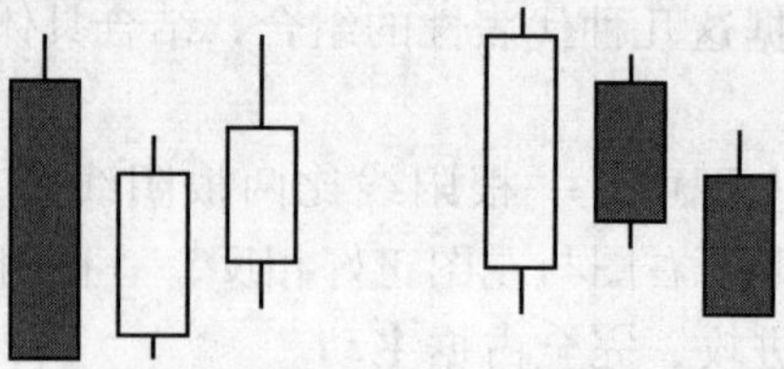

**图 5 – 20 反击两天失败**

**4. 反击两天失败后再获优势**

如图 5 – 21 所示，左图中，阴线没有第一根阳线长，空方攻击的力度不足，多方在第三天再度上攻，但仍然未能突破上档压力，空方很有可能将在后市继续向多方发起攻击，攻击的力度将决定后市的运行大方向。右图与左图正好相反，最后的结果将取决于多方向上攻击的力度。

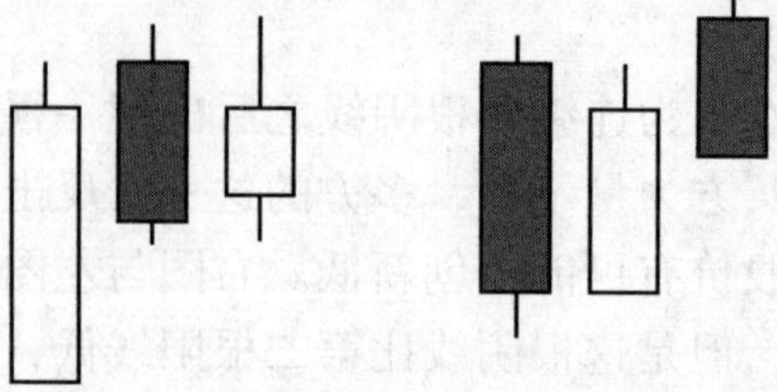

**图 5 – 21 反击两天失败后再获优势**

**5. 两阳（阴）夹一阴（阳）（一）**

如图 5 – 22 所示，左图中，一根阴线比前一根阳线长，说明空方力量已占优势，后一根阳线未超过前一根阴线，说明多方力量有限，后势空方占优，主导走势。右图与左图正好相反，第三天的阴线比第二天的阳线低，多方在力量上占优，后市将由多方主导。

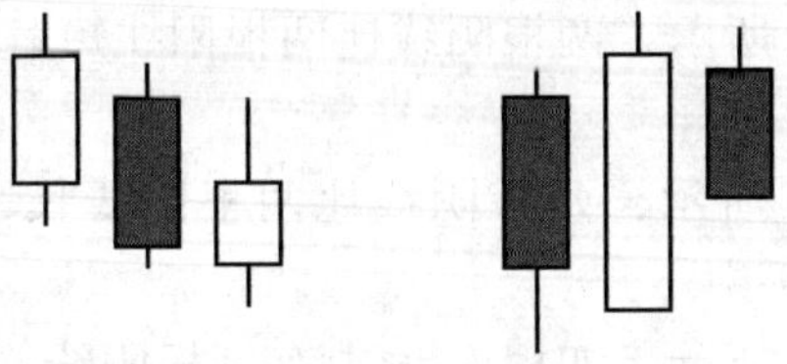

图 5－22　两阳（阴）夹一阴（阳）（一）

**6. 两阳（阴）夹一阴（阳）（二）**

如图 5－23 所示，左图中，两根阴线夹一根阳线，第三天的阴线比第二天的阳线低，表明空方占优，在股价下跌途中多方只作了较弱的抵抗，暂时企稳，但在第三天空方的强大打击下，多方再次败退，空方完全占据优势。右图与左图则正好相反，是多方占据优势。

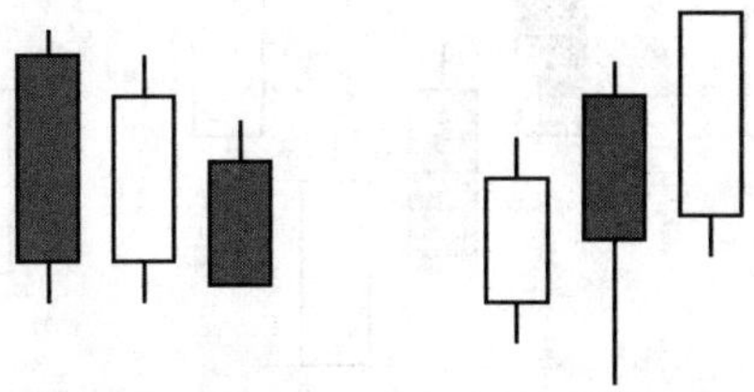

图 5－23　两阳（阴）夹一阴（阳）（二）

**7. 两阴吃一阳**

如图 5－24 所示，两根阴线吃掉前一天的阳线，空方显示出很强大的力量。多方虽然连续两天后退，但也并不能肯定就完全没有反攻的希望，这时应结合这三根 K 线前一天的 K 线情况加以具体，大体上可以分成三种情况：

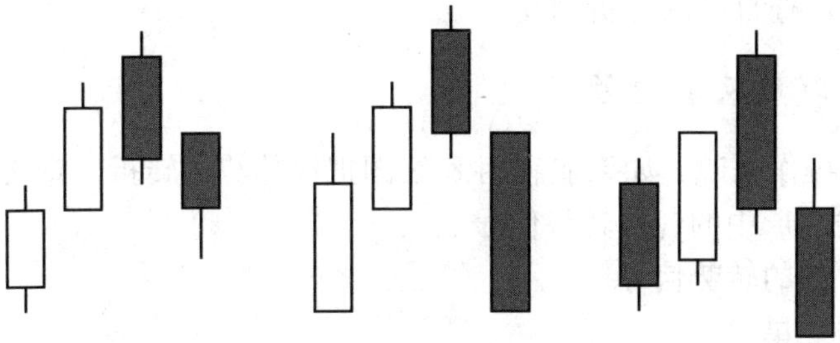

（1）　（2）　（3）

图 5－24　两阴吃一阳

如图 5－24 中（1）所示，两根阴线比两根阳线短，说明多方仍有一定优势，还握有主动权。

如图 5－24 中（2）所示，两根阴线比两根阳线长，说明空方优势已确立，下一步的主动权在空方手中。

如图 5－24 中（3）所示，四根 K 线中有三根阴线，说明空方进攻态势很明确。另外，单从前三根 K 线看，第四天很有可能是多方主动攻击，但是第四根 K 线是一根光脚的较大阴线，表明多方的实力较弱，无法阻挡空方的冲击。

**8. 两阳吃一阴**

如图 5－25 所示，这是同图 5－24 刚好相反的情形。

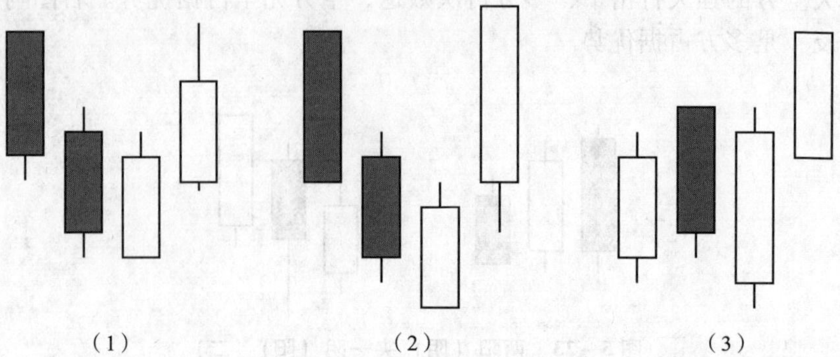


**图 5－25　两阳吃一阴**

无论是一根 K 线，还是两根 K 线、三根 K 线以至多根 K 线，都只是对多空双方较量的一种形象化描述，分析得到的结论都是相对的，不是绝对的，股价的实际走势完全可能和自己的分析相反。在进行 K 线分析时，一般来说，多根 K 线组合得到的结果可靠性较高，应尽量使用多根 K 线组合的结论，不断将新的 K 线加进来重新检查自己的分析判断。

### （五）K 线的反转信号

对于实际操作来说，如果能利用 K 线图把握趋势的转折，意义是最大的。下面介绍在 K 线图形中的各种转势信号。

**1. “星”型的转势信号**

（1）早晨之星。

早晨之星（如图 5－26 所示）通常出现在一段跌势之后，可先见到连续的中阴线或长阴线，由于空方抛售的力量逐渐衰竭，紧随最后一根大阴线后的第二日，在大阴线下端拉出一根实体很小的阴线或阳线，多空双方暂时取得平衡。然后，第三日拉出一根长阳线或中阳线，显示多方经过蓄势调整后，以新的力量向空头发起进攻。上述 K 线形成的特殊组合即是早晨之星，代表后市可能见底回升。

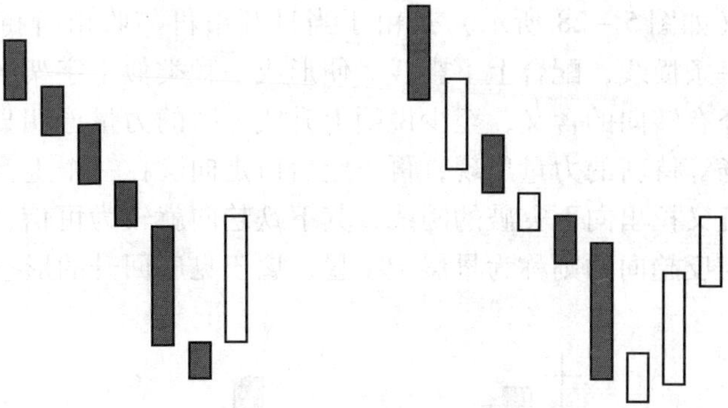

（1）　　（2）

图 5 – 26　早晨之星

（2）黄昏之星。

黄昏之星（如图 5 – 27 所示）同早晨之星正好相反。黄昏之星的形态如同倒置的早晨之星，先在一段升势中，最后出现一根较长的阳线，由于空方抛压沉重，第二日多方无力上推，拉出一根小阳线或小阴线，第三日多方抵挡不住空方进攻，当日拉出一根中阴或长阴线，这便构成了黄昏之星的图形。黄昏之星的出现往往暗示股价可能自此见顶回落。

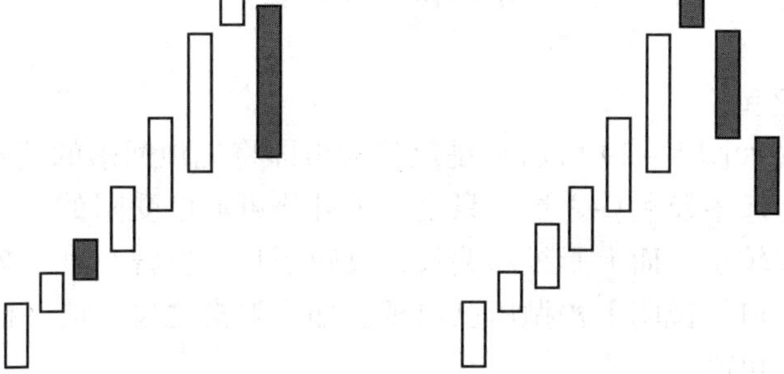

（1）　　（2）

图 5 – 27　黄昏之星

早晨之星或黄昏之星出现时，如再同时出现下列三个特征，则星形转势的准确率将进一步提高：①左右两根 K 线与星形部分出现缺口；②第三根 K 线的收盘价已探到第一根 K 线的实体部分；③第一根 K 线的成交量萎缩，而第三根 K 线的成交量明显增加，代表多空双方经过角逐，已经分出高下。

（3）十字之星。

十字之星（如图 5－28 所示）是由于当日开市价与收市价持平，所以 K 线实体部分呈现一条横线，配合上下影线，便形成一颗类似十字架的星。十字星单独出现，就已经有转向的含义，至少说明上升或下跌的力量已明显地减弱，波动幅度减少，市场等待新的力量出现，再决定后市走向。在一个上升的波段如出现十字星，第二日又拉出向下突破的阴线，其下跌趋向就较为可信，此形态可称为黄昏十字星，相反趋向的则称为早晨十字星，属于见底回升的形态。

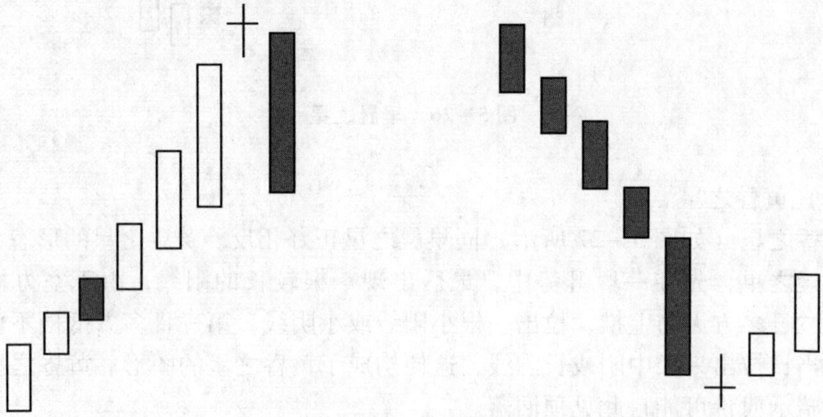

（1）　　　　（2）

**图 5－28　十字之星**

（4）射击之星。

射击之星（如图 5－29 所示）是反映大市即将见顶回落的信号。单独一颗射击之星的可靠性远不及黄昏之星，只是暗示升势可能已受阻的警戒信号。射击之星的特征是实体较小，而上影线却偏长，反映当日股价曾一度上攻，然后又回落至开盘价附近收市，说明上档抛压已出现。如果射击之星与前一根 K 线形成跳空缺口，则可靠性更高。

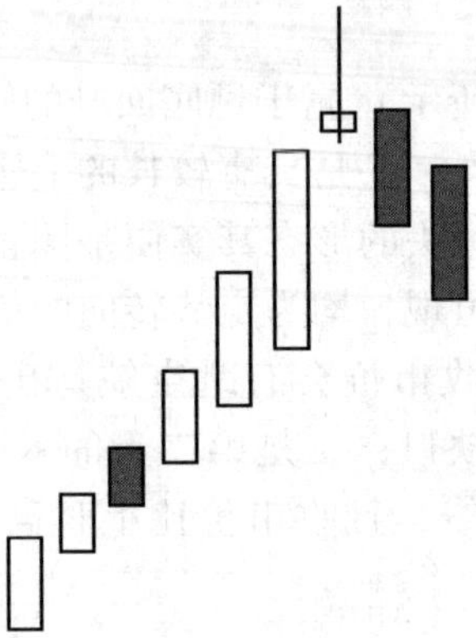

图 5-29　射击之星

**2. 锤头转势信号**

(1) 正置锤头。

正置锤头（如图 5-30 所示）是指实体短小、下影线特别长的 K 线，实体部分阴线或阳线均可。观察锤头的有效性，主要是看当时所处的位置，如果走势正处低位区域，锤头就代表了市势可能见底回升。

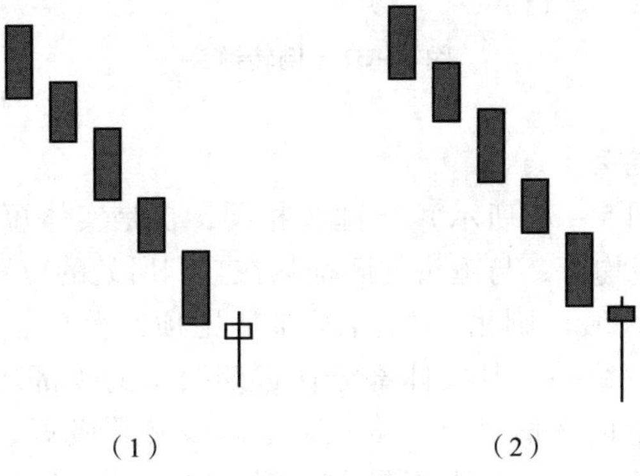

（1）　　　　（2）

图 5-30　锤头

锤头形态的成立，需要以下三个要素：第一，其实体部分在近期股价的底部出现，如果伴随一个消耗性的缺口，通常其反弹的力度也就更强。第二，下影线部分至少为实体部分的 2 倍以上，锤头的下影越长，实体部分越小，其威力越大。锤头如果是阳线，后市转向的可能性也就越大。第三，上影线必须极短。如果完全没有上影线，则图形更为典型。

（2）倒转锤头。

倒转锤头（如图 5 – 31 所示）属于见底回升的转势形态之一，介于射击之星与锤头之间。倒转锤头的特点，一是具有较长的上影线，二是实体部分较小，在近日股价的底部出现。倒转锤头的形态其实便是倒置的射击之星，射击之星在顶部出现，倒转锤头则在底部出现，均为走势转向的信号。辨别倒转锤头可注意两点：一是次日开市价与上日收市价会有跳空缺口出现，即倒转锤头出现的第二天，两根线的实体部分出现缺口；二是第二天的 K 线是阳线。如果两根 K 线并未出现缺口，只要次日是阳线，且收市价比上日高，同样可看作是即将回升的信号。

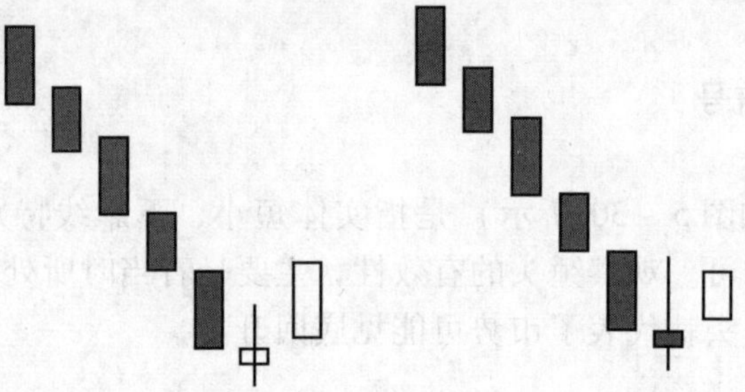

（1）　　　　（2）

**图 5 – 31　倒转锤头**

### 3. 吊颈的转势信号

吊颈形态（如图 5 – 32 所示）与锤头相同，也是实体短小、下影线特别长，实体部分阴线或阳线均可，与锤头的区别只在它们所处的位置不同。当走势正处于连续上升的高位区域，则吊颈的出现即是见顶回落的信号。吊颈形态的成立，需要三个条件：第一，其实体部分在近期股价的顶部出现；第二，下影线部分至少为实体部分的 2 倍以上；第三，上影线必须极短，如果完全没有上影线，则图形更为典型。吊颈也可以悬空，因为在吊颈图形出现之后，隔日股价常常低开，不仅与吊颈形成缺口，并且次日又拉出长阴线，反映上日买入者全部被架空，手上持有股票者被全数套牢。吊颈出现后，即使第二根 K 线并未低开而形成缺口，只要第二根 K 线是阴线，并且收市价低于吊颈图形，同样预示后市即将回落。

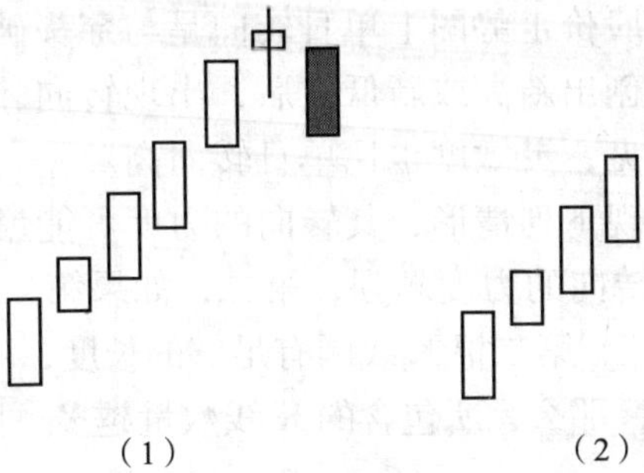

图 5－32　吊颈

**4. 穿头破脚**

穿头破脚（如图 5－33 所示），就是一根 K 线对另一根 K 线从头到脚全部包容，所以穿头破脚的形态由两根 K 线组成。穿头破脚形态的确认，必须具备两个条件：第一，应有一个明显上升或下跌的波段，短期的升势和跌势也可以考虑进去；第二，第二根 K 线的长度必须足以包含第一根 K 线的实体部分，但上下影线可以不考虑进去。

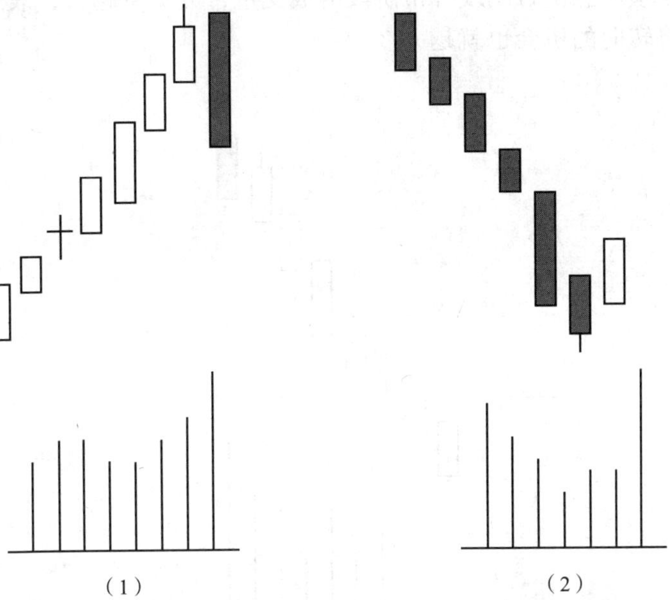

图 5－33　穿头破脚

根据传统的形态分析，股价走势图上单日转向是与穿头破脚的形态较为接近的例子，但单日转向必须在创出新高或新低之后，出现转向才算符合要求，因此穿头破脚的形态不仅更为常见，灵敏度也比单日转向高。

假如穿头破脚的形态出现下列情形，其转向的力度可能增强：第一，根K线之间大小的比例越悬殊，其转向的力度越强；第二，如果第二根K线的成交量越多，其转向的机会越大；第三，第二根K线因有足够的长度，不仅包容前一日的K线，并且包容前几日的K线，那么，所包含的K线数量越多，则力度越强。

**5. 乌云盖顶**

乌云盖顶（如图5－34所示）由两根K线组合而成。第一根属于强劲的长阳线，第二根的开盘价比上一日最高价还要高，但收盘价却在当日股价波动幅度的底部，而且已盖过第一根长阳线一半以上的幅度。所以，一根长阳线与一根长阴线的组合，通常组合成一种见顶回落的看淡形态。研判乌云盖顶的形态时，需注意的要点有：第一，次日阴线收盘价必须低于长阳线实体部分的一半以上，才有足够力量使大势转向，阴线收得越低，吃掉上日长阳线的部分越多，则回落的可能越大；第二，次日阴线在开盘时曾冲过较明显的阻力区域，然后回头下落，就构成乌云盖顶的形态，表示多头已不能控制大局，大市见顶回落的机会大大增加；第三，必须注意次日阴线开市阶段的成交量，成交量越大，表示卖出的投资者越多，走势转向的机会也就越大。

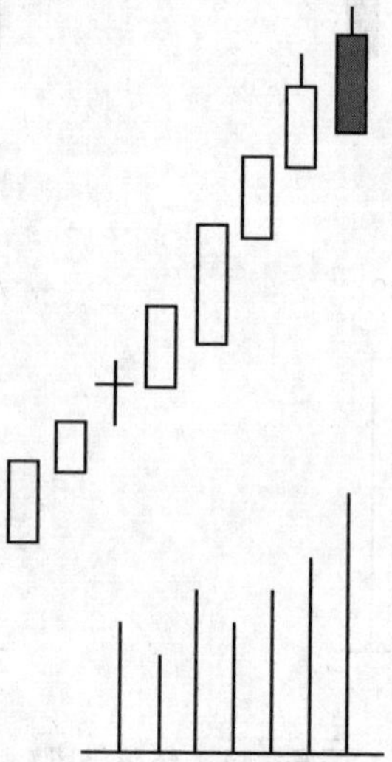

**图5－34　乌云盖顶**

**6. 曙光初现**

曙光初现（如图 5－35 所示）通常出现在一段大跌势之后，可先见连续的中阴线或长阴线，由于空方力量逐渐消化，紧随最末一根大阴线之后，第二天在大阴线下端拉出一根中阳线或长阳线，显示多空双方攻守转换，多方调整好新的力量之后开始发起进攻。因此，曙光初现的定义即指在两个交易日中，有两根 K 线形成一种组合，表示后市可能见底回升。

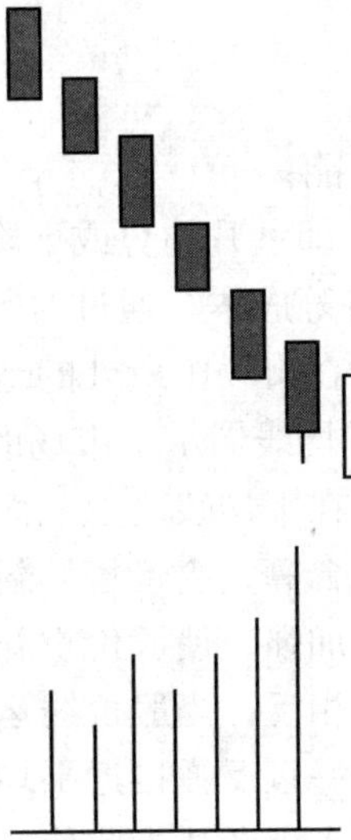

**图 5－35　曙光初现**

曙光初现的形成过程中，如再同时出现以下两个特征，则转势的准确率将大大提高：第一根 K 线、第二根 K 线的收市价，高于第一根 K 线的实体部分一半以上；第二，第二根 K 线的实体部分越长，表示上升力度越强。

## 二、技术指标分析

### （一）移动平均线

**1. 移动平均线的含义**

移动平均线是非常重要的技术分析指标。移动平均线是利用统计学上的“移动平均”原理，将每天的股价予以移动平均，求出一个趋势值，用来作为股价走势的研判工具。

计算公式：$MA=(C_1+C_2+\cdots+C_n)\div n$

$C_n$ 为每日收盘价，$n$ 为计算周期。

**2. 移动平均线的分类**

移动平均线依时间长短可分为三种，即短期移动平均线、中期移动平均线和长期移动平均线。短期移动平均线一般以 5 天或 10 天为计算期间；中期移动平均线大多以 30 天、60 天为计算期间；长期移动平均线大多以 120 天（半年线）250 天（年线）为计算期间。

**3. 移动平均线的功能**

移动平均线具有下述三种功能：

（1）揭示股价波动的方向，即上升趋势或下降趋势。

（2）揭示目前的市场平均持筹成本。通过对平均成本的比较，结合其他方面分析，可以了解自己的持股成本在市场中所处的地位高低。

（3）助涨助跌。由于移动平均线揭示了市场的平均成本，因此买方力量大于卖方力量时，股价线基本上总是在平均线之上。而且当股价出现回档接近平均线时，持股者认为在此价位卖出不合算，会惜售，新入市者感到在此价位买入也合算，市场上卖压减轻的同时买力加强，使股价重新向上。移动平均线在这里所起的作用是支撑向上的重要功能。相反，当股价线运行在移动平均线之下时，平均线会成为股价上升的压力，股价一旦反弹接近平均线时，急于卖出的原持股者会感到在此处卖出可以接受，而新入市者认为此价位买入偏高，因此，卖压明显大于买力，股价受到平均线的压制而回落，这就是移动平均线的助跌效应。

**4. 移动平均线的研判（葛兰碧法则）**

（1）移动平均线的买入时机。

①平均线从下降逐渐走平，而股价从平均线的下方突破平均线时，是买进信号。

②股价虽跌入平均线之下，而平均线在上扬，不久股价又回到平均线上时，是买进信号。

③股价线走在平均线之上，股价虽然下跌，但未跌破平均线，股价又上升时可以加码买进。

④股价线低于平均线，突然暴跌，远离平均线之时，极可能再趋向平均线，是买进时机。

（2）移动平均线的卖出时机。

①平均线从上升逐渐走平，而股价从平均线的上方往下跌破平均线时，是卖

出信号。

②股价呈上升突破平均线，但又立刻回复到平均线之下，而且平均线仍在继续下跌时，是卖出信号。

③股价线在平均线之下，股价上升但未达平均线又告回落，是卖出信号。

④股价线在上升中，且走在平均线之上，突然暴涨，远离平均线，很可能再趋向平均线，是卖出信号。

**5. 黄金交叉与死亡交叉**

黄金交叉与死亡交叉是技术分析中经常用到的一个拐点转势信号，是移动平均线的组合运用。

（1）黄金交叉。即当较短时期的移动平均线，从下方往上穿越较长天期的移动平均线，而两种线形都是向上时，代表可能会有一段涨势即将展开。这种较短时期移动平均线往上穿过较长时期移动平均线，而方向都是向上的交叉现象称为“黄金交叉”，简称“金叉”。

（2）死亡交叉。即当较短时期的移动平均线，从上方往下跌破较长天期的移动平均线，而两种线形都是向下时，代表可能会有一段跌势即将展开。这种较短时期移动平均线向下穿过较长天期移动平均线，而方向都是向下的交叉现象称为“死亡交叉”，简称“死叉”。

（3）黄金交叉与死亡交叉的应用原则。

①出现金叉时买进，持股最多；出现死叉时卖出，空仓观望。

②当 10 天、30 天、60 天移动平均线出现金叉时，一般会有一段大涨行情出现；而当 10 天、30 天、60 天移动平均线出现死叉，一般意味涨势结束，跌势开始。

③金叉出现时，股价已经有一段涨幅，但涨幅不大，而市场中短线交易盛行时，反而会引起部分获利盘的打压。但只要出现金叉，三个交易日内股价的回档不跌破关键技术支撑位，是加码买进良机。

④出现短期线向上交叉长期线和中期线，且中期线也开始向上交叉长期线这样的双重黄金交叉，是中长线买入的大好时机。

⑤死叉出现时情况正好与上述情况相反，操作也是反向操作。

**6. 多头排列或空头排列**

股价涨势形成之后，短期移动平均线在最上面，接着是中期移动平均线，长期移动平均线在最下面，移动平均线的这样一种排列就叫作多头排列；反之短期线在最下面，长期线在最上面，这样的移动平均线排列就叫作空头排列。一般来说，移动平均线呈多头排列是较好的买入信号，而且均线角度越大越好。

## （二）MACD

MACD 指标又叫指数平滑异同移动平均线，是一种研判股票买卖时机、跟踪股价运行趋势的技术分析工具。

**1. MACD 指标的原理**

MACD 指标是根据均线的构造原理，对股票价格的收盘价进行平滑处理，求出算术平均值以后再进行计算，是一种趋向类指标。

MACD 指标是运用快速（短期）和慢速（长期）移动平均线及其聚合与分离的征兆，加以双重平滑运算，根据移动平均线原理发展出来的 MACD，一是去除了移动平均线频繁发出假信号的缺陷，二是保留了移动平均线的效果。因此，MACD 指标具有趋势性、稳定性等特点，是用来研判买卖股票的时机的技术分析指标。

**2. MACD 指标的计算方法**

MACD 在应用上，首先计算出快速移动平均线（即 EMA1）和慢速移动平均线（即 EMA2），以此两个数值作为测量两者（快慢速线）间的离差值（DIF）的依据，然后再求 DIF 的 N 周期的平滑移动平均线 DEA。

以 EMA1 的参数为 12 日，EMA2 的参数为 26 日，DIF 的参数为 9 日为例来看看 MACD 的计算过程：

（1）计算移动平均值（EMA）。

12 日 EMA 的算式为：

EMA（12）= 前一日 EMA（12）×11/13 + 今日收盘价 ×2/13

26 日 EMA 的算式为：

EMA（26）= 前一日 EMA（26）×25/27 + 今日收盘价 ×2/27

（2）计算离差值（DIF）。

DIF = 今日 EMA（12）– 今日 EMA（26）

（3）计算 DIF 的 9 日 EMA。

根据离差值计算其 9 日的 EMA，即离差平均值，是所求的 MACD 值。为了不与指标原名相混淆，此值又名 DEA 或 DEM。

今日 DEA（MACD）= 前一日 DEA ×8/10 + 今日 DIF ×2/10

计算出的 DIF 和 DEA 的数值均为正值或负值。

理论上，在持续的涨势中，12 日 EMA 线在 26 日 EMA 线之上，其间的正离差值（+DIF）会越来越大；反之，在跌势中离差值可能变为负数（–DIF），也会越来越大，而在行情开始好转时，正负离差值将会缩小。指标 MACD 正是利用正负的离差值（±DIF）与离差值的N日平均线（N日EMA）的交叉信号作为买卖信号的依据。

离差值DIF和离差平均值DEA是研判MACD的主要工具。其计算方法比较烦琐，由于目前这些计算值都会在股市分析软件上由计算机自动完成，因此，投资者只要了解其运算过程即可，而更重要的是掌握它的研判功能。另外，和其他指标的计算一样，由于选用的计算周期的不同，MACD指标也包括日MACD指标、周MACD指标、月MACD指标、年MACD指标以及分钟MACD指标等各种类型。经常被用于股市研判的是日MACD指标和周MACD指标。虽然它们的计算时的取值有所不同，但基本的计算方法一样。

在实践中，将各点的DIF和DEA连接起来就会形成在零轴上下移动的两条快速（短期）和慢速（长期）线，此即为MACD图。

**3. MACD指标的一般研判标准**

MACD指标的一般研判标准主要是围绕快速和慢速两条均线及红、绿柱线状况和它们的形态展开。一般分析方法主要包括DIF和MACD值及它们所处的位置、DIF和MACD的交叉情况、红柱状的收缩情况和MACD图形的形态这四个大的方面。

（1）DIF和MACD的值及线的位置。

①当DIF和MACD均大于0并向上移动时，一般表示为股市处于多头行情中，可以买入或持股。

②当DIF和MACD均小于0并向下移动时，一般表示为股市处于空头行情中，可以卖出股票或观望。

③当DIF和MACD均大于0但都向下移动时，一般表示为股票行情处于退潮阶段，股票将下跌，可以卖出股票和观望。

④当DIF和MACD均小于0时但向上移动时，一般表示为行情即将启动，股票将上涨，可以买进股票或持股待涨。

（2）DIF和MACD的交叉情况。

①当DIF与MACD都在零线以上，而DIF向上突破MACD时，表明股市处于一种强势之中，股价将再次上涨，可以加码买进股票或持股待涨，这就是MACD指标“黄金交叉”的一种形式。

②当DIF和MACD都在零线以下，而DIF向上突破MACD时，表明股市即将转强，股价跌势已尽将止跌朝上，可以开始买进股票或持股，这是MACD指标“黄金交叉”的另一种形式。

③当DIF与MACD都在零线以上，而DIF却向下突破MACD时，表明股市

即将由强势转为弱势，股价将大跌，这时应卖出大部分股票而不能买股票，这就是 MACD 指标的“死亡交叉”的一种形式。

④当 DIF 和 MACD 都在零线以上，而 DIF 向下突破 MACD 时，表明股市将再次进入极度弱市中，股价还将下跌，可以再卖出股票或观望，这是 MACD 指标“死亡交叉”的另一种形式。

（3）MACD 指标中的柱状图分析。

在行情分析软件中通常采用 DIF 值减去 DEA 值而绘制成柱状图，用红柱状和绿柱状表示，红柱表示正值，绿柱表示负值。用红绿柱状图来分析行情，直观又可靠。

①当红柱状图持续放大时，表明股市处于牛市行情中，股价将继续上涨，这时应持股待涨或短线买入股票，直到红柱无法再放大时才考虑卖出。

②当绿柱状图持续放大时，表明股市处于熊市行情之中，股价将继续下跌，这时应持币观望或卖出股票，直到绿柱开始缩小时才可以考虑少量买入股票。

③当红柱状图开始缩小时，表明股市牛市即将结束（或要进入调整期），股价将大幅下跌，这时应卖出大部分股票而不能买入股票。

④当绿柱状图开始收缩时，表明股市的大跌行情即将结束，股价将止跌向上（或进入盘整），这时可以少量进行长期战略建仓而不要轻易卖出股票。

⑤当红柱状图开始消失、绿柱开始放出时，这是股市转市信号之一，表明股市的上涨行情（或高位盘整行情）即将结束，股价将开始加速下跌，这时应开始卖出大部分股票而不能买入股票。

⑥当绿柱状图开始消失、红柱开始放出时，这也是股市转市信号之一，表明股市的下跌行情（或低位盘整）已经结束，股价将开始加速上升，这时应开始加码买入股票或持股待涨。

### （三）KDJ

#### 1. KDJ 指标的原理

随机指标 KDJ 是根据统计学的原理，通过一个特定的周期（常为 9 日、9 周等）内出现过的最高价、最低价及最后一个计算周期的收盘价及这三者之间的比例关系，来计算最后一个计算周期的未成熟随机值 RSV，然后根据平滑移动平均线的方法来计算 K 值、D 值与 J 值，并绘成曲线图来研判股票走势。

随机指标主要是利用价格波动的真实波幅来反映价格走势的强弱和超买超卖现象，在价格尚未上升或下降之前发出买卖信号的一种技术工具。它在设计过程中主要是研究最高价、最低价和收盘价之间的关系，同时也融合了移动平均线等指标的一些优点，因此，能够比较快捷、直观地研判行情。

**2. KDJ 指标的研判方法**

KDJ 指标的一般研判标准主要是从 KDJ 三个参数的取值、KDJ 曲线的形态、KDJ 曲线的交叉、KDJ 曲线的背离和 K 线、D 线、J 线的运行状态以及 KDJ 曲线同股价曲线的配合六个方面来考虑。

（1）KDJ 的取值。

①取值范围。KDJ 指标中，K 值和 D 值的取值范围都是 0～100，而 J 值的取值范围可以超过 100 和低于 0，但在分析软件上 KDJ 的研判范围都是 0～100。通常就敏感性而言，J 值最强，K 值次之，D 值最慢，而就安全性而言，J 值最差，K 值次之，D 值最稳。

②超买超卖信号。根据 KDJ 的取值，可将其划分为几个区域，即超买区、超卖区和徘徊区。按一般划分标准，K、D、J 这三值在 20 以下为超卖区，是买入信号；K、D、J 这三值在 80 以上为超买区，是卖出信号；K、D、J 这三值在 20～80 之间为徘徊区，宜观望。

③多空力量对比。一般而言，当 K、D、J 三值在 50 附近时，表示多空双方力量均衡；当 K、D、J 三值都大于 50 时，表示多方力量占优；当 K、D、J 三值都小于 50 时，表示空方力量占优。

（2）KDJ 曲线的形态。

KDJ 指标的研判还可以从 KDJ 曲线的形态来分析。当 KDJ 指标曲线图形形成头肩顶底形态、双重顶底形态及三重顶底等形态时，也可以按照形态理论的研判方法加以分析。KDJ 曲线出现的各种形态是判断行情走势、决定买卖时机的一种分析方法。另外，KDJ 指标曲线还可以划趋势线、压力线和支撑线等。

①当 KDJ 曲线在 50 上方的高位时，如果 KDJ 曲线的走势形成 M 头或三重顶等顶部反转形态，可能预示着股价由强势转为弱势，股价即将大跌，应及时卖出股票。如果股价的曲线也出现同样形态则更可确认，其跌幅可以用 M 头或三重顶等形态理论来研判。

②当 KDJ 曲线在 50 下方的低位时，如果 KDJ 曲线的走势出现 W 底或三重底等底部反转形态，可能预示着股价由弱势转为强势，股价即将反弹向上，可以逢低少量吸纳股票。如果股价曲线也出现同样形态，更可确认其涨幅可以用 W 底或三重底形态理论来研判。

③KDJ 曲线的形态中，M 头和三重顶形态的准确性要大于 W 底和三重底。

（3）KDJ 曲线的交叉。

KDJ 曲线的交叉分为黄金交叉和死亡交叉两种形式。一般而言，在一个股票的完整的升势和跌势过程中，KDJ 指标中的 K、D、J 线会出现两次或两次以上的“黄金交叉”和“死亡交叉”情况。

①当股价经过一段很长时间的低位盘整行情，并且 K、D、J 三线都处于 50 线以下时，一旦 J 线和 K 线几乎同时向上突破 D 线时，表明股市即将转强，股价跌势已经结束，将止跌朝上，可以开始买进股票，进行中长线建仓。这是 KDJ 指标“黄金交叉”的一种形式。

②当股价经过一段时间的上升过程中的盘整行情，并且 K、D、J 线都处于 50 线附近徘徊时，一旦 J 线和 K 线几乎同时再次向上突破 D 线，成交量再度放出时，表明股市处于一种强势之中，股价将再次上涨，可以加码买进股票或持股待涨，这就是 KDJ 指标“黄金交叉”的另一种形式。

③当股价经过前期一段很长时间的上升行情，股价涨幅已经很大的情况下，一旦 J 线和 K 线在高位（80 以上）几乎同时向下突破 D 线时，表明股市即将由强势转为弱势，股价将大跌，这时应卖出大部分股票而不能买股票，这就是 KDJ 指标的“死亡交叉”的一种形式。

④当股价经过一段时间的下跌后，而股价向上反弹的动力缺乏，各种均线对股价形成较强的压力时，KDJ 曲线在经过短暂的反弹到 80 线附近，但未能重返 80 线以上时，一旦 J 线和 K 线再次向下突破 D 线时，表明股市将再次进入弱市中，股价还将下跌，可以再卖出股票或观望，这是 KDJ 指标“死亡交叉”的另一种形式。

（4）KDJ 曲线的背离。

KDJ 曲线的背离就是指当 KDJ 指标的曲线图的走势方向正好和 K 线图的走势方向相反。KDJ 指标的背离有顶背离和底背离两种。当股价 K 线图上的价格走势一峰比一峰高，股价一直向上涨，而 KDJ 曲线图上 KDJ 指标的走势是在高位一峰比一峰低，这叫顶背离现象。顶背离现象一般是股价将高位反转的信号，表明股价中短期内即将下跌，是卖出的信号。当股价 K 线图上的股票走势一峰比一峰低，股价在向下跌，而 KDJ 曲线图上的 KDJ 指标的走势是在低位一底比一底高，这叫底背离现象。底背离现象一般是股价将低位反转的信号，表明股价中短期内即将上涨，是买入的信号。

与其他技术指标的背离现象研判一样，KDJ 的背离中，顶背离的研判准确性要高于底背离。当股价在高位，KDJ 在 80 以上出现顶背离时，可以认为股价即将反转向下，投资者可以及时卖出股票；而股价在低位，KDJ 也在低位（50 以下）出现底背离时，一般要反复出现几次底背离才能确认，并且投资者只能作战略建仓或作短期投资。

（5）KDJ 曲线运行的状态。

①当 J 曲线开始在底部（50 以下）向上突破 K 曲线时，说明股价的弱势整理格局可能被打破，股价短期将向上运动，投资者可以考虑少量长线建仓。

②当 J 曲线向上突破 K 曲线并迅速向上运动，同时曲线也向上突破 D 曲线，说明股价的中长期上涨行情已经开始，投资者可以加大买入股票的力度。

③当 K、D、J 曲线开始摆脱前期窄幅盘整的区间并同时向上快速运动时，说明股价已经进入短线强势拉升行情，投资者应持股待涨。

④当 J 曲线经过一段快速向上运动的过程后开始在高位（80 以上）向下掉头时，说明股价短期上涨过快，将开始短线调整，投资者可以短线卖出股票。

⑤当 D 曲线也开始在高位向下掉头时，说明股价的短期上涨行情可能结束，投资者应中线卖出股票。

⑥当 K 曲线也开始在高位向下掉头时，说明股价的中短期上涨行情已经结束，投资者应全部清仓离场。

⑦当 K、D、J 曲线从高位同时向下运动时，说明股价的下跌趋势已经形成，投资者应持币观望。

### （四）布林线

布林线属于路径指标。布林线的宽度可以随着股价的变化而自动调整位置。由于这种变异使布林线具备灵活和顺应趋势的特征，它既具备了通道的性质，又克服了通道宽度不能变化的弱点。

**1. 布林线的算法**

布林线的算法很简单，就是求出过去一段时间（行情分析软件中一般取 20 日）的收盘价的标准差，然后在移动平均线加减标准差的位置各画一条线，就是布林线。

**2. 布林线的市场含义**

布林线的市场含义是股价围绕平均价波动时偏离平均价的程度，它反映了股价震荡的剧烈程度。用标准差表示股票震荡的剧烈程度比用一段时间股价的最大值和最小值之差表示股价震荡幅度要好。比如，如果在计算的时期内，某一天股价波动幅度很大，但其他每天波动的幅度都很小，那么这段时间的市场波动剧烈程度显然应该比始终按较大振幅波动的时侯小，但如果用最大振幅度量市场的波动就不能反映这种差别。用标准差度量股价震荡就没有这种缺点，因为它综合考虑了这一段时间内每天股价的涨跌。

**3. 布林线的功能**

布林线具备四大功能：

（1）布林线可以指示支撑和压力位置；

（2）布林线可以显示超买、超卖；

（3）布林线可以指示趋势；

（4）布林线具备通道作用。

**4. 常态范围下布林线的使用**

常态范围通常是股价运行在一定宽度的带状范围内，它的特征是股价没有极度大涨大跌，处在一种相对平衡的状态之中。此时布林线的波动带呈水平方向移动时，属于常态的范围。在这种情况下，当股价向上穿越上轨时，将会形成短期的回档，可以看作是短线的卖出信号；股价向下穿越下轨时，将会形成短期的反弹，此时则为短线的买进时机。但股指或股价经过一段时间的横盘运行后，布林线的波动带区间有收窄迹象，即上轨和下轨相互靠拢时，则表示将要开始出现变盘。此时若股价连续穿越上轨，表示股价将朝上涨方向运行；而当股价连续穿越下轨，表示股价将朝下跌方向运行。

（1）当股价穿越上限压力线时，为卖出信号；

（2）当股价穿越下限支撑线时，为买入信号；

（3）当股价由下向上穿越中轨时，为加码信号；

（4）当股价由上向下穿越中轨时，为卖出信号。

**5. 突破行情下布林线的使用**

突破过程中，股价突破原盘整区间，展开一段迅速的上涨或下跌走势。对于经历了波动带持久收缩后刚刚在形态上有突破的个股，在股价变动的初期应用布林线时要尽量避免短线操作。在上涨初期，由于在开始突破的前几个交易日内股价一般走势较强，在触及布林线的上轨后，常常是以横盘强势整理来消化技术上的压力，或改为贴近布林线上轨运行，而不出现回调，此时若在上轨附近卖出后，却不一定能够再有较好的价位回补，此时很容易错过中线收益的机会。在下跌趋势刚开始时也是如此，股价短时间经历急速跌穿下轨后，可能改为缓跌或横盘修正，此时进场抢反弹却可能陷入被套的困境。

**6. 布林线缩口与开口的意义**

（1）布林线缩口的意义。

①股价经过较大幅度下跌后，随后常会转为较长时间的窄幅整理，这时可以看到布林线的上限和下限空间极小，越来越窄，越来越近。盘中显示股价的最高

价和最低价差价极小，短线没有获利空间，盘中交易不活跃，成交量稀少，投资者要密切注意此种缩口情况，因为一轮大行情可能正在酝酿中，一旦成交量增大，股价上升，布林线开口扩大，上升行情宣告开始。

②如果布林线在高位开口极度缩小，一旦股价向下破位，布林线开口放大，一轮跌势将不可避免。

（2）布林线开口的意义。

①当股价由低位向高位经过数浪上升后，布林线最上压力线和最下支撑线开口达到了极大程度，且开口不能继续放大转为收缩时，此时是卖出信号，通常股价紧跟着是一轮大幅下跌或调整行情。

②当股价经过数浪大幅下跌，布林线上限和下限的开口不能继续放大，布林线上限压力线提前由上向下缩口，等到布林线下限支撑线随后由下向上缩口时，一轮跌势将告结束。

## （五）RSI

**1. RSI 的含义**

相对强弱指标（RSI）是一个常用技术指标。RSI 从一特定的时期内股价的变动情况，推测价格未来的变动方向，并根据股价涨跌幅度显示市场的强弱。

**2. RSI 的应用法则**

同 MA 一样，天数越大的 RSI 考虑的时间范围越大，结论越可靠，但反应速度慢，这是无法避免的。参数小的 RSI 被称为短期 RSI，参数大的被称为长期 RSI。这样，两条不同参数的 RSI 曲线的联合使用法则可以完全参照 MA 中的两条 MA 线的使用法则：①短期 RSI > 长期 RSI，则属多头市场；②短期 RSI < 长期 RSI，则属空头市场。

（1）RSI 取值的大小。将 0 ~ 100 分成四个区域，根据 RSI 的取值落入的区域进行操作。划分区域的标准如下：

| | | |
|---|---|---|
| 100 ~ 80 | 极强 | 卖出 |
| 80 ~ 50 | 强 | 买入 |
| 50 ~ 20 | 弱 | 卖出 |
| 20 ~ 0 | 极弱 | 买入 |

极强与强的分界线、极弱与弱的分界线是不明确的，这条界线实际上是一个区域，这个分界线位置的确定与以下两个因素有关：一是与 RSI 的参数有关。不同的参数，它们区域的划分就不同。一般而言，参数越大，分界线离中心 50% 就越近，离 100% 和 0% 越远。二是与选择的股票本身有关。不同的股票，由于

其活跃程度不同，RSI 所能达到的高度也不同。一般而言，越活跃的股票，分界线的位置离 50% 就应该越远，越不活跃的股票，分界线离 50% 就越近。

（2）RSI 的曲线形态。同 KD 指标一样，当 RSI 在较高或较低的位置形成头肩形和多重顶底，是采取行动的信号。这些形态一定要出现在较高位置和较低位置，离 50% 越远越好，越远结论越可信，出错的可能性就越小。RSI 在一波一波地上升和下降中，也会给投资者提供画趋势线的机会。这些起着支撑线和压力线作用的切线一旦被突破，就是投资者采取行动的信号。

（3）RSI 与股价的背离。与 KD 指标一样，RSI 也可以利用背离进行操作。RSI 处于高位，并形成一峰比一峰低的两个峰，而此时，股价却对应的是一峰比一峰高，这叫顶背离，这是比较强烈的卖出信号。与这种情况相反的是底背离。RSI 在低位形成两个依次上升的谷底，而股价还在下降，这是最后一跌或者说是接近最后一跌，是可以开始建仓的信号。

### （六）乖离率

乖离率 BIAS 指标是由移动平均原理派生出来的一种技术分析指标，是目前股市技术分析中一种短中长期都可以应用的技术分析工具。

**1. BIAS 指标的原理**

乖离率 BIAS 指标是依据葛兰碧移动均线法则而派生出来的一项技术分析指标，它是通过一定的数学公式，来计算和总结出当价格偏离移动平均线的程度，指出买卖时机。

乖离率 BIAS 是表示计算期的股价指数或个股的收盘价与移动平均线之间的差距的技术指标，是对移动平均线理论的重要补充。它的功能在于测算股价在变动过程中与移动平均线的偏离程度，从而得出股价在剧烈变动时，因偏离移动趋势过远而可能造成的回挡和反弹。

乖离率指标 BIAS 认为如果股价离移动平均线太远，不管是股价在移动平均线之上，还是在移动平均线之下，都不会保持太长的时间，而且随时会有反转现象发生，使股价再次趋向移动平均线。

**2. 乖离率指标的计算方法**

由于选用的计算周期不同，乖离率指标包括 N 日乖离率指标、N 周乖离率、N 月乖离率和年乖离率以及 N 分钟乖离率等很多种类型。经常被用于股市研判的是日乖离率和周乖离率。虽然它们计算时取值有所不同，但基本的计算方法一样。以日乖离率为例，其计算公式为：

$$N\text{日 BIAS} = (\text{当日收盘价} - N\text{日移动平均价}) \div N\text{日移动平均价} \times 100$$

N 的采用数值有很多种，常见的有两种：一种是以 5 日、10 日、30 日和 60 日等以 5 的倍数为数值的；另一种是 6 日、12 日、18 日、24 日和 72 日等以 6 的倍数为数值的。不过尽管它们数值不同，但分析方法和研判功能是相差不大。

**3. BIAS 指标的一般研判标准**

乖离率 BIAS 指标的一般研判标准主要集中在乖离率正负值转换和乖离率取值等方面研判上。

（1）乖离率正负值转换。乖离率有正乖离率和负乖离率之分。若股价在移动平均线之上，则为正乖离率；股价在移动平均线之下，则为负乖离率；当股价与移动平均线相交，则乖离率为零。正的乖离率越大，表明短期股价涨幅过大，随之而来的是多头的短线获利颇丰，因此，股价再度上涨的压力加大，股价可能受短线获利盘的打压而下跌的可能性越高。反之，负的乖离率越大，空头回补而使股价反弹的可能越大。

（2）乖离率的取值。乖离率的数值的大小可以直接用来研究股价的超买超卖现象，判断买卖股票的时机。由于选用乖离率周期参数的不同，其对行情的研判标准也会随之变化，但大致的方法基本相似。以 5 日和 10 日乖离率为例，具体方法如下：

①一般情况下，在弱势市场上，股价的 5 日乖离率达到 -5 以上，表示股价超卖现象出现，可以考虑开始买入股票；而当股价的 5 日乖离率达到 5 以上，表示股价超买现象出现，可以考虑卖出股票。

②在强势市场上，股价的 5 日乖离率达到 -10 以上，表示股价超卖现象出现，为短线买入股票的机会；当股价的 5 日乖离率达到 10 以上，表示股价超买现象出现，为短线卖出股票的机会。

### （七）心理线 PSY

心理线 PSY 指标是研究投资者对股市涨跌产生心理波动的情绪指标，属于能量类和涨跌类指标，它对股市短期走势的研判具有一定的参考意义。

**1. PSY 指标的原理**

PSY 指标是从时间的角度计算 N 日内的多空总力量，来描述股市目前处于强势或弱势，是否处于超买或超卖状态。它主要是通过计算 N 日内股价或指数上涨天数的多少来衡量投资者的心理承受能力，反映股市未来发展趋势及股价是否存在过度的涨跌行为，为投资者买卖股票提供参考。

**2. PSY 指标的计算方法**

心理线 PSY 指标主要是从股票投资者的买卖趋向的心理方面，对多空双方的力量对比进行探索。它是以一段时间收盘价涨跌天数的多少为依据，其计算方法很简单，计算公式如下：

$$PSY(N) = A \div N \times 100$$

其中，N 为周期，是 PSY 的参数，可以为日、周、月、分钟，A 为在这周期之中股价上涨的周期数。

判断上涨和下跌是以收盘价为标准，计算周期的收盘价如果比上一周期的收盘价高，则定为上涨；比上一周期的收盘价低，则定为下跌。

心理线 PSY 的参数选择是人为的，可以随投资者的喜好和市场的变化来决定，而参数的选择又是 PSY 指标研判行情的一个重要手段。参数选择得越大，PSY 的取值范围越集中、越平稳，但又有迟滞性的缺点；参数选择得越小，PSY 取值范围的波动性很大且敏感性太强。

在大部分行情分析技术软件上，PSY 指标的周期范围选择为 0 ~ 100。一般情况下，日线的设定基准日为 3 日，取值范围为 3 日 ~ 90 日；周线的设定基准周为 3 周，取值范围为 3 周 ~ 50 周；月线的设定基准月为 3 月，取值范围为 3 月 ~ 50 月。

和其他指标的计算一样，由于选用的计算周期的不同，PSY 指标也包括日 PSY 指标、周 PSY 指标、月 PSY 指标、年 PSY 指标以及分钟 PSY 指标等各种类型。经常被用于股市研判的是日 PSY 指标和周 PSY 指标。虽然它们计算时的取值有所不同，但基本的计算方法一样。

**3. PSY 指标的一般研判标准**

心理线 PSY 指标是股市技术中一种中短期的研判指标，它主要是反映市场上投资者的心理的超买或超卖。它适用于判断大势，也可以用来研判个股行情。它对投资者的心理承受能力及市场上人气的兴衰进行衡量，是反映市场能量的一种辅助指标。PSY 指标的一般研判标准主要是围绕 PSY 指标的取值情况、PSY 值的超买超卖情况、PSY 曲线的趋势性情况及 PSY 曲线的形态等方面进行分析的。以日周期标准为例，PSY 的研判方法如下：

（1） PSY 指标的取值。

①PSY 指标的取值始终是处在 0 ~ 100 之间，0 值是 PSY 指标的下限极值，100 是 PSY 指标的上限极值。50 为多空双方的分界线。

②PSY 值大于 50 为 PSY 指标的多方区域，说明 N 日内上涨的天数大于下跌的天数，多方占主导地位，投资者可持股待涨。

③PSY 值小于 50 为 PSY 指标的空方区域，说明 N 日内上涨的天数小于下跌的天数，空方占主导地位，投资者宜持币观望。

④PSY 在 50 左右徘徊，则反映近期股票指数或股价上涨的天数与下跌的天

数基本相等，多空力量维持平衡，投资者以观望为主。

（2）PSY 值的超买超卖情况。

①一般情况下，PSY 值的变化都在 25～75 之间，反映股价处在正常的波动状态，投资者可以按照原有的思路买卖股票。

②在盘整中，PSY 指标的值应该在以 50 为中心的附近，上下限一般定为 25 和 75，说明多空双方基本处于平衡状态。如果 PSY 超出了这个平衡状态，就是 PSY 指标的超买超卖。

③当 PSY 达到或超过 75 时，说明在 N 天内，上涨的天数远大于下跌的天数，多方的力量很强大而且持久。但从另外一个方面来看，由于上涨天数多，股票累计的获利盘也多，市场显示出超买的迹象，特别是在涨幅较大的情况下，股价上升的压力就会很大，股价可能很快回落调整。

④当 PSY 达到或低于 25 时，说明在 N 日内，下跌的天数远大于上涨的天数，空方力量比较强大，市场上悲观气氛比较浓，股价一路下跌。但从另一方面看，由于下跌的天数较多，市场上显示超卖的迹象，特别是在跌幅较大的情况下，市场抛盘稀少，抛压较轻，股价可能会反弹向上。

⑤如果 PSY 值出现大于 90 或小于 10 这种极端超买超卖情况，投资者更要注意。

⑥在多头市场和空头市场开始初期，可将超买、超卖线调整至 85 和 15，待行情发展中后期再调回至 75 和 25，这样更有利于 PSY 指标的研判。

（3）PSY 曲线的趋势性情况。PSY 指标在股市分析软件上还能通过它的趋势性情况来判断股市的趋势走向。PSY 指标体现的趋势性主要表现在无趋势、向上趋势及向下趋势三个方面。

①无趋势。PSY 指标的无趋势性是指 PSY 值在 40～60 之间上下振荡，表明近期多空力量旗鼓相当，股价涨跌基本平衡。反映到 PSY 的曲线图上就是 PSY 曲线在 40～60 线区间里小幅上下运动或成一条横线运动。此时，投资者宜采取观望态度，等趋势形成后再做买入和卖出的决策。

②向上趋势。PSY 指标的向上趋势性有两种情况。一种是指 PSY 值大部分时间是处在 50 上，即使偶尔下滑至 50 以下也会很快回升至 50 以上并向上爬升；另一种是指 PSY 值从 50 以下开始向上一举冲过 50 并缓慢向上攀升，表明近期多头力量强于空头力量，股价一路上涨。这两种情况反映到 PSY 曲线图上就是 PSY 曲线在 50 线以上缓慢向上运动或从 50 线以下向上一路攀升的向上倾斜曲线。当 PSY 向上趋势形成后，投资者应积极买入股票或持股待涨，直到向上趋势改变。

③向下趋势。PSY 指标的向下趋势性也有两种情况。一种是指 PSY 值大部分

时间是处在 50 以下，另一种是 PSY 值从 50 以上开始向下回落跌破 50 线并继续向下滑落。表明空方力量过于强大，股价一路下跌。

## 三、趋势分析

### （一）趋势的概念

趋势是指价格波动的方向。当上升或下降的趋势被确定之后，只要市场环境不发生根本改变，价格的波动必然会朝着原有的方向运动。在价格沿着上升趋势运动中，经常会出现回档，甚至回档的幅度还较大。通过回调，多头力量重新聚集，继续沿着原有方向运行，股价不断创出新高。在价格沿着下降趋势运动中，情况则相反，有时会出现反弹，甚至是很有力度的反弹，但终究无法改变原有趋势的运行方向，股价不断创出新低。

股价运动趋势的方向一般分为三种，即上升方向、下降方向和水平方向（如图 5 –36 所示）。

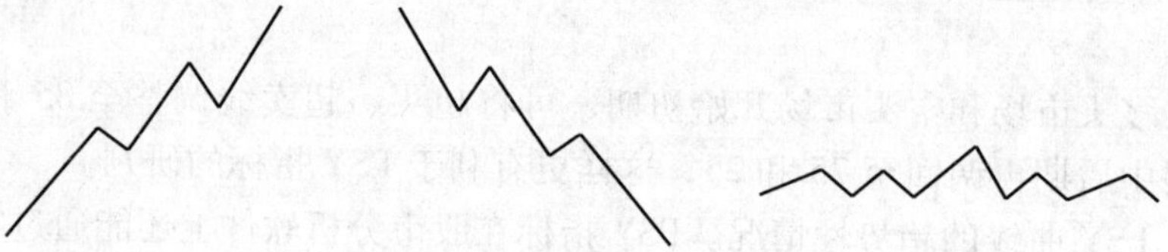

**图 5 –36　趋势的三种方向**

上升方向是指价格的底部逐步抬高，后面出现的每一个峰顶和谷底都高于前面的峰顶和谷底，形成一底比一底高的上升运动趋势。

下降方向是指价格的顶部逐渐降低，后面出现的每一个峰顶和谷底都低于前面的峰顶和谷底，形成一顶比一顶低的下降运动趋势。

水平方向是指价格前后的峰和底没有明显的高低之分，价格在变化中呈水平方向延伸，构成趋势的水平方向。

### （二）支撑线和阻力线

**1. 支撑线的概念**

在股价下降过程中，当价格下降到某个价位附近时，股价停止下跌，甚至回升，该价位为股价的支撑点。然后，将两个支撑点连接成线，并向前顺延或将一个支撑点向前顺延一条线，就构成一条支撑线（如图 5－37 所示）。

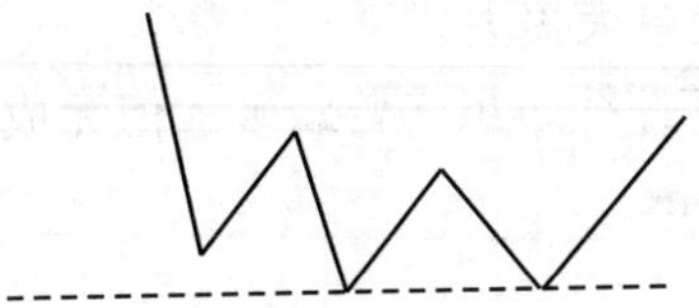


图 5－37 支撑线

**2. 支撑线的功能**

支撑线阻止或暂时阻止股价继续下跌，使股价改变或暂时改变原有的运动方向。股价之所以遇到支撑线停止下跌，是因为股价下跌到某一价位时，多头进场买入，而空头没有继续杀跌造成的。

**3. 支撑线的运用**

股价在下跌过程中遇到支撑线后，后市有两种可能：一是形成支撑，反弹上升；二是跌破支撑线，股价继续向下。如果形成支撑就应做多买进，如果不能形成支撑而破位向下就应做空卖出。

支撑线在实际操作中有指导意义，它有助于投资者作出正确的买卖决策，但在具体运用时要注意以下几点：

（1）上升趋势的回档过程中，接近支撑线时，成交量萎缩，而后阳线迅速吃掉阴线，股价再上升，这是有效的支撑。

（2）上升趋势的回档过程中，K 线组合中频频出现阴线，空头势力增加，即使在支撑线附近略作反弹，接手乏力，股价终将跌破支撑线，支撑无效。

（3）在支撑线附近形成盘局，经过一段时间整理，出现长阳线，支撑仍然有效。

（4）在支撑线附近形成盘局，经过整理却出现一根长阴线，支撑无效，股价将继续下跌。

（5）股价由上向下跌破支撑线，说明行情将由上升趋势转换为下降趋势。一般来说，在上升大趋势中，出现中级下降趋势，若行情跌破中级下降趋势的支撑线，则说明上升大趋势已结束，在中级上升趋势中，出现次级下降趋势，若行情跌破次级下降趋势的支撑线，则说明中级上升趋势已结束，股价将按原下降大趋势继续下行。

（6）股价由上向下接触支撑线，但未能跌破而调头回升，若有大成交量配合，则当再出现下降调整时，即可买入，赚取反弹利润，但期望值不能太高，同时还要设定好止损价位。

（7）股价由上向下跌破支撑线，一旦有大成交量配合，即说明另一段跌势形成，稍有反弹即应卖出，避免更大损失。

（8）股价由上向下接触支撑线，虽未曾跌破，但无成交量配合，则预示无反弹可能，应尽早出货离场。

**4. 阻力线的概念**

在股价上升途中，当价格上升到某个价位附近时，股价停止上涨甚至下跌，该价位为股价的阻力点。然后，将两个阻力点连接成线，并向前顺延或将一个阻力点向前顺延一条线，于是构成一条阻力线（如图 5－38 所示）。

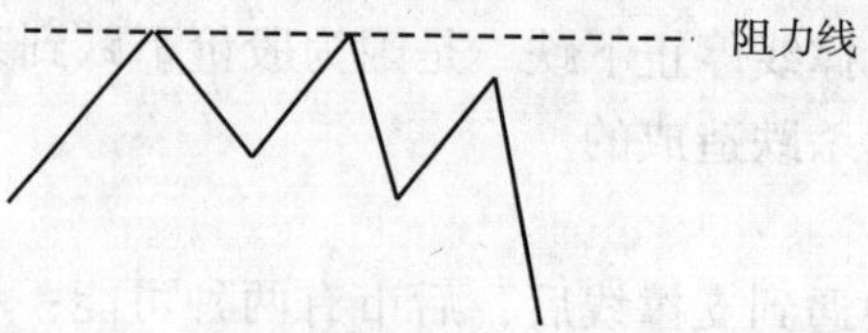


**图 5－38　阻力线**

**5. 阻力线的功能**

阻止或暂时阻止股价继续上升，使股价改变或暂时改变原有的运动方向，朝着相反的方向运行。股价之所以停止上升，是因为股价上涨到某一价位时，空头在此价位抛出，而多头没有继续买进造成的。

如果阻力线相对彻底地阻止价格按原来方向运行，表明原有趋势的终结，不可能创出新高，这条阻力线显得最为重要，是市场逆转线，是投资者卖出的时机；如果阻力线只是暂时阻止股价按原来方向运行，这条阻力线属阶段性阻力线，是股价运行过程中的暂时性高价区，股价遇阻的回档属上升途中的回档，股价回调之后，会冲破阻力线，创出新高（如图 5－39 所示）。

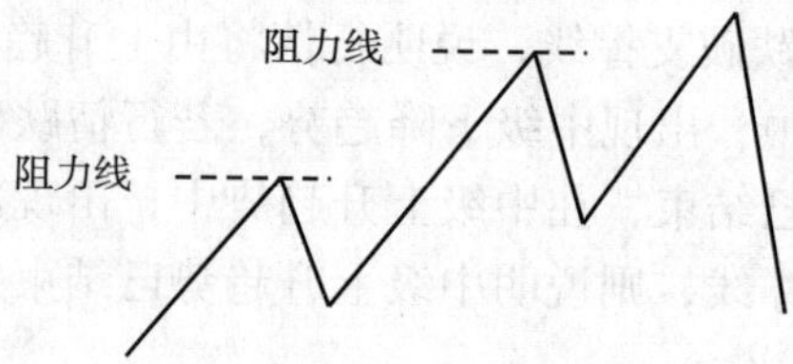


**图 5－39　冲破阻力线**

**6. 阻力线的应用**

在利用阻力线进行操作时，应注意以下几点：

（1）下跌趋势中出现一般的反弹，如果在接近阻力价位时，成交量无法放大，而后阴线迅速吃掉阳线，股价再度下跌，表明存在强大的阻力。

（2）下跌趋势中出现强劲反弹，即使在阻力线附近略作回档，但换手积极，则股价有较大可能突破阻力线，结束下跌走势。

（3）在阻力线附近经过一段时间的盘整后，出现长阴线，阻力线仍然有效。

（4）在阻力线附近经过一段时间的盘整后，出现一根长阳线向上突破，成交量增加，股价将延续升势。

（5）股价由下向上突破阻力线，若成交量配合放大，说明阻力线被有效突破，行情将由下降趋势转换为上升趋势。一般来说，在下降大趋势中，出现中级反弹之后，如果行情突破中级上升趋势的阻力线，则说明下降大趋势已结束；在中级下降趋势中，出现次级反弹后，若行情突破次级上升趋势的阻力线，则说明中级下降趋势已结束。

（6）股价由下向上冲击阻力线，但未能突破而调头回落，则可能出现一段新的下跌行情。

（7）当股价由下向上冲击阻力线，成交量大增，则应及时做多，若虽冲过阻力线，但成交量未放出，则应观望，很有可能是上冲乏力、受阻回落的假突破，不能贸然跟进。

（8）当股价由下向上突破阻力线，若成交量不见大增，可待其回落观察，若回落也不见量放出，则可考虑做多；若不回落，只要能确认突破阻力有效，再做多也能获利。这是因为阻力线被有效突破后，一般会有一段行情。

**7. 支撑线和阻力线的理论依据**

支撑线和阻力线的理论依据主要是以投资人的心理倾向考虑的。当股价已有相当的跌幅，在第一个支撑点会有三种投资者积极入市购买：第一种是在第一个支撑点卖出股票的投资者，认为可以捡回自己的股票；第二种是上一次踏空的投资者；第三种是在第一支撑点只是部分建仓的投资者认为第一次买得太少而再次追加购买。当股价跌至第二个支撑点时，以上三种投资者的购买行为就会产生共振，推动股价向上运行。

**8. 支撑和阻力角色的互换**

支撑和阻力的角色不是一成不变的，而是可以改变的。如果一个支撑位被有效跌破之后，这个支撑位就转变成将来的阻力位。这是因为在此价格区堆积了大量的套牢筹码，当下次股价上行到此价格区间时，套牢盘就会急于解套出局给股价的上升构成阻力。如果一个阻力位被有效突破之后，这个阻力位就转变成将来的支撑位。这是因为一旦股价再次回落到此价格区间时，上述三种投资者就会进场购入股票，形成强大的购买力量，使股价止跌回升。

支撑和阻力相互转化的重要依据是被有效突破。如图 5－40 所示，价格在穿越后的区域持续的时间越长越有效；在穿越后的区域成交量越大越有效，阻力或支撑发生的时间离新支撑点或阻力点越近越有效。

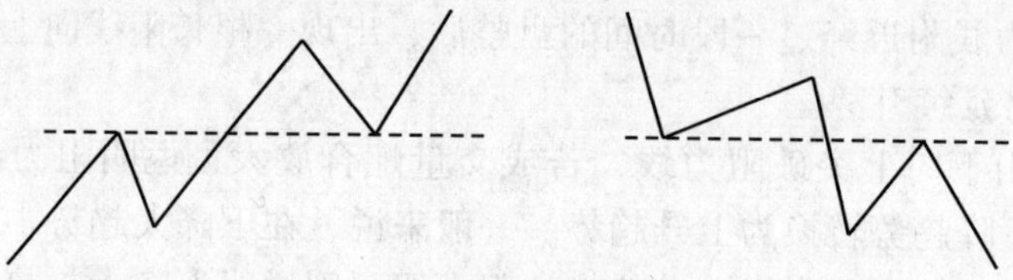

图 5－40　支撑和阻力角色的互换

## （三）趋势线

### 1. 趋势线的概念

在股价运动过程中，会相继出现低点和高点，将依次出现的低点或高点用一根向前延伸的直线连接起来形成一条趋势线。趋势线是用来描述价格趋势的直线，通过趋势线的方向可以研究价格的趋势。

### 2. 趋势线的主要形态

沿着一种股价图形正常波动的走势，每一波动的高点或低点连线（至少二、三个暂时的高点或低点）就可大略画出一条趋势线。上升趋势线连接各波动的低点，下跌趋势线连接各波动的高点，这是一项很重要的区别，不能画反。趋势线的形态有两种，即上升趋势线与下降趋势线。

（1）上升趋势线。在股价走势图上，股价不断地进行着上涨、下跌或横盘的波动。当股价波动向上进行时，如果将各次波动低点连成一线，便是上升趋势线（如图 5－41 所示）。上升趋势线形成之后，股价很有可能继续沿着这条趋势线上升一段时间。

通常上升趋势线对股价有支撑作用，股价沿着上升趋势轨道发展。当股价自上升趋势线附近涨升，脱离上升趋势线一段距离后，再向下跌落到上升趋势线附近时，便可能会发生支撑作用，使股价止跌回稳，继续下一波的涨升。因此，在交易决策上，当股价回至上升趋势线附近时，便是买进股票的时机，当股价上涨至上升趋势轨道顶点附近时，便是卖出股票的时机；不过，假若股价向下跌破上升趋势线，脱离上升趋势线一段距离后，因上升趋势线具有拉回作用，股价仍将可能反弹回涨至原先的上升趋势线附近，但是，这时原先的上升趋势线，反而成为股价上涨的阻力线。因此，当股价向下跌破上升趋势线时，便是应卖出股票的时机，而当股价下跌一段距离，重新反弹涨回原先的上升趋势线附近时，也是应卖出股票的时机。

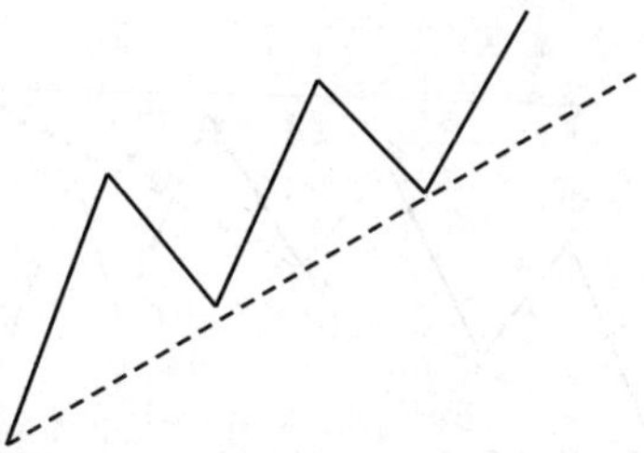

**图 5－41　上升趋势线**

（2）下降趋势线。当股价波动向下进行时，如果将各次波动高点连成一线，便是下降趋势线。下降趋势线形成之后，股价很有可能沿着这条趋势线下跌一段时间。与上升趋势线相似，下降趋势线对股价有阻力作用。股价沿着下降趋势轨道发展，当股价自下降趋势线附近下跌，脱离下降趋势线一段距离后，再向上反弹至下降趋势线附近时，便可能会发生阻力作用，使股价再度向下跌落。因此在买卖股票的决策上当股价涨至下降趋势线附近时，便是应卖出股票的时机，当股价下跌至下降趋势线轨道低点附近，便是应买进股票的时机。但是假若股价向上突破下降趋势线，脱离下降趋势线一段距离后，再跌回原先之下降趋势线附近时，原先的下降趋势线有可能发生支撑作用。因此，当股价向上突破下降趋势线时，便是应买进股票的时机，而当股价突破后继续上涨一段距离又重新跌回原先的下降趋势线附近时，也是应买进股票的时机，如图 5－42 所示。

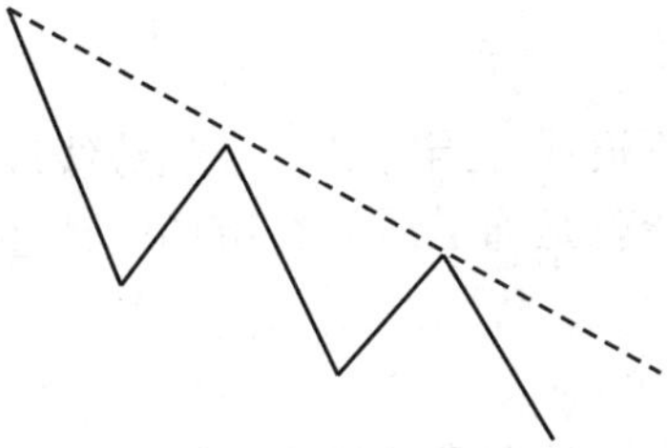

**图 5－42　下降趋势线**

**3. 趋势线的功能**

（1）表示股票价格继续变动的方向。根据依次出现的两点绘制成的趋势线，预测价格变动的方向，并依据趋势线的坡度及价格变化的速度测定价格反弹将要达到的高点位或回档将要达到的低点位。如图 5－43 所示和图 5－44 所示，价格总保持在上升趋势的上方或下降趋势的下方波动，实际上，上升趋势线为股价保持原有波动方向起支撑作用；下降趋势线为股价保持原有波动方向起压制作用。

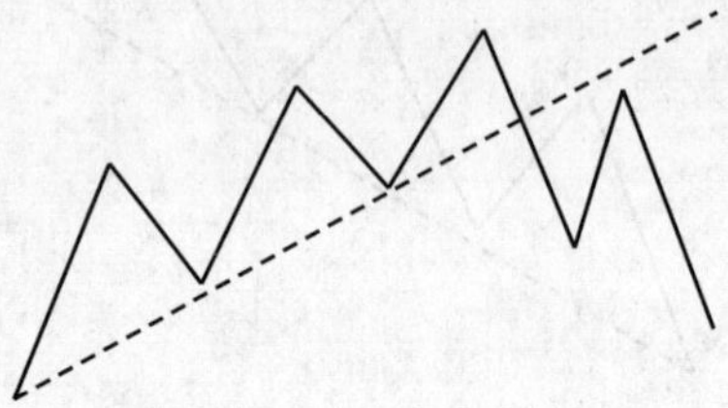

**图 5－43　上升趋势线被突破**

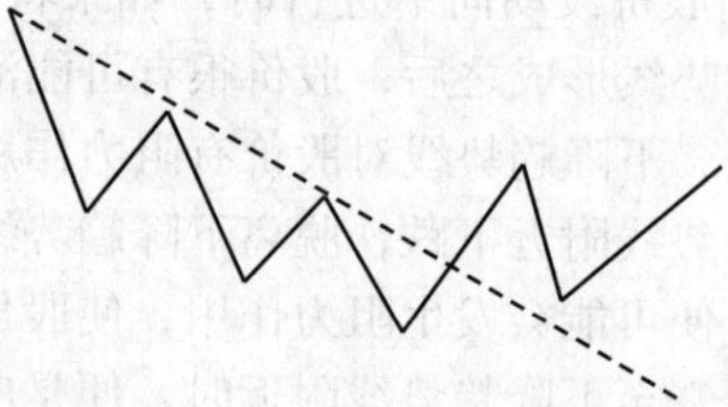

**图 5－44　下降趋势线被突破**

（2）揭示趋势的反转。当价格有效穿破趋势线之后，下一步的价格趋势就是反方向的趋势。这就是趋势线角色的互换，即原来起支撑作用的趋势线现在变换成起压制作用的趋势线；原来起压制作用的趋势线现在变换成起支撑作用的趋势线。

## （四）通道线

通道线又叫轨道线、管道线。当得到一条趋势线以后，就可以作出一条与趋势线平行的线，这条平行线就是通道线。在市场中，经常可以发现股票价格运行在通道中。

**1. 通道线的绘制**

在上升趋势中，先画出一条上升趋势线，然后从第一个显著的高点出发，作出一条与趋势线平行的线，两条平行线共同构成一条上升通道。上升通道线绘制以后，当价格上升至该条通道线时，遇阻回落，说明通道线正在发挥作用；当价格回落至趋势线时受支撑反弹，说明这条通道基本得到确认（如图5－45所示）。

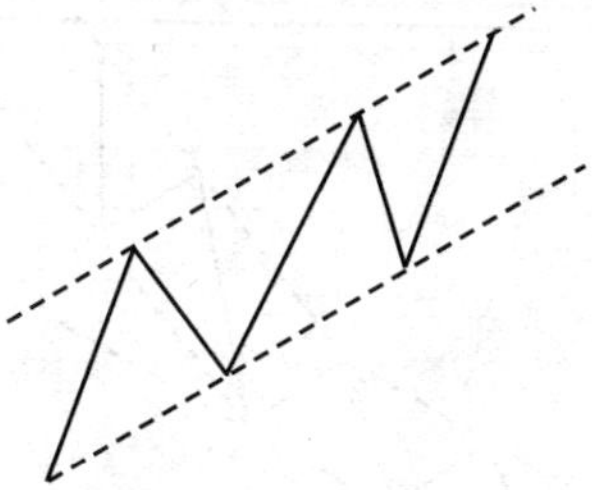

**图5－45　上升通道线**

在下降趋势中，先画出一条下降趋势线，然后以第一个显著的低点，作出一条与趋势线平行的通道线，两条平行线共同构成一条下降通道。在随后的价格趋势中，当价格回落到通道线受到支撑而反弹，反弹至趋势线遇阻而回档，说明这条通道被验证（如图5－46所示）。

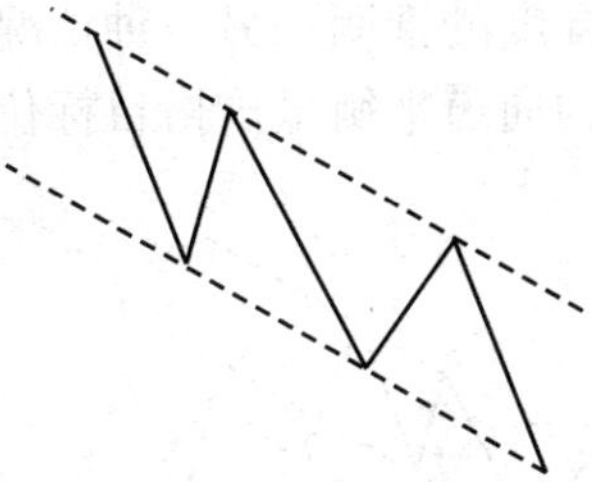

**图5－46　下降通道线**

**2. 通道线的作用**

（1）利用通道线进行短线交易。股价在上升通道中运行时，当价格反弹至通道线时作短线平仓；当价格回落至趋势线时是短线建仓的好时机。股价在下降通道中运行时，当价格下降至通道线时增仓；当价格上升到趋势线时，作短线平仓。

（2）利用通道线观察市场价格趋势的力度。股票价格的趋势线与通道线构成股价朝一定方向移动的价格通道。股价随固定的趋势通道移动时间越长，通道越可靠。但是，股价总是会冲破通道线或远离通道线。以上升趋势为例，当股价无力抵达通道线时应引起警觉，可以判断为既有趋势的力度在减弱；当股价在远离通道线时便掉头向下，基本可判断为现有上升趋势的力度很弱，上升趋势极有可能发生改变；当股价有效下穿通道下轨，引发出强烈卖出信号（如图 5－47 所示）。

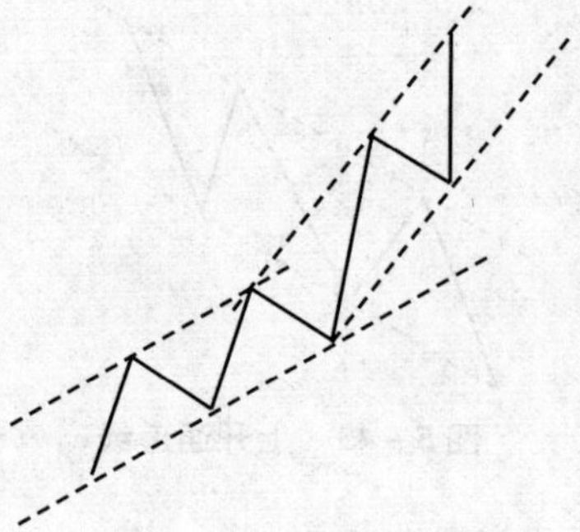

图 5－47　突破通道线股价预测

（3）利用通道线预测股价目标位。利用通道线既可以预测股价波动的大概区间，又可以预测股价的目标。对于一个上升通道来说，可能出现两种情况：一种情况是股价迅速上行时会突破通道线，可以画一条与原趋势通道宽度相同的新的趋势线和通道线对后市上涨幅度的推测；另一种情况是股价向下突破趋势线，可以用同样的方法作同样宽度的通道来衡量价格目标位（如图 5－48 所示）。

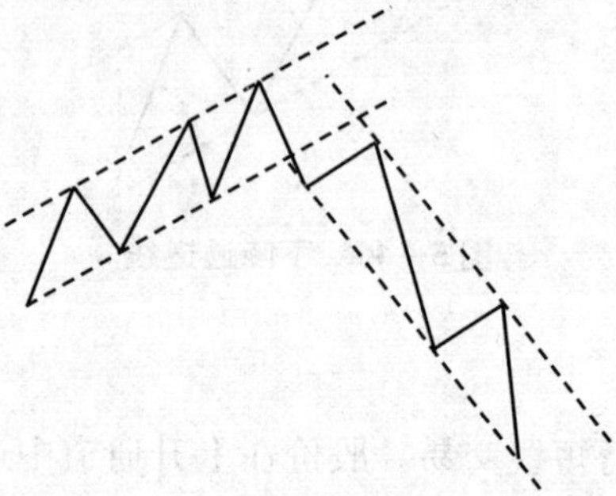

图 5－48　突破趋势线股价预测

## （五）黄金分割线和百分比线

黄金分割线和百分比线关注的是支撑线和压力线所在的价位，而不是到到达价位的时间。斜的支撑线和压力线随着时间的向后移动，支撑位和压力位也要不断地变化。向上斜的切线价位会变高，向下斜的切线价位会变低。对水平切线来说，每个支撑位或压力位相对来说较为固定。为了弥补它们的不足，往往在画水平切线时多画几条，也就是说，同时提供好几条支撑线和压力线，并指望被提供的这几条中最终确有一条能起到支撑和压力的作用。为此，在应用水平切线的时候，应注意它们同别的切线的不同。水平切线中最终只有一条被确认是支撑线或压力线，最后只需保留那条被认可的切线。这条保留下来的切线就具有一般的支撑线或压力线所具有的全部特性和作用。

**1. 黄金分割线**

黄金分割是一个古老的数学方法。对它的各种神奇的作用和魔力，在数学上至今还没有明确的解释，只是发现它屡屡在实际中发挥意想不到的作用。

画黄金分割线的第一步是记住若干个特殊的数字：

0.191　0.382　0.618　0.809　1.191　1.382　1.618

股价很容易在上述数字产生的黄金分割线处产生支撑和压力。

使用黄金分割线需要找到一个基点。这个点是上升行情结束，调头向下的最高点，或者是下降行情结束，调头向上的最低点。当然，这里的高点和低点都是指一定的范围，是局部的。只要能够确认一个趋势（无论是上升还是下降）已经结束或暂时结束，则这个趋势的转折点就可以作为进行黄金分割的点，这个点一经选定，就可以画出黄金分割线了。在上升行情开始调头向下时，投资者希望知道这次下落将在什么位置获得支撑。黄金分割提供的是可能获得支撑的参考价位。

**2. 百分比线**

百分比线考虑问题的出发点是人们的心理因素和一些整数位的分界点。当股价持续向上涨到一定程度，肯定会遇到压力，遇到压力后，就要向下调整，调整的位置很重要。黄金分割提供了几个价位，百分比线也提供了几个价位。

以这次上涨开始的最低点和开始向下回落的最高点两者之间的差，分别乘以几个特殊的百分比数，就可以得到未来支撑位可能出现的位置。

设低点是 10 元，高点是 22 元。这些百分比数一共 10 个，它们是：

1/8　1/4　3/8　1/2　5/8　3/4　7/8　1　1/3　2/3

按上面所述方法可以得到 10 个价位。

百分比线中，1/2、1/3、2/3 的这三条线最为重要。在很大程度上，1/2、1/3、2/3 是人们的一种心理倾向。如果没有回落到 1/3 以下，就好像回落幅度不够似的；如果已经回落了 2/3，人们自然会认为已经回落够了。上面所列的 10 个特殊的数字都可以用百分比表示：

1/8 = 12.5%　　　　1/4 = 25%

3/8 = 37.5%　　1/2 = 50%

5/8 = 62.5%　　3/4 = 75%

7/8 = 87.5%　　1 = 100%

1/3 = 33.3%　　2/3 = 66.6%

### （六）扇形线

**1. 扇形原理**

趋势线在确认趋势是否反转方面存在缺陷，扇形线则弥补了趋势线的这一不足。从图形上看，扇形线很像经过不断调整后的趋势线，经多次试验证明股价的反转，因此，扇形线既丰富了趋势线的内容，又明确给出了趋势反转的信号，为投资者提供了具有操作性的指导。

小幅度的穿破不能够说明反转的开始，只有突破层层阻力线或支撑线才能确认反转的来临。扇形原理依据三次突破的原则来判断反转的到来，这就增强了判断的可确定性，避免出现误差。不过在实际应用时，不能单纯地用这一种方法作为判断的绝对依据，应结合其他各种方法来判断反转是否真正到来。

**2. 扇形线的绘画**

在上升趋势中，先找到两个低点画出第一条上升趋势线；当股价下穿第一条趋势线出现一个低点，然后将该低点与原来的第一个低点相连接，画出第二条上升趋势线；当股价再次下穿第二条趋势线后，用同样的方法，将两个低点连接起来，画出第三条上升趋势线。依次出现的三条趋势线形如一把张开的折扇，扇形图因而得名。对于下降趋势，也可以用同样的方法绘制，只是方向正好相反（如图5－49所示）。

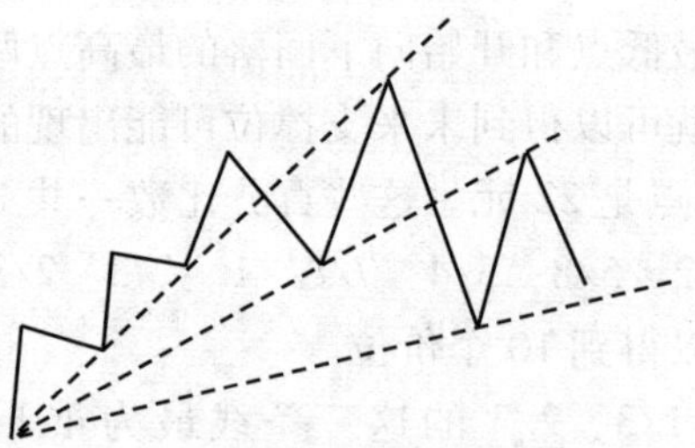

图5－49　扇形图

**3. 扇形线的意义**

（1）扇形线被突破之后，支撑和压力角色互换，即原来的支撑线就会成为行情发展的阻力线。反过来也是一样。

（2）趋势线一旦被突破，给出了趋势反转的强烈信号，而不是短暂的反弹或回档。扇形线的三次突破虽然可视为趋势反转的有效信号，但是，扇形线只是从一个特殊的角度来考虑反转问题，因此，要想使判断达到更为理想的效果，还必须与其他技术工具配合使用。

### （七）甘氏线

甘氏线是从一个点出发，依一定的角度，向后画出的多条射线，也被称为角度线。甘氏线分上升甘氏线和下降甘氏线两种。图 5－50 为甘氏线图。

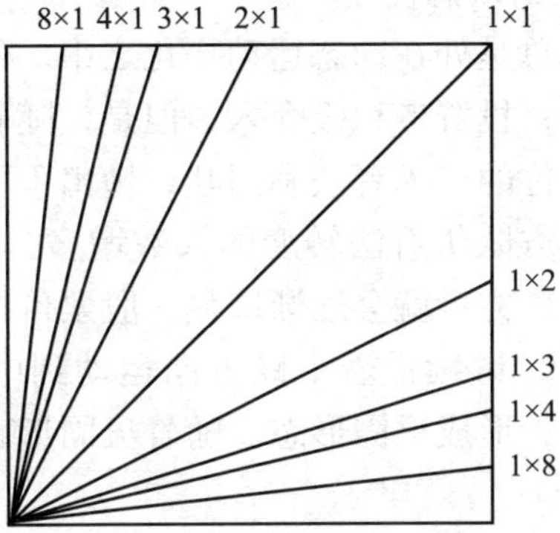


**图 5－50　甘氏线**

每条射线都有支撑和压力的功能，但这里最重要的是 45°线、63.75°线和 26.25°线。这三条直线分别对应百分比线中的50%线、62.5%线和37.5%线。其余的角度虽然在股价的波动中也能起一些支撑和压力作用，但都很容易被突破。

画甘氏线的方法是首先找到一个点，然后以此点为中心按照图 5－50 所画的各条直线直接画到图上即可。被选择的点一定是显著的高点和低点，如果刚被选中的点马上被创新的高点和低点取代，则甘氏线的选择也随之变更。如果被选到的点是高点，则应画下降甘氏线；如果被选到的点是低点，则应画上升甘氏线。

## 四、形态分析

### （一）价格趋势方向与形态的关系

价格趋势的方向是非常关键的，只有认清了价格趋势方向及方向发生变化的时间和位置，才会较好地把握市场的未来。价格趋势的方向及方向变化的时间、位置与形态理论所研究的巩固形态、反转形态密切相关。反转形态既是原有趋势的逆转，又是新的趋势的形成过程。反映了原有趋势方向的改变和新趋势方向的产生。

**1. 价格趋势方向的基本因素**

价格趋势移动方向是由多空力量对比决定的。当多方力量强大，在市场中处于绝对优势地位，价格将向上推动；当空方力量强大，在市场中处于绝对优势地位，价格将向下推动；当多空双方力量均衡，谁也无法战胜对方时，价格将在一个相对较窄的区间范围运动。因此，决定价格趋势方向的基本因素是市场中的多空双方力量的对比。

**2. 多空双方力量对比的动态变化**

多空双方力量的对比总是处在动态运动变化之中。例如，当多方处于绝对优势时，价格不断向上推进，投资者积极介入，但是，随着价格的升高，买入者不敢轻易追高，而原来在低位的买入者获利回吐，抛出手中的股票，这就会抑制价格继续上扬。一旦出现多方队伍看法转变的人数增多，多头的力量会逐步减弱，空方队伍的人数就会增多，力量就会逐渐增强，股票价格就会转而向下，形成反转形态。当股价反转之后，继续沿着下跌方向运动到中途时，多方又会出来抵抗，使价格进入休整阶段，形成巩固形态。随着巩固形态的结束，价格朝着原有方向继续运行。

**3. 价格趋势运动的规律**

由于多空力量双方对比的变化，价格趋势运动一般会遵循以下的运动规律：

（1）价格在多空双方力量平衡的位置作窄幅波动。

（2）原有的平衡被打破之后，价格会在不平衡的情况下朝着一个趋势方向运动，并将寻找到新的平衡位置。

因此，价格趋势的运动规律可概括为平衡（持续整理）条件下的巩固形态运动，打破平衡条件下的反转形态运动，以及再次达到新的平衡条件的巩固形态运动。

### （二）反转形态

反转形态是市场经过长期上涨或下跌之后，由于动能的衰竭，进入盘整阶段，在该阶段，由于市场无力再维持原有趋势，因而出现与原有趋势相反的运动，在市场走向相反的运动中往往通过各种形态构筑顶部和底部。这些形态的出现便宣告了原有趋势的终结。常见的反转形态有头肩顶（底）、双重顶（底）、圆弧顶（底）等。下面分别介绍这几种形态。

**1. 头肩形态**

头肩形态包括头肩顶、头肩底两种形态，是价格反转形态中最著名的形态，其他各种形态仅是头肩形的变体。

这种形态一共出现三个顶（底）点，即三个局部高（低）点，中间的高（低）点为头部，左右两个相对较低的高（低）点为肩部，这就是头肩形的来历。

（1）头肩顶。

①头肩顶的形成。如图5－51所示，在上升趋势中，依次出现局部的高点和低点，保持上升的趋势。但是，当价格被推向某一高点之后，上涨势头逐渐放慢。随后，上升趋势开始停顿，反转向下的趋势逐步形成。上升势头的放慢到停滞，表明多头的能量将要衰竭，多空双方力量的对比处于均衡状态，市场暂时进入盘整状态，当盘整一旦结束，逐渐占上风的空头力量就会推动市场击穿颈线位（支撑线），从而打破市场力量的均衡状态，形成新的下降趋势，反转形态终于形成。市场转而出现一系列依次下降的波峰和波谷。

**图5－51　头肩顶形态**

②头肩顶确认的三大因素。颈线位被突破后的反扑现象是头肩顶形成的决定因素。在头肩顶的形成中，当颈线位被突破之后，一般情况下会出现向颈线的反扑，反扑的规模和力度视成交量而定。如果突破颈线时，成交量急剧放大，反扑现象并不一定发生或反扑的力度极为有限，因为突破后的放量说明市场的抛压极大；如果突破颈线时成交量较小，市场反扑的机会加大，甚至可能反扑到颈线位，不管反扑的力度有多大，反扑位应在颈线位之下，才能视为反转形态的最终形成。

成交量在反转形态形成过程中扮演了重要的角色。在价格冲高形成头部时，相对应的成交量比左肩少，表明市场上攻的动能不足，说明多头在高位追涨的意愿不强；当价格运行到右肩时，成交量进一步萎缩，显示多头能量衰退，发出趋势可能逆转的重要信号；当巨量击穿颈线时，表明颈线上方的抛压沉重，空方队伍在进一步扩大；当反扑时，成交量再度萎缩，表明多方无心恋战；当反扑结束后，成交量再一次放大，头肩顶形态完全被确认。

③头肩顶的研判作用。利用头肩顶形态测量市场转势后新趋势的另一价格目标位，一般是利用形态的高度来测量另一个新的价格目标位。其方法是：先测出头部到颈线的垂直高度，然后从颈线突破点向下，投射相同的距离。

这一测算方法测得的目标只是它的最小目标，至于价格突破颈线之后究竟能走多远的距离因市势而定，有的可能是最小目标的好几倍。

（2）头肩底。头肩底与头肩顶相比，除了在成交量方面有区别之外，其余方面可以说是一样的，只是方向正好相反（见图 5 - 52），形态上头部的谷底比左右两个谷底要低，形态的最终形成需要对颈线位的突破。预测突破后价格目标位的方法也都是一样的。在成交量方面，当头肩顶最终形成时，并没有强调突破颈线下跌时一定要放量。但是，在头肩底的形成过程中，当颈线被突破时，必须伴随着急剧放大的成交量。

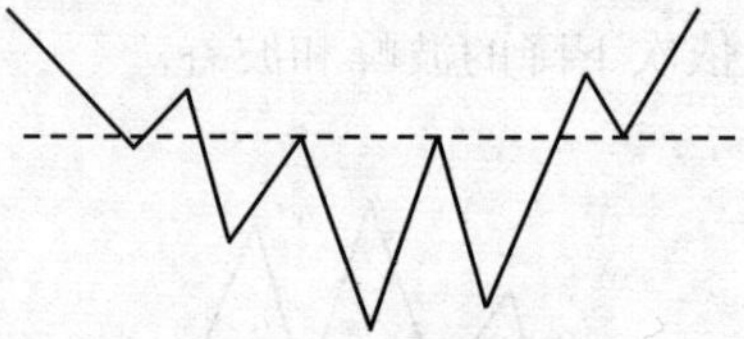

**图 5 - 52　头肩底形态**

**2. 双重形态**

双重形态包括双重顶和双重底两种形态。双重形态一共出现两个顶（底）点，即两个相同高度的高（低）点（如图 5 - 53、图 5 - 54 所示）。

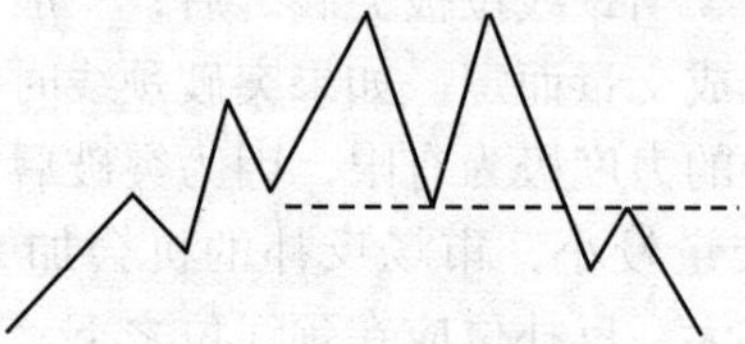

**图 5 - 53　双重顶图**

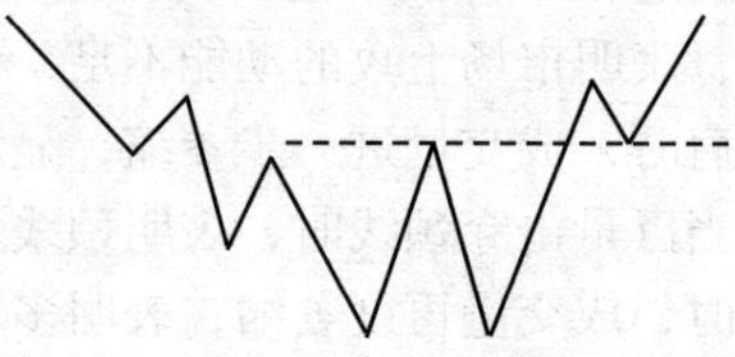

**图 5 - 54　双重底图**

（1）双重顶形态。

在上升趋势中，依次出现局部高点和低点保持上升趋势，但是，当价格形成第一个高点之后，再形成第二个高点时，无法突破第一个高点的高度就调头向下，如图5－53所示。第一个高点创新高之正常回落，受到趋势线的支撑继续上升，但是，上升力量不够，价格形成一个高点后再次回落，突破了趋势线和颈线两条线，反转趋势基本形成。当股价无法创出新高时，表明多头攻击的能量已经衰竭，多空双方力量的对比处于均衡状态，市场暂时进入盘整状态，当股价击穿颈线位，又重新打破市场力量的均衡状态，经过反扑后，形成新的下降趋势，反转形态终于形成，市场由上升形态转入下降形态。

（2）双重底形态。

双重底的形成过程，与双重顶的形成过程基本上相同，只是方向相反，二者的区别主要表现在成交量方面。当股价突破颈线之后，成交量必须明显放大。如果没有成交量的配合，则无法形成有效突破，就难以产生持续的上攻行情。因此，在双底形态的运动过程中，成交量能否配合是判断双底的重要验证手段。

（3）双重顶（底）的应用分析。

①双重顶（底）的理想模型是两个高（低）点在同一价格水平线上，但是，在大多数情况下都没有这么规范，而是两个一高一低的顶（底）点。

②两个顶（底）点可能是复合型的多个顶（底）点。

③两个顶（底）点间的距离越远，形成的持续时间越长，反转的潜力越大，走势越猛烈。

④突破颈线之后的反扑纯属正常，这时的颈线起到支撑或压力的作用。

⑤当股价运行到趋势线时不击穿趋势线，市场仍然会回到原有的运行趋势中去，因而不能因为出现两个高（低）点就急于判断为反转双重形态，此时的双重形态只能认定为原有趋势的巩固形态（如图5－55所示）。

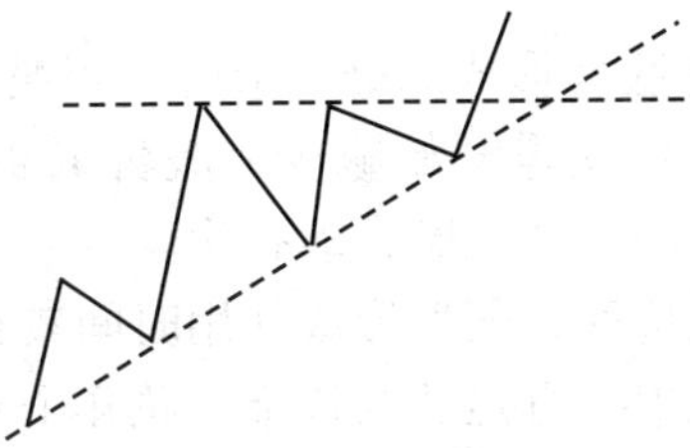

**图5－55　头肩顶的巩固形态**

### 3. 圆弧形

圆弧形有圆弧顶和圆弧底两种形态（如图 5－56、5－57 所示）。

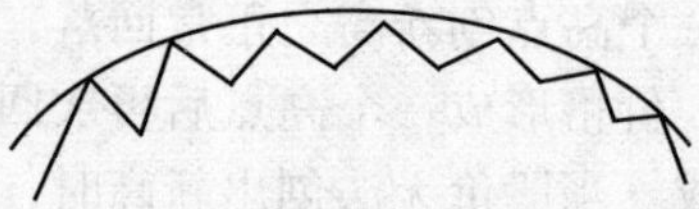

图 5－56 圆弧顶图

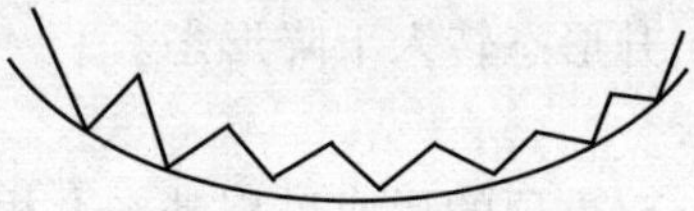

图 5－57 圆弧底图

（1）圆弧顶。

圆弧顶是指 K 线连线在顶部形成的圆弧形态。当股价经过一段时期的强劲上攻之后，上升趋于平缓，成交量开始减少，股价 K 线升至圆弧顶的中部，卖压渐渐增大，K 线逐步下跌，形成锅盖状。

圆弧顶的走势出现在高价区，图形的形成耗用的时间较长，是下跌浪的开始。一般来说，该形态形成的时间越长，形态确定的可能性越大，顶部一旦突破反转，下行的空间将是很大的。

圆弧顶的形成过程是买卖双方力量微弱变化的过程，在圆弧顶的初期，买方略强于卖方，使涨势缓慢上行，但卖方力量在不断加强，最后，双方力量处于均衡状态，股价涨跌趋于静止状态；然后卖方力量逐渐增强超过买方，股价慢慢回落，跌势并不明显，到了后期，卖方完全处于主动，整个盘面卖压沉重，圆弧顶被打破，股价大幅度下跌。

（2）圆弧底。

圆弧底是指 K 线连线在底部形成的圆弧形态。当股价经过一段时期的大幅度下跌之后，下降趋于平缓，成交量开始减少，股价 K 线逐渐下降至圆弧底的中部，买盘渐渐增大，K 线逐步上升，形成锅底状。

圆弧底的走势出现在低价区，图形形成耗用时间较长，一般认为是庄家逐步建仓的过程。一些大庄家手中持有足够的资金，花几个月甚至更长时间悄悄入场收集，一口一口地将浮筹吃掉，直到买方完全控制市场。

圆弧底形成过程中，股价呈弧形下跌，初时卖方力量虽占上风，但卖压不断减轻，成交量持续萎缩，随后买卖双方力量处于均衡状态，股价涨跌趋于静止状态；然后，买方力量逐渐增强超过卖方，股价缓慢上升，到了后期，买方处于主动，完全控制盘面，圆弧底被打破，股价大幅上扬。

**4. 单日转向形态**

单日转向形态所构成的底部及顶部形态又称为单底及单顶。

单底又称 V 形底。在股价长期下跌途中，开始是缓慢下行。随后，跌势开始转急并伴随着放大的成交量；当股价下跌至某一低点之后，跌势突然逆转，当日股价大幅上扬，留下一个尖尖的底部。

单顶又称倒“V”字形。它与单底的形成刚好相反，从盘面进行观察和分析，是一个难以做到超前判断的形态，这种形态一旦形成，杀伤力极大。

单底（顶）在其形成过程中的最大特点是：①底（顶）部出现只有一次，V 形底左边与右边的跌涨势和 V 形顶左边与右边的涨跌势十分陡峭；②转势点的时间仅 2～3 个交易日，有时候只有一根带长上下影线的大阳（阴）线构成反转形态；③这种情形一般伴随有突发性事件发生，由于多空争斗激烈，伴随着成交量的急剧放大。

### （三）巩固形态

分析巩固形态的主要目的是搞清楚在既有趋势的运动中以什么样的形态对原有趋势进行休整，通过休整巩固之后，到底还能继续运行多大的空间和多长的时间。

**1. 三角形**。

三角形巩固形态可分为三种：对称三角形、上升三角形和下降三角形。

（1）对称三角形。

对称三角形大多发生在一个大趋势进行的途中，它表示对原有运行趋势的休整巩固，随后，继续沿着原有方向发展。对称三角形有两条聚拢的直线，两条直线的交点称为三角形的顶点，价格在两条聚拢的直线之间进行缩量盘整，直至突破盘整区，巩固形态才算结束，继续原有趋势的运动（如图 5－58 所示）。对称三角形可能出现在上升趋势中，也可能出现在下降趋势中。在上升趋势中，上面一条向下倾斜的线起阻力作用，下面一条向上倾斜的线起支撑作用，股价在支撑和阻力中间上冲下突，但最终未能突破两条倾斜的边线，在靠近三角形顶点处向上突破阻力线，继续沿着原有的方向发展。在下降途中，对称三角形的内容和上升途中对称三角形的内容一样，只是在靠近三角形顶点处选择向下突破支撑线，沿着原有向下运行的方向发展。

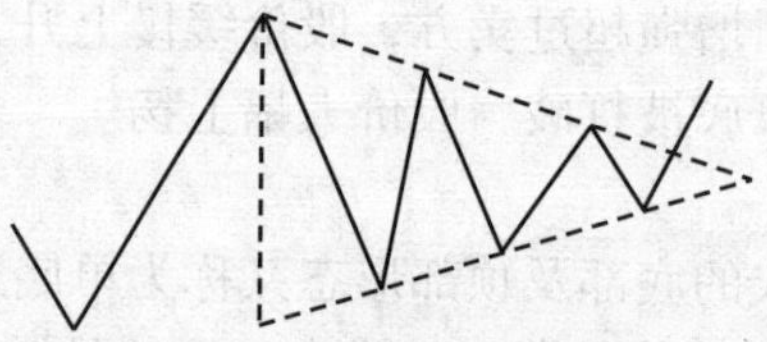

图 5-58　对称三角形图

对称三角形形成时的特点：①价格在对称三角形中运动时，一般应有多个转折点，只有经过多个转折点，上下两条倾斜线的支撑阻力作用才能得到验证；②价格在对称三角形中的休整时间不能太长，整理的时间太长，保持原有趋势的能力就会下降；③越是靠近三角形的顶点，三角形的各种功能越不明显。

对称三角形突破后的分析：①当对称三角形发生突破时，仍有可能发生反扑现象，只是这个反扑现象不像反转形态中那样会经常发生，而且反扑的规模和激烈程度也非常有限；②当对称三角形突破后，一般测出对称三角形最宽部分的高度，从突破点算起，价格至少要运动到与形态高度相等的距离。

（2）上升三角形。

上升三角形是对称三角形的变体，图形上的不同之处是上面的直线不是一条倾斜线，而是一条水平方向线，两条线聚拢的形状没有什么区别（如图 5-59 所示）。在上升三角形图中，阻力线是一条水平方向线，支撑线是一条支撑点不断抬高的直斜线，其形态本身表明多头有主动上攻意识，因此，价格在三角形中运动的结束通常以向上突破为标志。

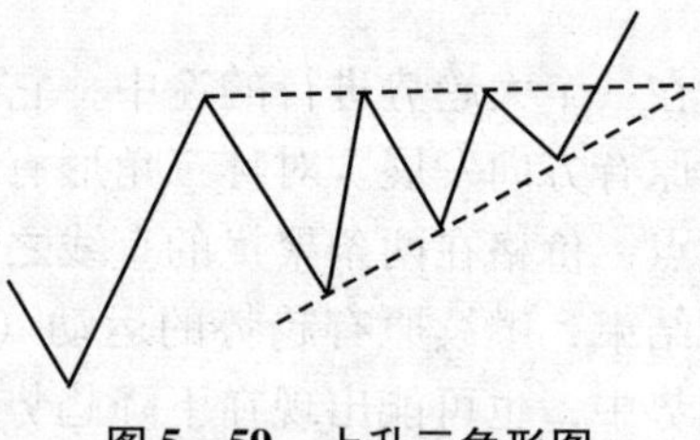

图 5-59　上升三角形图

上升三角形突破后，价格目标的测算方法同对称三角形类似。

（3）下降三角形。

下降三角形属看跌的走势形态（如图 5-60 所示），从图形上看，下面的线是水平状态，上面的线是一条倾斜向下的直斜线，反映了空头处于主动地位，股价通过整理后，一般都会向下突破，继续原有的下降趋势。突破后，价格目标的测算方法同对称三角形类似。

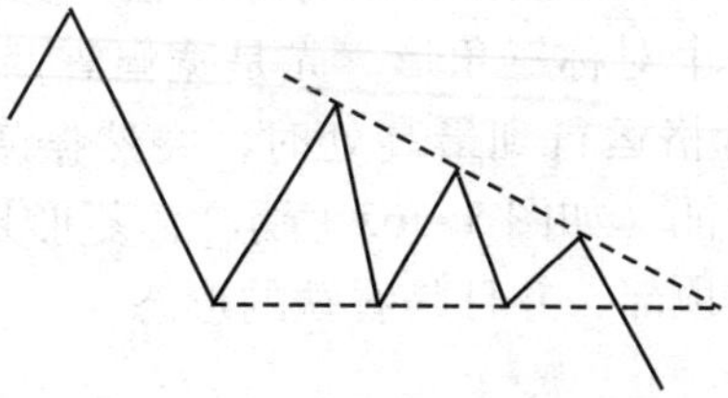

图 5-60　下降三角形图

**2. 喇叭形和菱形**

喇叭形和菱形是三角形的特殊变体。这两种形态在实际应用中出现的次数不多，但是，这两种形态一旦出现，可视为顶部的反转形态。因为它们的共同之处就出现在顶部而且几乎总是下跌。到形态形成末期，不需判断突破是否成立，就应卖出股票。

（1）喇叭形。

喇叭形可视为开口对称三角形的倒转形，其形态如同一支喇叭。当市场经过一段时间的上升之后，价格进入到一个宽幅震荡的区间，而且震荡的幅度越来越大（如图 5-61 所示）。喇叭形是市场多空争斗十分尖锐的表现，市场交易异常活跃，成交量日益放大，说明市场气氛非常浮躁，参与交易者失去控制，完全由情绪决定操作行为，多空双方都急于引导市场朝着有利于自己的方向发展。当市场经过剧烈动荡之后，市场会渐渐平静，价格会逐步转而向下。喇叭形与三角形一样，跌破下边的边线之后，会出现反扑，而且反扑的力度很大。这种反扑现象，往往给人以错觉，以为市场仍然处在宽幅震荡之中，但随后价格会快速下跌。

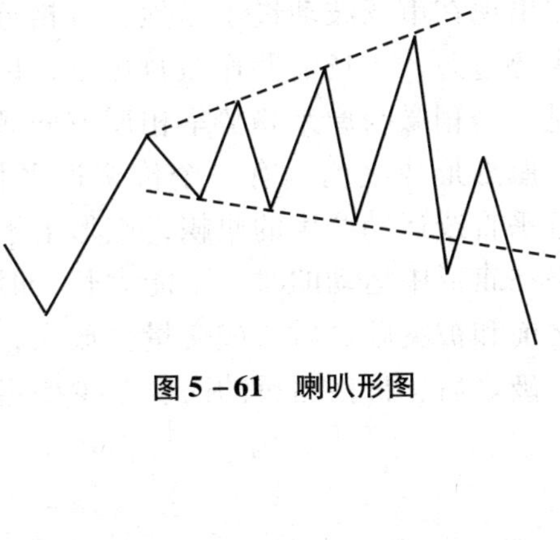

图 5-61　喇叭形图

（2）菱形。

菱形其实是两种不同形态拼接而成的特殊形态。菱形的左边类似于一个喇叭形，菱形的右边类似于一个对称三角形。先是宽幅震荡，并伴随成交量的放大，显示了喇叭形特征；当价格运行到最高处时，突然振幅变窄，成交量也相应萎缩，呈现对称三角形的特征（如图 5－62 所示），菱形是一种较为罕见的走势形态，它一般出现在市场的顶部，并且是看跌的形态。

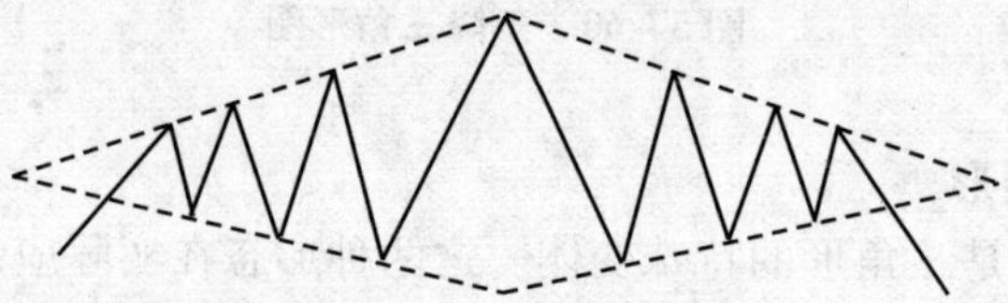

**图 5－62　喇叭形图**

在识别菱形时应特别注意，有时候菱形上面两条线的交点不一定是价格运行的一个高点，而是由左、右两边的直线的两个点画出的高点。同样，菱形下面两条直线也有可能与上面两条直线相似。菱形的价格目标测算方式同三角形的测算方式大体相同。首先，测出菱形最宽部分的垂直高度，然后从突破点起向下投影相同的距离。价格向下突破时，成交量一般会放大，随后出现反弹，但反弹过程中，成交量稀少，接着进入下跌趋势之中。

**3. 旗形与楔形**

旗形和楔形是两种常见的巩固形态，在价格的图表上出现的频率最高，甚至在一段较大行情的上升或下跌途中可能出现多次。二者均属趋势途中的休整过程，通过休整，对原有走势起到巩固的作用，使股价继续沿着原有的方向运行。

（1）旗形。

旗形的形成，往往出现在市场波动过于猛烈，价格近于直线式上涨或下跌走势之中，由于这种走势过急，市场需要作短暂休整，以便价格继续原有的趋势。旗形本身的走势是一个稍微与原来趋势呈相反方向倾斜的长方形形状。旗形的形成有几个标志，旗形形成之前，有一个价格近乎直线运动产生的旗杆；旗形上下两条平行线近乎直线运动产生的旗帜；旗形上下两条平行线对价格起支撑和阻力作用。价格在旗形中运动的时间不能太长，时间长了不能确认为中途的休整；旗形形成之前和被突破之后，成交量会放大，形成过程中，从左到右逐渐减少。旗形被突破之后，价格运行的高度至少要走到与旗形形态高度相等的距离。

旗形可分为上升旗形与下降旗形：上升旗形是价格经过陡峭的飙升之后，形成一个稍微向下倾斜的上下波动的价格密集区域，把价格波及的高低点划出两条平行线就叫作上升旗形（如图5－63所示）。下降旗形刚好相反，当价格垂直下跌之后，形成一个稍微向上倾斜的上下波动的价格密集区域，同上升旗形一样，在价格波及的高低点划了两条平行线就叫作下降旗形（如图5－64所示）。

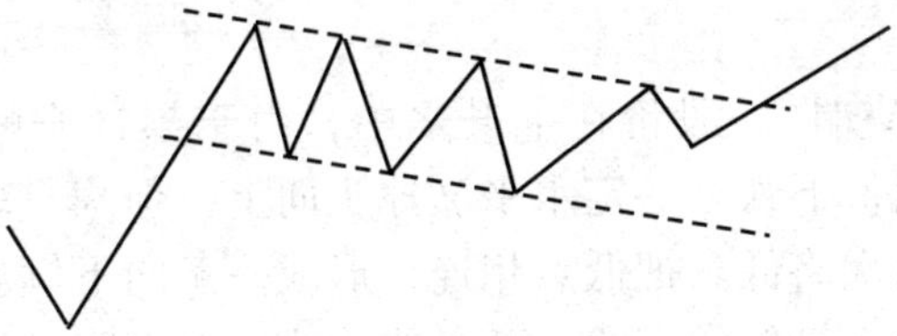

**图5－63　上升旗形图**

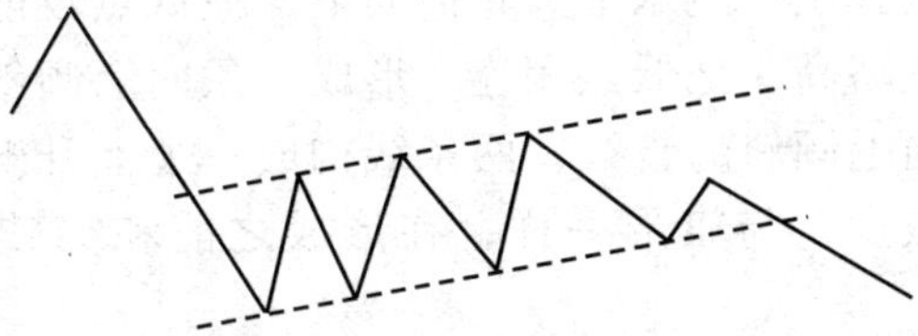

**图5－64　下降旗形图**

（2）楔形。

楔形是另一种形式的旗形，但在外形上比较接近对称三角形。它与对称三角形不同之处在于上下两条边变成上倾和下倾的三角形。对称三角形是没有倾向性的，楔形却有着明显的倾向性，在上升趋势中出现的楔形是朝下倾斜的，在下降趋势中出现的楔形是朝上倾斜的，从这一点看，楔形又与旗形相似。楔形也可分为下降楔形和上升楔形（如图5－65、图5－66所示）。

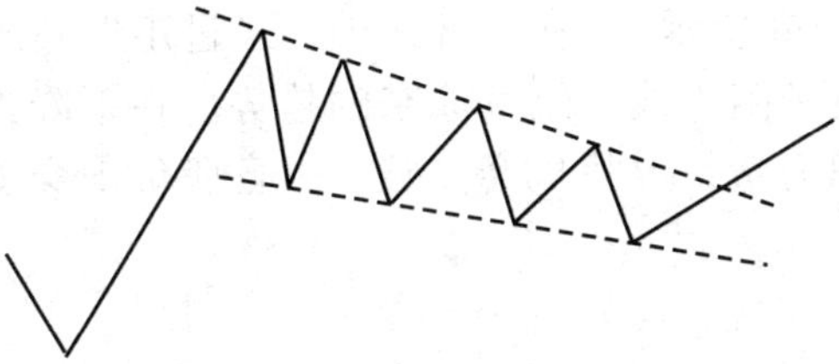

**图5－65　上升途中的下降楔形**

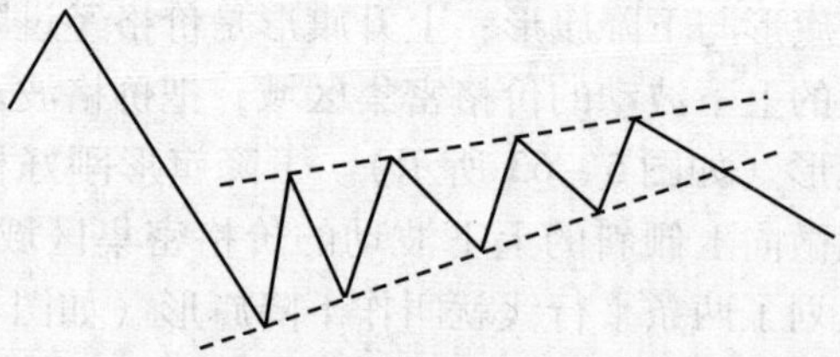

图 5－66　下降途中的上升楔形

上升途中的下降楔形。股价在上升途中，由于累计升幅过大，出现获利回吐，股价回档。当股价下跌至一定水平又掉头向上，但高点较前次低，又下跌至新低点，新低点较前次略低。把低点相连，形成一条向下倾斜的直线，把高点相连，同样形成一条向下倾斜的直线，两条线构成一个下降楔形。

下降途中的上升楔形。股价在下降途中，由于下降幅度过大，卖压减轻，股价反弹。当股价反弹至一定水平又转而向下，但低点较前次高，又上升至新高点，新高点较前次略高。把低点相连，形成一条向上倾斜的直线，把高点相连，同样形成一条向上倾斜的直线，两条线构成一个上升楔形。楔形在形成过程中，成交量逐渐减少。与旗形一样，在形成之前和突破之后，成交量都会放大。

**4. 矩形形态**

矩形又叫箱形，是一种典型的巩固形态。当股票价格上升或下跌到某一点位之后，停留在某一价格区间范围内上下移动，上也上不去，下也下不来。多空双方谁也不想主动攻击对方，显示多空力量的均衡状态。从图形上看，股价移动的轨迹是由两条平行于横轴的平行线所界定，其形状像矩形或长方形的箱子，因此称为矩形或箱形。矩形的形成一般属于行情运行中的休整形态，形态在中途的形成是对原有趋势的巩固休整，通过整理，市场将继续沿着原有的方向运行。

矩形也同其他的巩固形态一样，分为上升途中的矩形和下跌途中的矩形（如图 5－67、图 5－68 所示），在上升途中，经过矩形整理之后，多方会再次主动进攻，使股价突破阻力线，继续原来的趋势。在下降途中，经过矩形的休整，空方会再次组织力量，寻找机会突破，一旦股价击穿支撑线，继续原有趋势的方向运行。

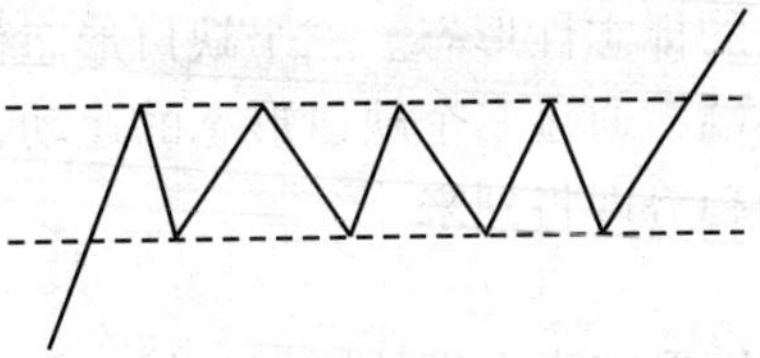

图 5-67　上升途中的矩形

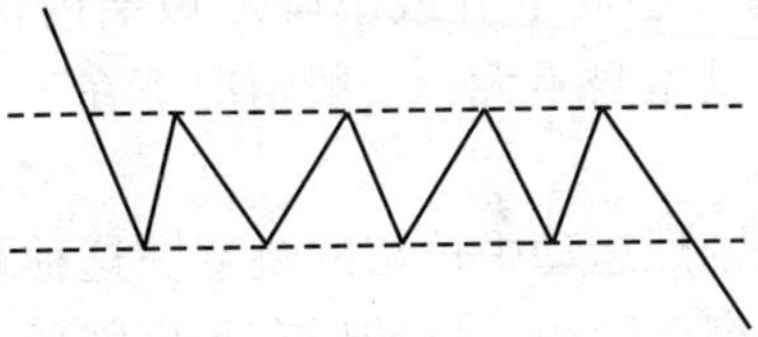

图 5-68　下降途中的矩形

矩形盘整的时间因盘整区的高度不同而各有不同，通常会经历几个月不等。矩形突破之后，价格目标的测算方法与其他巩固形态类似，其目标位等于矩形盘整区的高度。矩形突破以后，也会产生反反扑。

### （四）缺口形态

#### 1. 价格延续运动中的缺口

一个循环的股价运动总是不断延续的运动，即一个交易日的开盘价与前一个交易日的收盘价是一个不间断的价格运动。如果股价在其循环运动中出现了间断，那么间断就被称之为缺口形态。因此，缺口形态是一个趋势中的特殊形态，在一般情况下，是市场多空力量极不平衡状态下的产物。表现在市场剧烈运动之中。在上升趋势中，当多头完全控制市场时，就顾不得价格运动的连贯性了，在昨日收盘价的基础上，远离昨日收盘价高开高走，两个交易日的股价之间形成不连续的空当即缺口，即向上跳空缺口，反之，即形成向下跳空缺口。从日 K 线图上看，缺口是日 K 线图上一段没有成交量的图形。由 K 线图走势构成各种形态，缺口形态是最易辨认的形态，具有极强的测试功能。

#### 2. 缺口的种类

从缺口的测试功能方面划分，可将缺口分为两大类共四种。一类是普通缺口，普通缺口一般出现在巩固形态之中；另一类是突破性缺口、持续性缺口和竭尽性缺口，这三种类型的缺口出现在价格剧烈运动之中，是上升或下降趋势中价格快速运动的表现，往往出现在巩固形态、反转形态结束之后，是对巩固形态、反转形态确认的极为重要的标志性形态。三个缺口形态作为一个连续性的形态有时也出现在一种趋势的末端，通过三个缺口形态的运动，表明一种趋势即将走到尽头，另一种新的相反的趋势即将到来。

（1）普通缺口。

普通缺口是价格在巩固形态中出现的缺口，如三角形、箱形等形态之中。缺口产生的位置属密集成交的整理区域，无法形成跳空放量的跳空现象；价格跳空之后，无法脱离原有整理形态而上升或下降。短期内价格的走势仍处在盘局之中。缺口的另一个特征是其本身不大，一般情况下在三日左右得到回补。

（2）突破性缺口。

突破性缺口属于市场剧烈运动中价格的跳空。这种跳空现象往往出现在重要的反转形态和巩固形态的突破阶段。反转形态和巩固形态都有一条支撑线或阻力线，突破性缺口就是对一条重要的支撑线或阻力线的突破，是多空力量的平衡被完全打破的结果。通过一个很大的缺口，形成单边上扬或下跌之势。如果价格以一个很大的缺口远离原有的形态，突破将显得十分强劲有力。

判断一个缺口是否为突破性缺口，可从三个方面分析：①突破缺口出现时，成交量是否明显放大和持续放大，如果股价在突破缺口时以及远离盘整形态时仍然保持较大成交量，该缺口可判断为突破性缺口；②突破性缺口出现之后，一般不会马上填补；③缺口产生时，其身后是否有形态作依托，有形态作依托的缺口可视为突破性缺口。

随着突破性缺口的形成，行情会朝着突破的方向继续向前运动。如果形成一个向上跳空缺口，会产生一波较大的上升行情；如果形成一个向下跳空缺口，会产生一波较大的下降行情。

（3）中继性缺口。

中继性缺口又称持续性缺口，是市场产生主要价格形态突破之后，市场正朝着新的方向向前稳步推进，在推进过程中，多头或空头再次发动强烈攻击，在图形上再次发生价格跳空，形成跳跃式运动。在此阶段出现的缺口称之为中继性缺口，当中继性缺口出现之后。显示市场沿着既有方向的运行到达了中途，往后还有一半的路要走。因此，也有人称这种缺口为量度缺口。

当行情处在上升趋势中出现中继性缺口，表明市场坚挺，多头力量强大，涨势仍将继续。但是，如果连续出现多个中继性缺口，表示市场趋势越来越接近终结；当行情在下降趋势中出现中继性缺口，表明市场疲弱，空方处于绝对优势，跌势一时还难以终结。中继性缺口的确认主要从两个方面考虑：缺口出现的位置应该在上一个形态较远的地方；缺口出现的当日伴随有较大的成交量。中继性缺口一般不会被回补，不被回补的缺口对原有趋势的运动起支撑或阻力作用，一旦出现回补现象，说明市场会朝相反方向运行一段距离。

（4）竭尽性缺口。

竭尽性缺口一般出现在一段较长时间的上升或下跌趋势的尾声。在涨势行情的最后阶段，市场继续前进的动力已经不足，价格在上升中突然一跳，形成向上的最后跳空缺口，在下降行情的最后阶段，照样会形成恐慌性的最后一跌，价格同样会出现最后一跳，形成熊市中的最后一个跳空缺口。

判断竭尽性缺口的依据是缺口出现的当天或次日伴随着巨大的成交量和股价宽幅剧烈震荡。在判断中如果能配合 K 线形态和其他分析方法进行综合分析，判断的准确性会更高。

## 实验一　K 线形态分析

【实验目的与要求】

本实验的目的是掌握单根 K 线、K 线组合、反转形态的特征、含义与实战操作中的使用方法。要求学生深刻理解 K 线的表达方式，认清 K 线背后所代表的多空博弈实质，正确、灵活地把 K 线分析应用到行情研判和交易决策中。

【实验准备】

1. 复习和巩固 K 线的相关基础知识；
2. 根据实验目的与要求，做好实验准备工作；
3. 按照实验课教师的安排，在指定设备上机；
4. 调试设备，保证实验设备能够正常运行以及相关网络设备连接通畅。

【实验步骤】

1. 选择一台能够正常运行并且联网的计算机；
2. 检查是否安装有证券分析软件系统和证券模拟交易系统，并能正常运行；
3. 检查网络连接和证券行情数据接收是否正常；
4. 启动证券行情分析软件；
5. 选择模拟投资的股票品种，观察日 K 线形态；

6. 观察调整 K 线参数，按快捷键“F8”，可以快速调整 K 线的周期单位；
7. 观察单根 K 线；
8. 观察两根 K 线组合；
9. 观察三根 K 线组合；
10. 观察历史上重要的高点和低点，大盘和个股反转形态。

具体实验流程如图 5－69 所示。

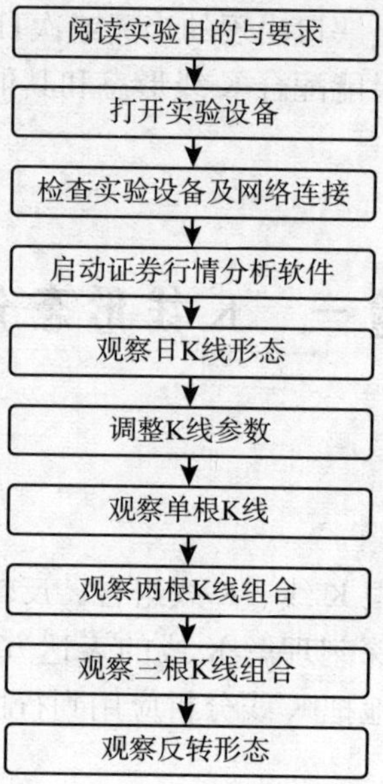


**图 5－69　实验一基本流程**

【实验总结】

K 线形态分析是从事证券分析和证券交易的基本功之一，也是一种简单而有效的技术分析方法。通过实验，可以归纳出单根 K 线、两根 K 线组合、三根 K 线组合以及反转中较可靠的 K 线形态，为正确判断走势提供帮助。其中，特别对于反转形态应能迅速而准确地加以识别，从而把握交易机会。

【思考题】

1. 如何准确把握 K 线的反转形态？
2. 在短线交易中，如何选择 K 线的周期单位？

# 实验二　移动平均线的运用

【实验目的与要求】

本实验的目的在于学习如何运用移动平均线把握合适的买点和卖点，提高交易的成功率。要求学生能够合理设置不同周期的移动平均线，熟悉移动平均线的典型排列形态，运用葛兰碧法则判断买入时机和卖出时机，体会移动平均线所具有的特性以及在证券交易过程中的功能。

【实验准备】

1. 理解移动平均线的计算方法和原理，熟悉葛兰碧法则；
2. 根据实验目的与要求，做好实验准备工作；
3. 按照实验课教师的安排，在指定设备上机；
4. 调试设备，保证实验设备能够正常运行以及相关网络设备连接通畅。

【实验步骤】

1. 选择一台能够正常运行并且联网的计算机；
2. 检查是否安装有证券分析软件系统和证券模拟交易系统，并能正常运行；
3. 检查网络连接和证券行情数据接收是否正常；
4. 启动证券行情分析软件；
5. 设置 5 日、10 日、30 日、60 日、120 日、250 日六根移动平均线；
6. 在“指标属性”中选择“指标参数”，调整每根 K 线的时间长度；
7. 观察和体会移动平均线的三大功能；
8. 观察移动平均线的多头排列形态；
9. 观察移动平均线的空头排列形态；
10. 观察移动平均线的黄金交叉；
11. 观察移动平均线的死亡交叉；
12. 根据葛兰碧法则选择合适的买点和卖点。

具体实验流程如图 5－70 所示。

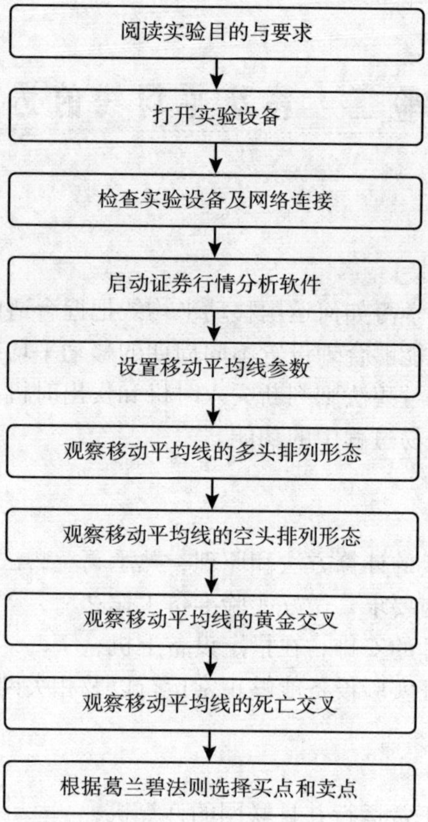


**图 5－70　实验二基本流程**

【实验总结】

移动平均线是简单、实用的技术分析方法。移动平均线具有揭示股价波动方向、体现市场平均持筹成本以及助涨助跌等功能，不易受到人为操纵。移动平均线的经典排列形态，如黄金交叉、死亡交叉等，具有很高的可靠性，因此在分析和交易过程中应该特别注意识别。学生可以通过实验过程中的体会，结合个人习惯，灵活设置移动平均线的参数，以取得最好的应用效果。

【思考题】

1. 改变移动平均线的参数设置有何效果？
2. 葛兰碧法则的核心思想是什么？

# 实验三　KDJ 指标的运用

【实验目的与要求】

本实验的目的是学习使用 KDJ 指标把握买卖时机。要求学生在理解 KDJ 指标设计原理和计算方法的基础上，能够识别 KDJ 取值所发出的超买超卖信号，通过 KDJ 曲线的交叉判断买入时机和卖出时机，通过 KDJ 曲线的背离判别趋势的转变，正确分析 KDJ 曲线运行状态所揭示的多空力量对比。

【实验准备】

1. 熟悉 KDJ 指标的计算方法、原理，判别的数值区间；
2. 根据实验目的与要求，做好实验准备工作；
3. 按照实验课教师的安排，在指定设备上机；
4. 调试设备，保证实验设备能够正常运行以及相关网络设备连接通畅。

【实验步骤】

1. 选择一台能够正常运行并且联网的计算机；
2. 检查是否安装有证券分析软件系统和证券模拟交易系统，并能正常运行；
3. 检查网络连接和证券行情数据接收是否正常；
4. 启动证券行情分析软件；
5. 观察 KDJ 的取值与价格走势的关系；
6. 观察 KDJ 曲线的形态；
7. 观察 KDJ 曲线在不同数值区间内的交叉及其信号的准确度；
8. 观察 KDJ 曲线与日 K 线的背离；
9. 观察 KDJ 曲线与股价运行状态之间的关系。

具体实验流程如图 5 – 71 所示。

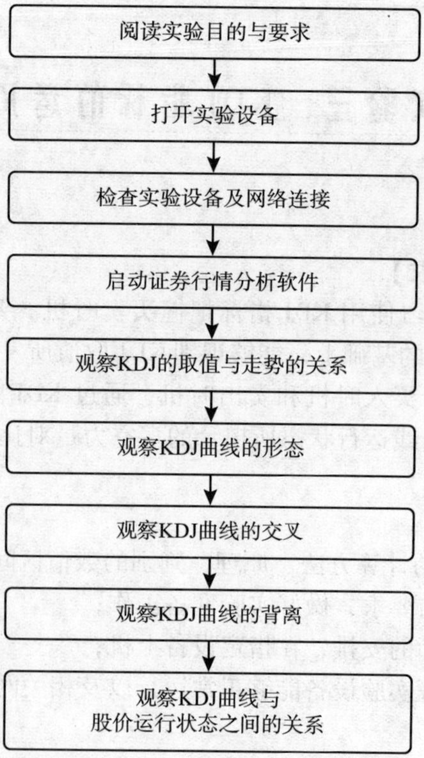


**图 5－71　实验三基本流程**

【实验总结】

KDJ 是非常经典的技术分析指标，是证券投资者必备的分析工具。通过实验，学生可以体会到 KDJ 的数值可以帮助判别股价是否进入超买或者超卖区间，KDJ 曲线的交叉可以帮助确定合适的买点和卖点，KDJ 曲线与日 K 线的背离可以帮助判断顶部或者底部是否已经出现。如果能将 KDJ 指标与移动平均线等其他技术指标综合运用，可以进一步提高技术分析的准确度。

【思考题】

1. 怎样有效地把 KDJ 的取值、形态、交叉和背离进行综合研判？
2. KDJ 的原理是什么？

# 实验四　乖离率指标的运用

【实验目的与要求】

本实验的目的是学习如何使用乖离率指标把握买入和卖出时机。要求学生在熟练运用移动平均线的基础上，进一步认识到乖离率指标是由移动平均原理派生出来的，量化了价格偏离移动平均线的程度，并能合理设置乖离率的相关参数，更准确地识别买卖时机。

【实验准备】

1. 乖离率的计算方法和原理；
2. 根据实验目的与要求，做好实验准备工作；
3. 按照实验课教师的安排，在指定设备上机；
4. 调试设备，保证实验设备能够正常运行以及相关网络设备连接通畅。

【实验步骤】

1. 选择一台能够正常运行并且联网的计算机。
2. 检查是否安装有证券分析软件系统和证券模拟交易系统，并能正常运行。
3. 检查网络连接和证券行情数据接收是否正常。
4. 启动证券行情分析软件。
5. 在大盘和个股的日 K 线图中调出乖离率指标。
6. 调整乖离率所跟踪的均线天数设置。乖离率所跟踪的均线天数的取值有很多种，常见的有两种：一种是以 5 日、10 日、30 日和 60 日等以 5 的倍数为数值；另一种是 6 日、12 日、18 日、24 日和 72 日等以 6 的倍数为数值。
7. 观察不同的均线天数下，乖离率达到多大的数值时能发出较准确的买入和卖出信号。

具体实验流程如图 5－72 所示。

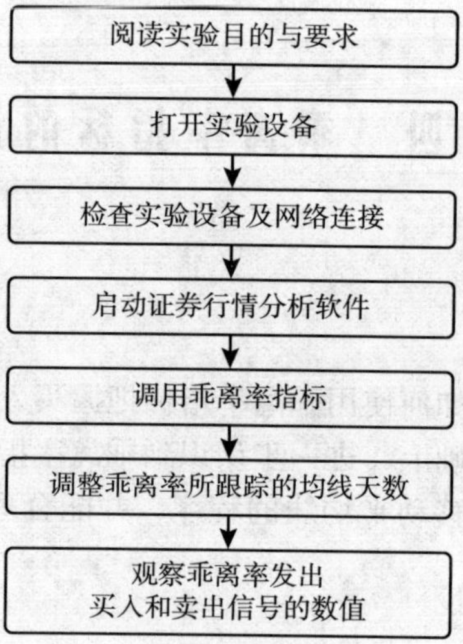


**图 5－72　实验四基本流程**

【实验总结】

乖离率是表示计算期的股价指数或个股的收盘价与移动平均线之间的差距的技术指标，它是对移动平均线理论的重要补充。乖离率能够测算股价在变动过程中与移动平均线的偏离程度，从而捕捉股价在剧烈变动时，因偏离移动趋势过远而可能造成的回挡和反弹，有助于更准确地捕捉买点和卖点。学生应把实验中发现的准确度较高的移动平均线天数和乖离率数值记录下来，并在今后的模拟交易中不断进行尝试和改进。

【思考题】

1. 乖离率与移动平均线如何综合运用？
2. 乖离率的参数如何设置？

## 实验五　趋势分析

【实验目的与要求】

本实验的目的是掌握趋势线、通道线、黄金分割线、百分比线的画法以及使用规则，并能利用趋势线、通道线、黄金分割线、百分比线进行趋势分析。要求学生通过实验，深入理解价格趋势的含义，掌握趋势线、通道线、黄金分割线、百分比线的不同特性和应用特点，为准确判断股价运动趋势提供依据。

【实验准备】

1. 熟悉趋势线和通道线的原理以及作用；

2. 根据实验目的与要求，做好实验准备工作；

3. 按照实验课教师的安排，在指定设备上机；

4. 调试设备，保证实验设备能够正常的运行以及相关网络设备的连接通畅。

【实验步骤】

1. 选择一台能够正常运行并且联网的计算机。

2. 检查是否安装有证券分析软件系统和证券模拟交易系统，并能正常运行。

3. 检查网络连接和证券行情数据接收是否正常。

4. 启动证券行情分析软件。

5. 调出指数或者个股的日 K 线图，按“↑”和“↓”也可以放大、缩小图形，用“Ctrl”加“→”或者“←”可左右平移图形。

6. 先在画线工具条中选择画线类型（按下线型按钮），在画线起点处按下鼠标左键，拖动鼠标至画线终点，然后松开左键。画线完成以后，还可用鼠标拖动画线的起点或终点，改变画线方向；也可拖动整条画线，平行移动它。点击鼠标右键可以改变画线的颜色、删除画线。

7. 沿着一种股价图形正常波动的走势，每一波动的高点或低点连线（至少两个或三个暂时的高点或低点）就可大略画出一条趋势线。上升趋势线连接各波动的低点，下跌趋势线连接各波动的高点。

8. 在上升趋势中，先画出一条上升趋势线，然后从第一个显著的高点出发，用虚线作出一条与趋势线平行的通道线，两条平行线共同构成一条上升通道。上升通道线绘制以后，当价格上升至该条通道线时，遇阻回落，说明通道线正在发挥作用；当价格回落至趋势线时受支撑反弹，说明这条通道基本得到确认。

9. 在下降趋势中，先画出一条下降趋势线，然后以第一个显著的低点，用虚线作出一条与趋势线平行的通道线，两条平行线共同构成一条下降通道。在随后的价格趋势中，当价格回落到通道线受到支撑而反弹，反弹至趋势线遇阻而回档，说明这条通道被验证。

10. 利用通道线预测大盘指数或者个股的股价目标位。

11. 在画线工具条中选择“黄金分割线”，在画线起点处按下鼠标左键，拖动鼠标至画线终点，然后松开左键。画线完成以后，画面上可以看到按照黄金分割律形成的几根黄金分割线，利用黄金分割线判断股价的阻力位和支撑位。

12. 在画线工具条中选择“百分比线”，利用百分比线判断股价的阻力位和支撑位。

具体实验流程如图 5－73 所示。

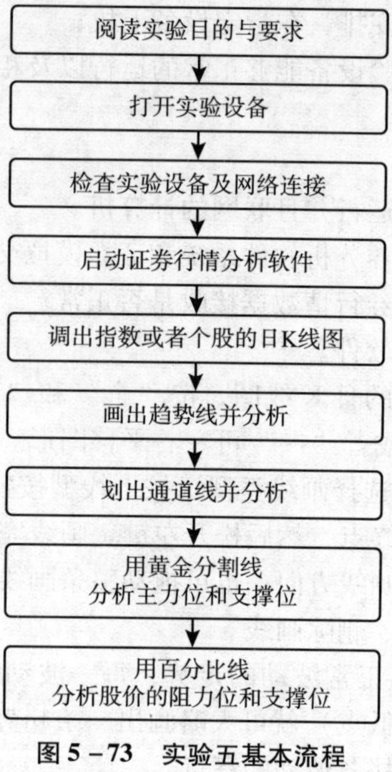


**图 5－73　实验五基本流程**

【实验总结】

正确把握股价趋势是成功交易的必要保证，趋势线、通道线、黄金分割线、百分比线为趋势分析提供了有效的工具。趋势线指示了股票价格继续变动的方向，并能揭示趋势的反转；通道线有助于市场价格趋势的力度。利用通道线预测股价目标位进行短线交易。黄金分割线和百分比线可以用来寻找支撑位和压力位。综合运用趋势线、通道线、黄金分割线和百分比线，能够显著提高对趋势的判断和把握能力。

【思考题】

1. 如何利用趋势线和通道指导交易？
2. 切线分析怎样和其他技术分析方法结合？

## 实验六　头肩顶形态的判别

【实验目的与要求】

本实验的目的是观察和熟悉头肩顶形态的特征，掌握其基本判别方法，进一步加强形态分析能力。要求学生在实验中，通过指数和个股头肩顶形态的分析，加深对典型形态的理解，积累判别经验，更好地把握市场走势。

【实验准备】

1. 熟悉头肩顶的特征；
2. 根据实验目的与要求，做好实验准备工作；
3. 按照实验课教师的安排，在指定设备上机；
4. 调试设备，保证实验设备能够正常运行以及相关网络设备连接通畅。

【实验步骤】

1. 选择一台能够正常运行并且联网的计算机；
2. 检查是否安装有证券分析软件系统和证券模拟交易系统，并能正常运行；
3. 检查网络连接和证券行情数据接收是否正常；
4. 启动证券行情分析软件；
5. 在上证指数的日 K 线图上，找到 2001 年 4 月至 2001 年 8 月的日 K 线，找出头部 2245 点、左肩 2218 点、右肩 2233 点，画出颈线；
6. 观察头部和肩部的成交量变化；
7. 观察日 K 线跌穿颈线后的走势，测度其跌幅；
8. 在个股的日 K 线图上找出类似的头肩顶形态，进行研判。

具体实验流程如图 5－74 所示。

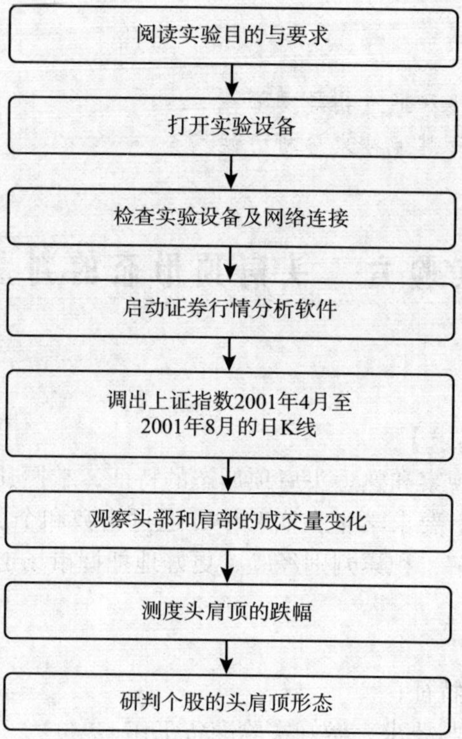


**图5－74　实验六基本流程**

【实验总结】

头肩顶形态属于典型的反转形态之一，形成原因是股价经过长期上涨之后，由于动能的衰竭，进入盘整阶段。在盘整阶段，由于市场无力再维持原有上升趋势，出现下跌运动构筑而成。它的出现宣告了原有上升趋势的终结。头肩顶形态一共出现三个顶点，即三个局部高点，中间的高点为头部，左右两个相对较低的高点为肩部，头部到颈线的垂直高度是头肩顶形态完成后的最低下跌幅度。

【思考题】

1. 头肩顶具备哪些特征？
2. 头肩顶的形成过程中，移动平均线有何变化？

# 实验七　交易决策系统的构建

【实验目的与要求】

本实验的目的是综合运用各类技术分析方法，构建交易决策系统，提高证券投资的规范性水平。要求学生归纳各类技术分析方法的特点，结合自己在实验过程中的体会，选择若干种技术分析方法，构建自己的交易决策系统，并通过模拟交易不断地加以改进和完善。

【实验准备】

1. 充分认识各类技术分析方法的优缺点和适用范围；
2. 根据实验目的与要求，做好实验准备工作；
3. 按照实验课教师的安排，在指定设备上机；
4. 调试设备，保证实验设备能够正常运行以及相关网络设备连接通畅。

【实验步骤】

1. 选择一台能够正常运行并且联网的计算机；
2. 检查是否安装有证券分析软件系统和证券模拟交易系统，并能正常运行；
3. 检查网络连接和证券行情数据接收是否正常；
4. 启动证券行情分析软件；
5. 根据基本分析，确定拟投资的个股；
6. 观察个股近期的 K 线组合；
7. 观察个股最近一年来的走势形态；
8. 使用趋势线、通道线进行趋势分析；
9. 使用黄金分割线、百分比线判断股价的支撑位和压力位；
10. 研判个股的移动平均线的排列形态，包括日 K 线、周 K 线，60 分钟 K 线等不同周期的 K 线；
11. 使用布林线进行走势判断；
12. 使用 KDJ 指标对买卖时机进行把握；
13. 综合各类分析方法的结论，确定合适的买卖时机。

具体实验流程如图 5－75 所示。

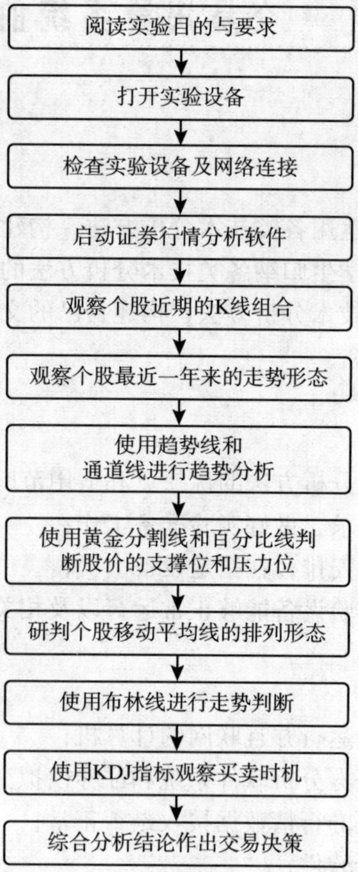


**图 5－75　实验七基本流程**

【实验总结】

技术分析方法的种类很多，但是没有一种方法是万能的，任何一种技术分析方法都有其适用条件，也都有优点和缺点。如果不对技术分析方法加以选择和整合，即不能充分发挥其各自的长处，甚至会让使用者无所适从。学生应通过试验，认真体会，逐步摸索，把自己认为运用效果较好的技术分析方法有机地组合成一个交易决策系统，作为自己证券交易的支撑，这样才能最大限度地发挥技术分析的功能。

【思考题】

1. 在构建交易决策系统时，如何选择合适的分析工具?
2. 如何不断改进交易决策系统?

## 综合思考题

1. 如何综合运用各种技术分析方法?
2. 技术分析方法有何优点和缺点?

# 第六实验单元

# 投资组合理论在投资实践中的应用

- 实验一　现代资产组合思想的应用
- 实验二　投资组合业绩测度方法的应用

## 实验目的

1. 进一步理解现代资产组合理论、资本资产定价模型（CAPM）和套利定价理论（APT）的基本思想及其在投资管理实践中的应用；

2. 理解资产组合收益率的计算方法，熟练掌握各种收益率的计算程序；

3. 进一步理解并掌握投资组合业绩测度指标，并据此对市场上的投资基金的管理业绩进行排序，指导投资实践活动。

## 本单元知识要点

# 一、现代组合理论及其在投资实践中运用

### （一）什么是现代资产组合理论

现代资产组合理论（Modern Portfolio Theory，MPT），也有人将其称为现代证券投资组合理论、证券组合理论或投资分散理论。现代资产组合理论由美国纽约市立大学巴鲁克学院的经济学教授马柯维茨提出的。1952 年 3 月马柯维茨在《金融杂志》发表了题为《资产组合的选择》的论文，将概率论和线性代数的方法应用于证券投资组合的研究，探讨了不同类别的、运动方向各异的证券之间的内在相关性，并于 1959 年出版了《证券组合选择》一书，详细论述了证券组合的基本原理。

马柯维茨资产组合理论不仅揭示了组合资产风险的决定因素，而且更为重要的是还揭示了“资产的期望收益由其自身的风险的大小来决定”这一重要结论，即资产（单个资产和组合资产）由其风险大小来定价，单个资产价格由其方差或标准差来决定，组合资产价格由其协方差来决定。马柯维茨的风险定价思想在他创建的“均值-方差”或“均值-标准差”二维空间中投资机会集的有效边界上表现得最清楚。马柯维茨最优资产组合理论具有开创性意义，是现代金融学、

投资学乃至整个财务管理学的理论基础。

### (二) 现代资产组合理论的假设

现代资产组合理论是从整个投资组合的角度出发，探求什么种类的资产，多少权重的该类资产是对整个投资组合贡献度最大的，以期达到对投资者而言的最大效用的投资。它基于以下假设条件：

(1) 假设市场是有效的，投资者能够得知金融市场上多种收益和风险变动及其原因。

(2) 假设投资者都是风险厌恶者，都愿意得到较高的收益率，如果要他们承受较大的风险则必须以得到较高的预期收益作为补偿。风险是以收益率的变动性来衡量，用统计上的标准差来代表。

(3) 假定投资者根据金融资产的预期收益率和标准差来选择投资组合，而他们所选取的投资组合具有较高的收益率或较低的风险。

(4) 假定多种金融资产之间的收益都是相关的，如果得知每种金融资产之间的相关系数，就有可能选择最低风险的投资组合。

### (三) 马柯维茨证券组合理论的原理

**1. 分散原理**

一般来说，投资者对于投资活动最关注的问题是预期收益和预期风险的关系。投资者或证券组合管理者的主要意图是尽可能建立起一个有效组合。那就是在市场上为数众多的证券中，选择若干股票结合起来，以求得单位风险水平上收益最高，或单位收益水平上风险最小。

**2. 相关系数对证券组合风险的影响**

相关系数是反映两个随机变量之间共同变动程度的变量。对证券组合来说，相关系数可以反映一组证券中每两组证券之间的期望收益作同方向运动或反方向运动的程度。

### (四) 现代资产组合理论的具体内容

现代资产组合理论的提出主要是针对化解投资风险而言的。该理论认为，有些风险与其他证券无关，分散投资对象可以减少个别风险（unique risk or unsystematic risk），由此个别公司的信息就显得不太重要。市场风险一般有两种：个别风险和系统风险（systematic risk），前者是指围绕着个别公司的风险，是对单个公司投资回报的不确定性；后者指整个经济所生的风险，无法由分散投资来减轻。

虽然分散投资可以降低个别风险，但是投资者应注意以下问题：首先，有些风险是与其他或所有证券的风险具有相关性，在风险以相似方式影响市场上的所有证券时，所有证券都会做出类似的反应，因此投资证券组合并不能规避整个系统的风险。其次，即使分散投资也未必是投资在数家不同公司的股票上，而是可能分散在股票、债券、房地产等多方面。最后，未必每位投资者都会采取分散投资的方式，因此，在实践中风险分散并非总是完全有效。

### （五）最优资产组合在实践中应该注意的事项

对于投资者来说，两种资产的简单的最优组合可以很快通过模型计算得出，但是涉及三种、四种甚至更多种资产时，运用马柯维茨最优资产组合时就会变得非常的抽象和复杂，要运用马柯维茨最优资产组合理论从整个市场中建立一个所谓的最优组合是不可能的，也是没有必要的。鉴于最优资产组合所基于的大量理想性假设的局限性和初学者的能力不足，在具体投资实务中，我们不必被大量的假设和复杂的数学运算所羁绊，只需把整个投资进行一系列的理性的分散，即考虑将整个投资分散到 10 ~ 15 只个股即可分散大部分的非系统性风险。在具体构建组合时，要考虑资产在不同的行业、地域及规模上的分散。

## 二、资本资产定价模型（CAPM）和套利定价理论（APT）

### （一）资本资产定价模型

资本资产定价模型是单因素套利定价模型的特殊形式，它们都是从资产定价的角度出发，探求影响资产价格的因素以及分配给这些因素各自多大的权重来确定资产价格。

资本资产定价模型基于以下基本假设：

（1）存在大量投资者，每个投资者的财富相对于所有投资者的财富总和来说是微不足道的。

（2）对于两个其他条件相同的投资组合，投资者将选择具有高收益率的投资组合；对于两个其他条件不相同的投资组合，投资者将选择具有较小标准差的投资组合。

（3）各种资产均无限可分，投资者可购买任意数量的资产。

（4）投资者可以用同样的无风险利率借入或贷出资金。

（5）不存在税收和交易费用。

（6）所有投资者的投资期限均相同且是单期。

（7）对所有投资者来说，无风险利率相同。

（8）所有投资者均可以免费并持续获取有关信息。

（9）投资者对证券的预期收益率、标准差和协方差的看法一致。

资本资产定价模型（CAPM）认为每个投资者均有优化其资产组合的倾向，最终所有个人的资产组合会趋于一致，每种资产的权重等于它们在市场资产组合中所占有的比例，那么这种资产组合一定就是市场资产组合。其在证券投资中的主要作用为分析有投资价值即的股票，该股票的市场价格落在其证券市场线的下方。

资本资产定价模型公式为：

$$E(r_i) = r_f + \beta_i [E(r_M) - r_f]$$

其中，$E(r_i)$ 为资产 $i$ 的期望收益率；$r_f$ 为无风险利率；$\beta_i$ 为资产 $i$ 对市场组合方差的贡献程度；$E(r_M)$ 为市场组合的期望收益率。

股票实际期望收益率同正常收益率之间的差，我们称为阿尔法，记为 $\alpha$。运用资本资产定价模型来计算 $\alpha$ 值，投资者应不断地把 $\alpha > 0$ 的证券融进资产组合，同时不断把 $\alpha < 0$ 的证券剔除出资产组合。例如，如果市场期望收益率为 14%，某只股票的 $\beta$ 值为 1.2，短期国库券的利率为 6%，依据证券市场线可以得出这只股票的期望收益率为 $6 + 1.2 \times (14 - 6) = 15.6\%$。如果某投资者估计这只股票的收益率为 17%，这就意味着 $\alpha = 1.4\%$，即该股是有投资价值的股票。

### （二）套利定价理论

套利定价理论（APT）是资本资产定价模型（CAPM）的一般形式，其公式为：

$$E(R_i) = R_f + b_1 r_1 + b_2 r_2 + \cdots + b_n r_n + \varepsilon_i$$

式中：

$b_i$——类似于 $\beta$，为证券 $i$ 报酬率对特定因素 $i$ 的敏感度；

$r_i$——特定因素所提供的风险溢价；

$\varepsilon_i$——表示个别风险。

套利定价理论（APT）的假定比资本资产定价模型（CAPM）要宽松得多。

（1）它不需要一个均方差有效的市场资产组合。

（2）它不需要证券收益正常分布的假设。

（3）资本资产定价模型设有一个特定因素来解释证券收益，而套利定价理论则没有。APT 的多因素模型，比 CAPM 的单因素模型具有更好的解释能力，因为它详细地分析了大量的宏观经济风险因素。

## 三、投资收益率的计算方法以及基金业绩评估的方法

### （一）投资组合平均收益率的计算方法

**1. 货币加权收益率**

在投资管理应用中，内部收益率常被称为货币加权收益率，因为它解释了投资组合中所有现金流流入和流出的时间和数量。

为了说明货币加权收益率，我们考虑一个两年期的投资。在时点 $t=0$，一个投资者以 200 元的价格购买一股股票。在时点 $t=1$，他再以 225 元的价格购买一股。在第 2 年年末，$t=2$ 时，他以每股 235 元的价格将其两股卖出。在这两年中，该股票每年支付每股 5 元的红利。假设 $t=1$ 时的红利不做再投资。

这项投资的货币加权收益率就是该投资组合两年的内部收益率。投资组合的内部收益率是使得现金流出的现值恰好等于现金流流入的现值时的利率 r。用公式表示为：

$$200+\frac{225}{1+r}=\frac{5}{1+r}+\frac{480}{(1+r)^2}$$

求解上式中的 $r$ 即为该投资的内部收益率（即货币加权收益率）。

等式的左侧详细描述了现金流出的情况：在 $t=0$ 时刻的 200 元和在 $t=1$ 时刻的 225 元。现金流出的 225 被折现到了一期之前，这是因为它发生在 $t=1$ 时刻。等式的右侧详细描述了现金流流入的情况：在 $t=1$ 时刻的 5 元（折现到一期以前）和在 $t=2$ 时刻的 480 元（红利 10 元加上 470 元的卖出收入）。

为了求解货币加权收益率 $r$，我们可以使用金融计算器，或者利用一个含有内部收益率函数的电子表格来计算。计算结果 $r=9.39\%$。

我们可以进一步考察该资产组合在这两年中的每一年都发生了些什么变化。在第一年，投资组合产生了一个一期的持有期回报率（5+225-200）/200=15%。在第 2 年年初，投资额为 450，由 225（每股价格）×2 股计算得到，因为 5 元红利支付后没有进行再投资。在第 2 年年末该投资组合清算后的收益为 470 元加上 10 元红利。所以在第 2 年，投资组合所产生的持有期回报率为（10+470-450）/200=6.67%。平均的持有期收益为（15%+6.67%）/2=10.84%。

我们之前计算所得到的货币加权收益率为 9.39%，意味着将更大的权重放在了第 2 年相对较差的表现上（6.67%），而不是第一年相对较好的表现上（15%）。这是因为第 2 年比第 1 年投资了更多的资金。因此，在这个意义上，以这种计算业绩表现回报率的方法被认为是“按货币加权的”。

**2. 时间加权收益率**

时间加权收益率是指1元投资在指定时间段内的复利收益率，计算步骤如下：

（1）根据现金流入或流出的时间点，将考察期分为不同子时期（一般假定每期时间均是1年）；

（2）计算每一子时期的持有期收益率；

（3）将不同时期持有期收益率链接起来，并转化为年化收益率。

时间加权收益率之所以称为“时间”加权，是因为它表示不同时期持有期收益率的几何平均，不受期间现金流入流出影响。其计算公式为：

$$TWR = \sqrt{(1 + HPR_1)(1 + HPR_2)\cdots\cdots(1 + HPR_n)} - 1$$

其中，$TWR$ 代表时间加权收益率，$HPR$ 代表各期的持有期收益率。

在前文关于货币加权收益率的例题中，由于每一期时间就是1年，总共投资了两期，相应的时间加权收益率就是两个时期持有收益率的几何平均数，即：

$$\sqrt{(1 + 15\%)(1 + 6.67\%)} - 1 = 10.76\%$$

即该项投资的年几何平均收益率为10.76%，这一结果与货币加权收益率的9.39%有所差别。

从上面的例子可以看出，时间加权收益率与货币加权收益率最大的区别就在于，前者不受现金流入流出影响，而后者则会受到期间现金流入流出影响。由于大多数基金的申购赎回是不受基金经理控制的，因此时间加权收益率在业内的使用范围更广。

## （二）风险调整后的组合业绩评估方法

通过上述方法，我们已经对如何计算投资组合的平均收益率有了更加深刻的了解，但是仅仅知道投资组合的平均收益率是远远不够的，我们计算投资组合的收益率的目的是与不同的投资组合进行对比，以选择对投资者效用最大的组合。如果不同投资组合它们的风险度是不同的，那么直接将各自的收益率进行比较就没有任何意义了。现代投资理论的研究表明，风险的大小在决定组合的表现上具有基础性的作用。风险调整后的收益率就是一个可以同时对收益与风险加以考虑的综合指标，以期能够排除风险因素对绩效评估的不利影响。

常用的风险调整的业绩测度指标有：夏普比率、特雷诺比率、詹森指数（组合阿尔法值）、信息比率（也称估价比率）、$M^2$ 测度等。

**1. 夏普比率**

夏普比率就是一个可以同时对收益与风险加以综合考虑的三大经典指标之一。投资中有一个常规的特点，即投资标的的预期报酬越高，投资人所能忍受的波动风险越高；反之，预期报酬越低，波动风险也越低。因此理性的投资人选择投资标的与投资组合的主要目的为：在固定所能承受的风险下，追求最大的报酬；或在固定的预期报酬下，追求最低的风险。1990 年度诺贝尔经济学奖得主威廉·夏普（William Sharpe）以投资学最重要的理论基础 CAPM（Capital Asset Pricing Model，资本资产定价模式）为出发，发展出名闻遐迩的夏普比率（Sharpe Ratio）又被称为夏普指数，用以衡量金融资产的绩效表现。

威廉·夏普理论的核心思想是：理性的投资者将选择并持有有效的投资组合，即那些在给定的风险水平下使期望回报最大化的投资组合，或那些在给定期望回报率的水平上使风险最小化的投资组合。解释起来非常简单，他认为投资者在建立有风险的投资组合时，至少应该要求投资回报达到无风险投资的回报，或者更多。

$$\text{夏普比率} = \frac{E(R_P) - R_f}{\sigma_P}$$

其中，$E(R_P)$ 为投资组合 $P$ 预期报酬率；$R_f$ 为无风险利率，$\sigma_P$ 为投资组合 $P$ 的标准差。

夏普比率的目的是计算投资组合每承受一单位总风险，会产生多少的超额报酬。比率依据资本市场线（CML）的观念而来，是市场上最常见的衡量比率。当投资组合内的资产皆为风险性资产时，适用夏普比率。夏普指数代表投资人每多承担一分风险，可以拿到几分报酬；若为正值，代表基金报酬率高过波动风险；若为负值，代表基金操作风险大过于报酬率。这样一来，每个投资组合都可以计算夏普比率（Sharpe Ratio），这个比例越高，投资组合越佳。

举例而言，假如国债的回报是3%，而您的投资组合预期回报是15%，您的投资组合的标准偏差是6%，那么用15% - 3%，可以得出12%（代表您超出无风险投资的回报），再用12% ÷ 6% = 2，代表投资者风险每增长1%，换来的是2%的多余收益。

夏普理论告诉我们，投资时也要比较风险，尽可能用科学的方法以冒小风险来换大回报。所以说，投资者应该成熟起来，尽量避免一些不值得冒的风险。同时当您在投资时如缺乏投资经验与研究时间，可以让真正的专业人士（不是只会卖金融产品给你的SALES）来协助建立起适合自己的，可承受风险最小化的投资组合。这些投资组合可以通过夏普比率（Sharpe Ratio）来衡量出风险和回报比例。

夏普比率在计算上尽管非常简单，但在具体运用中仍需要对夏普比率的适用性加以注意：

（1）用标准差对收益进行风险调整，其隐含的假设就是所考察的组合构成了投资者投资的全部。因此只有考虑在众多的基金中选择购买某一只基金时，夏普比率才能够作为一项重要的依据。

（2）使用标准差作为风险指标也被认为是不合适的。

（3）夏普比率的有效性还依赖于可以以相同的无风险利率借贷的假设。

（4）夏普比率没有基准点，因此其大小本身没有意义，只有在与其他组合的比较中才有价值；

（5）夏普比率是线性的，但在有效前沿上，风险与收益之间的变换并不是线性的。因此，夏普指数在对标准差较大的基金的绩效衡量上存在偏误。

（6）夏普比率未考虑组合之间的相关性，因此纯粹依据夏普值的大小构建组合存在很大问题。

（7）夏普比率与其他很多指标一样，衡量的是基金的历史表现，因此并不能简单地依据基金的历史表现进行未来操作。

（8）计算上，夏普指数同样存在一个稳定性问题：夏普指数的计算结果与时间跨度和收益计算的时间间隔的选取有关。

尽管夏普比率存在上述诸多限制和问题，但它仍以其计算上的简便性和不需要过多的假设条件等优势而在实践中获得了广泛的运用。

**2. 特雷诺指数**

特雷诺指数（Treynor）是以基金收益的系统风险作为基金绩效调整的因子，反映基金承担单位系统风险所获得的超额收益。指数值越大，承担单位系统风险所获得的超额收益越高。特雷诺指数是对单位风险的超额收益的一种衡量方法。在该指数中，超额收益被定义为基金的投资收益率与同期的无风险收益率之差，该指数计算公式为：

$$T=\frac{R_p-R_f}{\beta_P}$$

其中：$T$ 表示特雷诺业绩指数，$R_p$ 表示某只基金的投资考察期内的平均收益率，$R_f$ 表示考察期内的平均无风险利率，$\beta_P$ 表示某只基金的系统风险。

特雷诺认为，基金管理者通过投资组合应消除所有的非系统性风险，因此特雷诺用单位系统性风险系数所获得的超额收益率来衡量投资基金的业绩。足够分散化的组合没有非系统性风险，仅有与市场变动差异的系统性风险。因此，他采用基金投资收益率的 $\beta_P$ 作为衡量风险的指标。特雷诺指数的含义就是每单位系统风险资产获得的超额报酬（超过无风险利率 $R_f$）。特雷诺业绩指数越大，基金的表现就越好；反之，基金的表现越差。

**3. 詹森指数**

詹森指数是测定证券组合经营绩效的一种指标，是证券组合的实际期望收益率与位于证券市场线上的证券组合的期望收益率之差。1968 年，美国经济学家迈克尔 · 詹森（Michael C. Jensen）发表《1945 ~ 1964 年间共同基金的业绩》，提出了这个以资本资产定价模型（CAPM）为基础的业绩衡量指数，它能评估基金的业绩优于基准的程度，通过比较考察期基金收益率与由定价模型得出的预期收益率之差，即基金的实际收益超过它所承受风险对应的预期收益的部分来评价基金，此差额部分就是与基金经理业绩直接相关的收益。用公式表示为：

$$\alpha = r_P - [r_f + \beta_P(r_m - r_f)]$$

即，

詹森指数（超额收益 $\alpha$）= 基金实际收益 - 因承受市场风险所得收益

因此，詹森指数所代表的就是基金业绩中超过市场基准组合所获得的超额收益。即詹森指数 >0，表明基金的业绩表现优于市场基准组合，大得越多，业绩越好；反之，如果詹森指数小于零，则表明其绩效不好。

在比较不同基金的投资收益时，用特雷诺指数和夏普指数可对其进行排序，而詹森指数优于这二者的地方在于它可以告诉我们各基金表现优于基准组合的具体大小。詹森指数法直接建立在资本资产定价理论基础之上。按照这一理论，随机选取的投资组合，其阿尔法值应该等于零。如果某一投资组合的阿尔法值显著大于零，则表明其业绩好于大市；如果投资组合的阿尔法值显著小于零，则表明其业绩落后于大盘。可见，詹森指数的特点是在度量基金业绩时引入了市场基准指数，能够较好地反映基金关于市场的相对表现。

由此可以得知，综合考虑收益和风险两方面因素后，衡量基金相对业绩（即能否战胜市场）的合理方法应该是从其收益中减掉与风险相关的那部分超额收益，即詹森指数所代表的内容，这也就是为什么要在基金投资中突出詹森指数的含义。

因此，投资者可以参考詹森指数，来对基金投资的期望收益与证券市场的期望收益进行比较。投资基金可能在某一段时期收益是一个负值，但这并不表示这个基金不好。只要在这一阶段詹森指数为正，尽管基金的收益是一个负值，我们还是可以认为这个基金是一个优秀的基金；相反，即使某一段时期投资者所购买的基金有现实的现金收益，但如果它的詹森指数是一个负值，那么就表示投资者所购买的基金是一个劣质的基金，因为别的投资者 100 元能赚 20 元，而这个基金管理人只能帮投资者赚 10 元，投资者应当考虑重新选择新的基金。由于将基金收益与获得这种收益所承担的风险进行了综合考虑，詹森指数相对于不考虑风险因素的绝对收益率指标而言，更为科学，也更具有可比性。将詹森指数的概念运用于基金投资中，追求詹森指数的极大化，也就是追求基金超额收益的极大化，是基金投资业绩超越市场组合的最优体现。

**4. 信息比率**

信息比率（Information Ratio），也称估价比率，以马柯维茨模型为基础，用来衡量超额风险带来的超额收益，或者说是衡量单位主动风险所带来的超额收益。它用投资组合的阿尔法值除以其非系统风险表示。

其公式为：

$$IR = \frac{TD}{TE}$$

其中，$TD$ 表示资产跟踪偏离度的样本均值；$TE$ 为资产的跟踪误差。

该比率高说明超额收益高。合理的投资目标应该是在承担适度风险的情况下，尽量追求高信息比率，而非单纯追求高信息比率。

**5. $M^2$ 测度**

虽然夏普测度指标可以用来评价资产组合的业绩，但其数据含义却并不那么容易解释。诺贝尔经济学奖得主弗兰克·莫迪利安尼等推广了经改进的夏普测度指标，他们的方法被命名为 $M^2$ 测度指标。与夏普测度指标相似，$M^2$ 测度也把全部风险作为风险的度量，但是，这种收益风险调整方法很容易解释为什么相对于不同的市场基准指数，会有不同的收益水平。

$M^2$ 测度指标的公式为：

$$M^2 = r_{P^*} - r_m$$

式中，$P^*$ 为一构造组合，其构造方法如下：假定有一投资基金，当我们把一定量的国库券头寸加入后，这个经过调整的资产组合的风险就可以与市场指数（如标准普尔500）的风险相等。比如说，如果投资基金 $P$ 原来的标准差是市场指数的1.5倍，那么经调整的资产组合应包含2/3的基金，1/3的国库券。我们把经过重新构造的资产组合称为 $P^*$，那么它就和市场指数有着相同的标准差，（如果投资基金 $P$ 的标准差低于市场指数的标准差，调整的方法可以是卖空国库券，然后投资于 $P$）。

因为 $P^*$ 和市场指数的标准差相等，于是我们只要通过比较它们之间的收益率就可以来考察其业绩。

对于投资者来说，需要特别注意的是，用以上测度指标来确定哪个资产组合更有吸引力时，其依赖于该证券组合能在多大程度上满足投资者的全面要求。

## 实验一　现代资产组合思想的应用

【实验的目的与要求】

本实验的主要目的在于帮助学生进一步理解资产组合理论的基本思想及其在

投资活动中的应用；通过投资实践理解与单一个股相比组合投资所具有的分散非系统风险的优势。

【实验准备】

1. 选择一台能够正常运行的计算机；
2. 检查是否装有证券行情分析软件和证券模拟交易系统；
3. 检查网络连接和证券行情数据是否显示正常。

【实验步骤】

1. 启动证券行情分析软件；
2. 启动证券模拟分析系统；
3. 从沪深两市上市的 A 股中选取 10 ~ 15 只股票，使其分散于不同地区、不同行业、不同概念的上市公司，进行等权重投资，期限为 3 个月；
4. 将同样的资金投资于这组合中的一只股票，投资期限也为 3 个月，其目的是与选定的资产组合作对比，以验证组合的作用是否好于个股；
5. 跟踪它们的收益率，并在每个交易日末记载下来；
6. 投资期结束后比较组合和单一个股的收益率的差异。

具体实验流程如图 6 –1 所示。

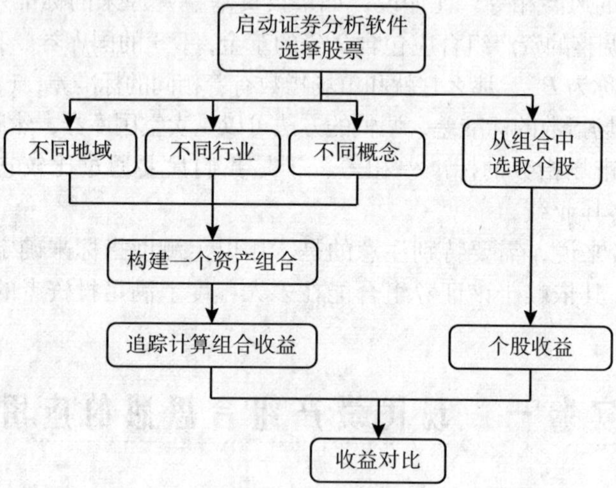


**图 6 –1　实验一流程**

【实验总结】

1. 10~15 只分散于不同地区、不同行业以及不同规模的上市公司的个股确实能够分散掉大部分的非系统风险。

2. 资产组合收益率的波动性远比大部分个股小得多，包括你所选定的个股。

3. 资产组合的收益率不一定高于你所选定的个股，但其风险（以收益的标准差或方差衡量）远远低于单一个股投资的情形。

4. 对于长期投资者来说，其投资目标则是实现其效用最大化，那么与单一个股相比，能够长期带来较稳定收益的投资组合成为他们的第一选择，此类长期投资者一般固定的支付负担，比如房贷、车贷、子女每年的教育费等，投资组合最大化地满足了其需求；但是对于那些以追捧内幕消息来获利的短期投机者来说，投资组合确实不是最优选择。

【思考题】

1. 若你选定的个股在绝大部分的时间收益率均高于投资组合，是否说明投资组合是不成功的？

2. 什么类型的投资者会进行投资组合？在什么情况下，投资者会选择自己看好的个股而不选择投资组合？

3. 在构建投资组合时，对于个股选取需要注意些什么？

4. 如果想要进一步提高资产组合的效用，那么该如何调整个股权重？

## 实验二　投资组合业绩测度方法的应用

【实验目的与要求】

本实验的目的在于使学生进一步熟悉各种收益率计算方法，并根据各种常见的经风险调整的业绩测度指标对自己的组合或投资基金的业绩进行评估，以更好地指导投资实践。

【实验准备】

1. 选择一台能够正常运行的计算机；

2. 检查是否装有证券模拟交易系统；

3. 检查网络连接和证券行情数据是否显示正常。

【实验步骤】

1. 启动证券行情分析软件和模拟交易系统；

2. 根据自己模拟交易记录，分别计算其货币加权收益率和时间加权收益率；

3. 比较这两种收益率的差异，并分析其原因。

4. 从证券分析系统中选择一个代表性的证券投资基金，计算同期的夏普比率、特雷诺比率，并与自己模拟交易的夏普比率、特雷诺比率比较，评价自己投资组合的业绩。

具体实验流程如图 6－2 所示。

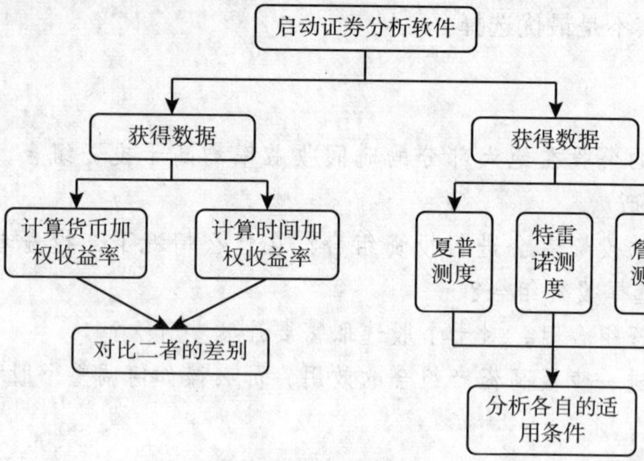


**图 6－2　实验二流程**

【实验总结】

1. 货币加权收益率应该比时间加权收益率更准确一些。因为毕竟当一只股票表现不错时投入越多，你收回的钱也就越多。因此，你的业绩评估指标应该反映这个事实。但是，时间加权收益率有着它自己的用处，尤其是在资金管理行业。在很多重要的实际操作中，资产组合的管理人并不能直接控制证券投资的时机和额度。养老基金的管理就是一个很好的例子：他所面对的现金流入是每笔养老金的注入，而现金流出则是养老基金的支付。很显然，任何时刻的投资额度都会因为管理人无法控制的各种原因而各不相同。由于投资额并不依赖管理人的决定，因此在测算其投资能力时采用货币加权收益率是不恰当的。于是，资金管理机构一般用时间加权收益率来评估其业绩。

2. 对于几何平均和算术平均来说，哪种方法能更好地测算投资业绩？也许几何平均会更好一些，因为它意味着我们必须保持一个稳定的收益率，以配合过去几年投资的实际业绩。它是一个测算过去业绩的好方法。然而，如果你更注重未来的业绩，那么你就得用算术平均来统计了，因为它是资产组合期望收益的无偏估计（假定期望收益不随时间变动）。相反地，因为长样本期的几何平均收益率往往小于算术平均收益率，它就成了股票期望收益的保守估计。

3. 正确的业绩评估取决于被评估资产组合的性质和作用。夏普测度它用于该资产组合就是投资者所有投资的情况；而特雷诺或詹森测度则适用于该资产组合只是众多子资产组合中某个资产组合的情况。

【思考题】

1. 对于基金管理人来说，货币加权平均和时间加权平均收益率哪个更适合用来评价其业绩？

2. 在测算某只股票的收益率时，应该选择算术平均还是几何平均？

3. 有两种资产组合 A 和 B，A 组合的夏普测度大于 B 组合的夏普测度，但前者的詹森测度小于后者，请解释其原因。

## 综合思考题

1. 什么类型的投资者会进行投资组合？在什么情况下，投资者会选择自己看好的个股而不选择投资组合？

2. 若你选定的个股在绝大部分的时间内收益率均高于投资组合，是否说明组合投资是不成功的？

3. 在进行基金投资时，选择夏普比率或特雷诺比率较高的基金投资是否是一个好的策略？

第七
实验单元

# 市场有效性与证券投资策略

## 实 验 目 的

1. 通过对我国证券市场有效性的检验，加深对有效市场假说理论的理解，正确认识我国证券市场的发展水平，选择合适的证券投资分析方法。

2. 了解行为金融学对证券投资行为的理论解释；

3. 比较被动投资策略和积极投资策略的差异，认识两种策略的优缺点。

## 本单元知识要点

# 一、有效市场假设说理论

### （一）有效市场假设说的含义

有效市场假说理论（Efficient Market Hypothesis，EMH）是现代组合投资理论的支柱之一。市场有效性是指股票价格是否已经反映所有要利用的信息。股票市场有效性检验就是考察信息的传递与反映到股票价格中的程度与速度，或考察股票价格对相关信息的反应程度与调整速度。在证券市场中，如果证券价格能对信息作出迅速准确的反应，这样的证券市场就是有效率的；如果信息在市场上传播较慢、信息未被及时合理地体现在证券价格之中，价格就会背离基于真实信息的价值，这样的证券市场就是缺乏效率的。

### （二）有效市场假说的三种形式

法玛（Fama）把证券市场上的信息分为三类：一是历史信息，通常指证券过去的价格、成交量等；二是公开信息，如红利公告等；三是内部信息，指非公开信息。依据证券价格所反映信息的不同，有效市场可分为三种类型：

（1）弱式（weak form）有效市场。

在弱式有效市场中，证券价格包含所有历史信息，如以往证券价格和收益率。如果这是正确的，投资者就无法利用过去证券价格所包含的信息评估错误定价的证券，获得超额利润。此时，技术分析将失效。假设投资者风险中性，这种形式的 EMH 被简化为随机游走假设。

（2）半强式（semi-strong form）有效市场。

在半强式有效市场中，证券价格反映了所有公开可用的相关信息。这些相关信息不仅包括以往证券价格和收益率，还包括所有公开信息，如财务报告信息、经济状况的通告资料和其他公开可用的有关公司价值的信息、公开的宏观经济形势和政策信息等。根据半强式有效市场假说，信息只要一公布，所有投资者会立即反应，从而使价格反映所有公开信息。因此，投资者不仅无法从历史信息中获取超额利润，还无法通过分析当前的公开信息获得超额利润。此时，基于公开资料进行的基本分析毫无用处。

（3）强式（strong form）有效市场。

它是有效市场的最高形式。所有公开和未公开信息都反映到了证券价格中。这些信息包括所有相关的历史信息及所有公开信息，还包括仅为少数人，如董事会、经理等所知的内部信息。如果强式有效市场假说正确，尚未公开的内部信息实际上早已泄露出来并反映在证券价格中。在这种情况下，投资者即使拥有内部信息，也无法获得超额利润。此时，资产组合经理会采取消极保守策略，只求获得市场平均收益率。事实上，这是一种无法达到的理想状态。

### （三）有效市场假说理论的实证检验

根据有效市场假说的含义，可以得出一个有效市场假说共同的检验方法，即检验股票收益在一定范围内的可预测性。针对有效市场假说的三种类型，检验过程所使用的信息层次不同：弱式有效使用历史信息，半强式有效使用的是公开信息，而强式有效则使用所有信息。

**1. 弱式有效市场的实证检验**

（1）随机游走模型。

根据弱式有效市场理论假设，今天的股票价格应该反映了该股票所有的历史价格数据。因此，在弱式有效市场中，股票价格变动与其历史行为方式是独立的，即股票价格变动的历史时间序列数据呈现出随机游走形态，即价格序列下一时期的演化不依赖于其前期的结果，即独立于以前的结果。

弱式有效检验使用的是股票价格的历史数据，通常是使用如下随机游走模型进行检验：

$$p_t = p_{t-1} + \varepsilon_t \tag{7-1}$$

其中，$p_t$ 为证券在第 $t$ 天（周或月）的价格或股价指数；$p_{t-1}$ 为证券在第 $t-1$ 天（周或月）的价格或股价指数，$\varepsilon_t$ 是个白噪声，即满足期望为零及独立同方差的马尔科夫假定。如果证券价格呈随机游走状态，即证券市场达到弱式有效，则 $p_t$ 与 $p_{t-1}$ 之间相互独立，或者说，其相关系数应等于零；反之，$p_t$ 与 $p_{t-1}$ 之间的相关系数不等于零。

上述模型主要存在两个问题：一是，证券的后期价格是在前期价格基础上的递增或递减，对前期价格存在依赖关系；二是，模型要求价格每下一步的走向都是随机的，对随机误差项的独立同方差性要求太高。因此，学者们在研究中一般采用收益指标取代价格指标，将问题转化为检验前期的收益率与后期的收益水平率之间是否存在自相关，即：

$$R_t = R_{t-1} + \varepsilon_t \tag{7-2}$$

其中，$R_t$ 为证券在第 $t$ 天（周或月）的收益水平；$R_{t-1}$ 为证券在第 $t-1$ 天（周或月）的收益水平，$\varepsilon_t$ 是随机项，满足 $E(\varepsilon_t)=0$，$Var(\varepsilon_t)=\sigma^2$。

根据上述模型，若 $R_t$ 与 $R_{t-1}$ 之间不存在显著的系统性变动关系，则证券收益序列成随机游走特征。

对随机游走模型的检验主要采用相关性检验和游程检验两种方法。

①相关性检验。定义每一天的变动率为 $R_t$：

$$R_t = \frac{p_t - p_{t-1}}{p_{t-1}} \tag{7-3}$$

其中，$p_t$ 为当日收盘价，$p_{t-1}$ 为上一日收盘价。

设 $k$ 为相关性检验的时间差，本年度数据量为 $n$。从当年变动率数据中抽取两个序列：（1，2，…，$n-k$）以及（$k+1$，$k+2$，…，$n$），计算两个序列之间的相关系数，公式为：

$$\gamma = \frac{\sum_{t=1}^{n-k}\left(R_t - \frac{1}{n-k}\sum_{i=1}^{n-k}R_i\right)\left(R_{t+k} - \frac{1}{n-k}\sum_{i=1}^{n-k}R_{i+k}\right)}{\left[\sum_{t=1}^{n-k}\left(R_t - \frac{1}{n-k}\sum_{i=1}^{n-k}R_i\right)\sum_{t=1}^{n-k}\left(R_{t+k} - \frac{1}{n-k}\sum_{i=1}^{n-k}R_{i+k}\right)\right]^{\frac{1}{2}}} \tag{7-4}$$

计算统计量 $Q_m = \sum_{k=1}^{m}(n-k)\gamma_k$，$k$ 为滞后天数。

若所选模型成立，$Q_m$ 遵从自由度为 $m$ 的 $\chi^2$ 分布，即 $Q_m \sim \chi^2(m)$。

②游程检验。游程检验是一种非参数检验，通过观察各期股价变动的正负符号的秩是否一致，并将实际观察秩的数目与秩数目的期望值相比较。如果两者相差不大即可判断各期股价变动并无关联。反之，如果两者差异极大，则可认为各

期股价的变动具有相关性。在随机游走假设下，当样本容量很大时，总游程 $Q$ 服从正态分布。构造统计量 $Z$：

$$Z=\frac{Q-E(Q)}{\sigma_Q} \tag{7-5}$$

其中，$E(Q)$ 为总游程的期望值，$\sigma_Q$ 为总游程的标准差。

$$E(Q)=\frac{N+2N_1N_2}{N_1+N_2} \tag{7-6}$$

$$\sigma_Q=\sqrt{\frac{2N_1N_2(2N_1N_2-N_1-N_2)}{(N_1+N_2)^2(N_1+N_2-1)}} \tag{7-7}$$

其中，$N$ 是股价变动的总天数，$N_1$ 是股价上升的天数，$N_2$ 是股价下降的天数。如果市场是弱有效的，$Z$ 服从标准正态分布。

（2）检验各种股票技术分析方法及交易规则的有效性。

该方法是验证是否可以从股票价格数据中发现任何能识别和利用的规律来预测未来的变化，进而可通过该种规律或模式来获得异常收益。如果不能发现这种规律或模式，则说明市场已达到弱式有效。这一类检验中比较典型的是对过滤法则的检验、时间效应的检验和技术分析方法的检验。

①对“过滤法则“的检验。过滤法则是指当证券价格上涨 $X\%$（$X\%$ 被称为过滤程度）时，立即购买并持有这一证券直到它的价格从前次上涨时下跌 $X\%$；当证券价格从前一次上涨中下跌 $X\%$ 时，立即卖出持有的证券并做卖空交易；此后，购买新股并填平卖空。如此循环操作。简单来说，就是当证券价格开始上涨时，投资者立即购入证券；当证券价格开始下跌时，投资者立即卖出持有的证券并做卖空；然后平仓。这一过程不断重复进行，考虑到交易费用后这些过滤规则通常不能产生交易利润，这就支持了弱式有效市场假说。

②对证券市场的“时间效应”的检验。如果市场存在“周末效应”或“周内效应”，即证券市场中一周内各交易日收益率存在差异，例如周一的股价较低，周五的股价达到最高。这样，若周一购买后在周五售出，则可获得一定的异常收益。类似的还有“年末现象”，在年底股价下降，年初又迅速回升。因此，年末买入后在来年年初卖出，也可获得一定的异常收益。如果上述两种现象存在，且异常收益并未因交易费用而抵消，则说明股市未达到弱式有效。

③对某种技术分析指标的检验。选择一个与股票价格变化有关的技术分析指标，然后按照这一指标数值的指示决定买入卖出某种股票。如果这种操作策略在扣除风险和交易成本等因素后，能比一般投资者取得更高的收益率，则技术分析有效，对应的是证券市场无效。反之，技术分析的有效性越弱，证券市场的有效

性越强。

**2. 半强式有效市场实证检验**

半强式有效市场假说的检验主要验证股票价格是否能充分迅速地反映任何公开信息。如果能，则投资者不可能利用任何公开信息获取异常收益；反之，如果股票价格对任何公开信息的反映具有滞后性或者不完整性，则投资人便可能利用该公开信息获取异常收益。

目前最主要的研究方法是事件研究（event study）法。该法最早由 Fama 和 Roll 等人在 1969 年分析股票拆细信息对股票价格的影响时提出。其原理是根据研究目的，选择某一特定事件以研究事件发生前后某一段时间内样本股票价格或收益率的变化，进而解释特定事件对样本股票价格或收益率的影响。

事件研究法被普遍应用于与企业有关事件和经济类事件的分析，例如公司的兼并和收购、盈利公布、新股增发、财务报表公布、资产重组、内幕交易、宏观经济变量（如贸易赤字）的变化等事件对股票价格的影响。事件研究法的突出优点是，其研究过程具有简单明了的逻辑线索，即某事件的发生是否影响了价格的时间序列数据。这种影响的程度是用非正常收益来计算的，故又称之为累积异常收益率法（Cumulative Abnormal Return，CAR）。

事件研究法一般可以分为以下几个步骤：

（1）定义所要研究的具体事件及相应的事件窗口。

根据研究目的，选择特定事件或信息，然后就股价对事件信息的反应速度，确定对其进行检验的时间区间，这个时间区间称为事件窗。例如，检验盈利公布对股价的影响，盈利公布就可以看作是事件，事件窗可以选为事件公布的当天或第二天。但在实际分析中，市场价格对不同的信息往往有不同的反应速度，所以选择“最优事件窗”也因时间不同而定。

例如，在一个信息披露不规范的股票市场上，某一事件的信息在正式公布前一段时间内，就已在市场上流传，进而对股价产生影响。因此，可以适当扩展事件窗，以便较全面地把握该事件对股价的影响。但在扩展事件窗时要注意，虽然事件窗越大越可以充分把握该事件对股票价格的影响，但是如果事件窗过长，那么引入研究事件以外的其他不相干因素干扰的可能性也会越大。如在研究盈利公布的事件窗口内，某上市公司发生了重大并购，那么这两个事件都会对股价产生影响，难以将它们相互分离。

事件分析的时间轴如图 7－1 所示。

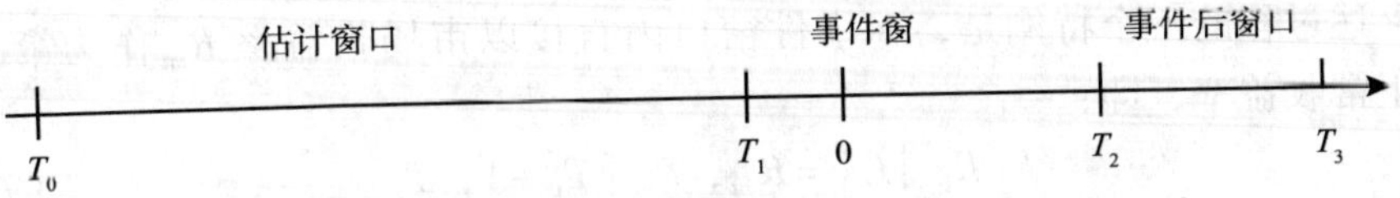


**图7-1　事件分析的时间轴**

用 $t=0$ 表示事件发生日期，$T_0$ 到 $T_1$ 表示估计窗口，$T_1$ 到 $T_2$ 表示事件窗。

设 $L_1$ 表示估计窗口和事件窗的长度，$L_1=T_1-T_0$；$L_2$ 表示事件窗的长度，$L_2=T_2-T_1$。位于事件窗的异常收益用于衡量因事件发生而对股价的影响程度，估计窗口则用于衡量事件未发生时的正常收益。

由于股票价格的变化是由事件引起的，在划分估计窗口和事件窗时，两者最好没有重叠，以免在估计正常收益时，受到事件的影响，使得事件研究方法出现问题。$L_3=T_3-T_2$ 为事后事件窗长度，对事件后的股价或异常收益率进行分析。

（2）样本选取。

在确定了所关注的事件后，需要制定一定的原则来确定对哪些公司进行事件研究。一个重要的原则是所选取的样本公司在事件窗口内没有发生其他重大事件，以消除其他事件对其市场表现的影响。

（3）正常收益和异常收益的度量。

为了评价事件对所研究样本中个体 i 收益水平的影响，需要对异常收益（abnormal return）进行度量。假设事件没有发生或没有这个事件，此时个体 i 的收益成为正常收益（normal return），一般用事件没有发生时的预期收益 $E[R_{it\,|}|I_t]$ 表示。但现在由于事件发生了，其收益成为事后或实际收益凡。异常收益 $AR_{it}$ 则是事件窗中的事后收益（实际收益）减去正常收益或预期收益。即对第 $i$ 个公司和事件窗［$T_1+1$，$T_2$］中的 $t$ 时刻有：

$$AR_{it}=R_{it\,|}-E[R_{it\,|}|I_t],\ t\in[T_1+1,\ T_2] \tag{7-8}$$

显然，如何设计和选择计算正常收益的模型是整个事件研究法的基础性步骤。在计算正常收益时，有许多模型可以选择，常用的有以下几种。

①市场模型。市场模型的理论基础是市场中任何证券的收益与市场投资组合的收益存在相关性。如对第 $i$ 种股票，有：

$$E\ [R_{it\,|}|I_t]\ =\hat{\alpha}_i+\hat{\beta}_iR_{mt},\ t\in[T_1+1,\ T_2] \tag{7-9}$$

其中，$R_{mt}$ 为市场投资组合 $m$ 的收益率；$\hat{\alpha}_i$、$\hat{\beta}_i$ 分别为市场模型的参数。

在应用中，市场投资组合的收益一般选为综合指数的收益，而参数 $\hat{\alpha}_i$、$\hat{\beta}_i$ 则要利用估计窗口［$T_0$，$T_1$］内的数据按市场模型加以估计。

上述过程的一个特例是，在事件窗口内直接以市场收益率 $R_{mt}$ 作为第 $i$ 种资产的正常收益率，即：

$$E[R_{it}|I_t]=R_{mt},\ t\in[T_1+1,\ T_2] \tag{7-10}$$

②常数均值模型（constant mean return）。常数均值模型假定个体 $i$ 在事件窗口内的正常收益是常数，

$$E[R_{it}|I_t]=\mu_i,\ t\in[T_1+1,\ T_2] \tag{7-11}$$

此时 $\mu_i=\dfrac{1}{(T_1-T_0)}\sum\limits_{t=T_0}^{T_1}R_{it},\ t\in[T_0,\ T_1]$ (7-12)

即用估计窗口［$T_0$，$T_1$］内实际收益率的平均值作为事件窗口［$T_1+1$，$T_2$］内的正常收益或预期收益。

除了上述两种模型之外，还可以用多因素模型，如 Fama 的三因素模型作为正常收益率模型等。有一些实证研究结果表明，用以上不同的方法估计正常收益，其效果相差不大。在针对我国证券市场的研究中，均值模型在不同情况下对事件研究有很多优于市场模型的特点，运用均值模型可以更有效地达到探测股票价格事件性表现的目的。

在运用特定模型求出样本中个体 $i$ 在事件窗日内的正常收益后，用实际收益率和正常收益率的差作为事件窗口内异常收益率的估计。

当用市场模型估计正常收益时，个体 $i$ 的异常收益为：

$$AR_{it}=R_{it}-E[R_{it}|I_t]=R_{it}-\hat{\alpha}_i-\hat{\beta}_iR_{mt},\ t\in[T_1+1,\ T_2] \tag{7-13}$$

当用常数模型估计正常收益时，异常收益率为：

$$AR_{it}=R_{it}-E[R_{it}|I_t]=R_{it}-\mu_i,\ t\in[T_1+1,\ T_2] \tag{7-14}$$

整个样本中所有 $N$ 种股票在 $t$ 时刻的平均异常收益率为：

$$AAR_t=\frac{1}{N}\sum_{i=1}^{N}AR_{it} \tag{7-15}$$

事件窗口内，从时点 $\tau_1$ 到时点 $\tau_2$ 之间的时间段（$T_1<\tau_1\leqslant\tau_2\leqslant T_2$），对于第 $i$ 只股票，其累积异常收益率为：

$$CAR_i(\tau_1,\ \tau_2)=\sum_{t=\tau_1}^{\tau_2}AR_{it} \tag{7-16}$$

整个样本的 $N$ 种股票从时点 $\tau_1$ 到时点 $\tau_2$ 的平均累积异常收益率为：

$$CAR(\tau_1,\ \tau_2)=\frac{1}{N}\sum_{i=1}^{N}AR_{it} \tag{7-17}$$

如果从事件窗口的起点 $T_1+1$ 开始，到事件窗口内的另一时点 $t(t\leqslant T_2)$ 结束，对于第 $i$ 只股票这一段时间累积异常收益率为：

$$CAR_{it} = \sum_{\tau = T_1 + 1}^{t} AR_{i\tau} \tag{7-18}$$

整个样本的全部 $N$ 种股票在 $[T_1+1,\ t](t \leqslant T_2)$ 内的平均累积异常收益率为：

$$CAR_t(\tau_1,\ \tau_2) = \frac{1}{N}\sum_{i=1}^{N} CAR_{it} \tag{7-19}$$

（4）实证结果的表述和检验。

如果事件发生对股价无影响，那么对于事件窗口内的任一时点 $t$，整个样本的平均异常收益率 $AAR_t$ 应服从均值为 0 的正态分布；对于事件窗口内任两个时点 $\tau_1$ 到 $\tau_2(T_1 \leqslant \tau_1 \leqslant \tau_2 \leqslant T_2)$ 之间的平均累积异常收益率 $CAR(\tau_1,\ \tau_2)$ 也应均服从均值为 0 的正态分布。因此，通过检验事件窗口内时点 $t$ 的平均异常收益率 $AAR_t$ 或截至 $t$ 时点的累积异常收益率 $CAR_t$ 的均值是否为 0，来确定事件发生对股价是否产生影响。

**3. 强式有效市场的实证检验**

对强式有效市场的实证检验比较复杂。强式有效的信息集包含所有公开的和内幕的信息，但这一信息集在实践中显然难以进行精确定义，而对所谓的内幕信息的内涵也不容易界定，资料的获取非常困难。另外，在金融学研究领域内，一般认为在现代市场条件下，交易技术、监管手段的进步以及强制性信息披露制度的广泛运用，内幕交易量与整个市场相比微乎其微。为此，对强式有效市场假说的检验主要是以间接方式进行，即通过检验专业投资机构（主要是共同基金）的股票交易的盈利状况，来发现是否有投资者能持续获取超额利润。

之所以通过考察那些机构投资者的表现来证实强式有效市场，是因为只有这类投资者才能有足够的实力维持对一个公司或者一个行业的长期研究。由于专业投资机构在日常经营活动中，通常都会迅速建立起自己与政府间、自己与投资对象间、自己与社会相应部门间广泛而密切的关系网，以尽可能地获取第一手信息，因此专业投资机构也有可能获得垄断性的未公开信息。如果能发现某一机构投资者具有重复超额收益，则表明它具有预测能力，即它通过研究所掌握的信息没有为市场价格所体现。如果投资机构没有获得超额收益的预测能力，则表明市场是强式有效的。

## 二、行为金融理论

### （一）行为金融理论的含义

行为金融理论是将行为学、心理学成果运用到金融市场上产生的一种新理论，是基于心理学实验结果提出投资者决策时的心理特征假设来研究投资者实际投资决策行为。

作为一个新兴的研究领域，行为金融至今没有一个为学术界所公认的严格定义，一般认为：

（1）行为金融是传统经济学和金融学与心理学和决策科学的综合体。

（2）行为金融试图解释实证研究发现的与传统金融相悖的金融异象。

（3）行为金融研究投资者在决策时是如何系统性地出错的，或者说是研究投资者如何犯心理错误的。

### （二）行为金融的理论基础

**1. 期望理论（Prospect Theory）**

在心理学研究的基础上，特维斯基（Tversky）和卡尼曼（Kahneman）1979年提出行为金融学的重要理论基础—期望理论。其主要理念一方面，在一定程度上继承了传统金融理论关于人类具有根据成本收益采取效用最大化原则的倾向；另一方面又提出，由于有限理性、有限自制力和有限自利的存在，人们不完全像主流理论所假设的那样，在每一种情况下都清楚地计算得失和风险概率，人们的选择往往受到个人偏好、社会规范、观念习惯的影响，因而决策存在着不确定性。具体来说，主要包括以下论断：

（1）决策参考点（reference point）。投资者投资时判断效用的依据并不像传统理论所论述的是最终财富水平，而是总会以自己身处的位置为衡量标准来判断行为的损益。有了参考点，人们更重视预期与结果的差距而不是结果本身。因此选择什么样的决策参考点至关重要。正是由于决策参考点的存在，才使得预期具有不确定性和不稳定性，由预期所带来的行为也不可能与理性选择理论完全相符，所以很多时候投资者的行为偏离了传统金融模型。

（2）损失规避（loss aversion）。根据参考点进行心理算计的时候，某一数量的损失带给投资者的痛苦要远远大于同等数量赢利带给投资者的愉悦。因为在不确定的条件下，人们的偏好是由财富的增量而不是总量所决定的，人们对于损失的敏感度要高于收益。从而使得投资者赢利时表现出风险喜好，而在遭受损失时表现出风险厌恶，这与标准金融投资者在进行选择时总是风险厌恶是有很大区别的。

（3）价值函数。价值函数是期望理论用来表示效用的概念，它与标准效用函数的区别在于它不再是财富的函数，而是赢利和损失的函数。曲线在赢利定义域内通常是凹的，在损失定义域内通常是凸的，而且曲线在损失定义域内要远远比赢利定义域内的陡峭。同时，价值函数和斜率在参考点处是不连续的，它表明以此为界，投资者对待风险的态度是截然不同的。价值函数期望理论中，对不同选择可能产生的结果（即预期值）的计算和比较，是以价值（效用）与决策权值的乘积为基础的。

（4）非贝叶斯法则的预期（non – Bayesion forecasting）。概率论中的贝叶斯法则指的是当分析的样本数接近总体数时，样本中事件发生的概率将接近于总体中事件发生的概率。但期望理论认为人在对不确定情况下作预期时，经常会出现对贝叶斯法则的违背。常常把小样本中的概率分布当作总体的概率分布，夸大小样本的代表性。

（5）框架效应（framing effect）。人们在进行决策时，在考虑预期效用的同时，还会受到问题框架方式的影响，也就是说，问题以何种方式呈现，也会在一定程度上影响人们的决策。如面对预期效用相同的确定性收益和风险性收益，投资者会选择确定性收益，表现出风险厌恶的特征；而面对预期效用相同的确定性损失和风险损失，投资者会选择风险损失，表现出风险爱好的特征。

**2. 行为组合理论（Behavioral Portfolio Theory）与行为资产定价模型（Behavioral Asset Pricing Model）**

根据现代资产组合理论，投资者应把注意力集中在整个组合而非单个资产的风险和预期收益上。这是因为最优的投资组合处在均值方差有效前沿上，就需要考虑不同资产之间的相关性。但现实中大多数投资者构建的是一种金字塔状的行为资产组合，资产之间的相关性很低。行为资产定价模型（BAPM）与资本资产定价模型（CAPM）的不同在于，BAPM 中投资者并非都具有相同的理性信念，而是被分为两类：信息交易者和噪声交易者。前者是完全按 CAPM 行事的理性交易者，不受认知偏差的影响；后者则相反，这两类交易者相互影响，共同决定资产价格。当前者在资产价格形成过程中起主导作用时，市场表现为有效率，当后者的作用较大时，市场表现为无效率。

**3. 投资行为偏差**

证券市场异象除了可以用上述理论解释外，还可以从投资者复杂心理的角度来分析。

大量的行为学研究发现，证券市场异象是由投资者投资行为偏差引起的，而这种投资者投资行为偏差又可能是由于启发性思维偏差、心理分隔和推理心理对前期信息的需要造成的。启发性思维偏差主要包括：

（1）选择性偏差。即投资者容易把未知事件归入已知的某类事件中。如网络科技的兴起，一度导致一些网络股回报率很高，致使某些投资者误认为只要是与网络沾边的股票都会有高回报。基于这种心理，引起了对已知信息的过度反应，导致网络股 IPO 定价不合理，最终出现了触网泡沫。

（2）显著性思维。指小概率事件一旦发生其产生的影响很大。如飞机失事、大公司破产这样的小概率事件一旦发生，人们主观上会高估该小概率事件发生的可能性。如“非典”的突然暴发即属于小概率事件，人们过高地估计了它对经济的影响，引起了股票市场的过度反应，致使股价短期内出现暴跌。

（3）过度自信。大量的心理学研究表明人往往是过分自信的，而且越是在处理棘手的问题或任务时过分自信的程度越强。投资者的过分自信会导致他们夸大与股票价值有关的私人信息的准确性，对凡是能增强自信的信息容易反应过度，而对伤害自信的信息却容易反应不足。证券市场中的处置效应就是投资者过分自信的一种表现，由于不愿承认自已决策失误，而继续持有已经发生损失的股票。

（4）锚定效应。当投资者作预测或决策时，常会受到以前相关信息的影响，导致对新信息反应不足。通常，人们习惯于依据特定事件的表面特征来区分，即不同于期望理论通过整体来观察事物，而是各自独立地对单个决策进行判断。特维斯基和沙菲尔（Shafir）曾做过的一个实验说明，证券市场中公告效应的存在很可能是因为推理心理效应在起作用。当第一次赌的结果已知时，无论输或赢，实验者均选择继续赌，而当第一次赌的结果未知时，实验者都不愿再赌，这表明人们往往要等到有信息公布后才会作出决定。这就是为什么公告出台后，投资者才有反应，股价和交易量才会波动。

### （三）行为金融的研究主题

行为金融的研究主题可以分为两个层次：第一个层次是个体行为，是指投资者因为受个体主观因素影响导致的行为方式偏差。它侧重于分析投资者个体行为，以及这种普遍性的个体行为偏差对市场可能产生的中长期影响；另一个层次就是群体行为，它主要是指因投资者之间行为的相互影响而导致的市场整体表现出的行为方式偏差。投资者的行为总是相互影响、相互依存的，因此交易行为与其说是投资者与市场的交易，不如说是投资者之间的交易。

2000 年，舍夫林（Shefrin）将行为金融学的研究主题具体分为三个部分：启发式偏误（Heuristic-driven Bias）、框架依赖（Framing Dependence）、非有效市场（Inefficient Market）。

**1. 启发式偏误**

一般来说，人们常用解决问题的策略可以分为算法和启发法。所谓算法，是指解决问题的一套规则，它能够精确地指明解题的步骤。人类在解决规范性、确定性的问题，尤其是就封闭性任务作出决策时往往采取算法思维，如数学家利用数学推导形成假设的过程是典型的算法思维。启发式思维是指人们不是严格理性地收集所有信息进行客观分析和概率计算，而是试图在头脑中“寻找捷径”，依靠直觉或以往的经验制定决策，也称之为“经验法则”或“拇指法则”。虽然算法具有理性推理的合理性，但有些情况下，不是所有的问题都有自己的算法，而且许多问题的算法过于繁杂，人们受制于时间、信息等限制，事实上很难应用这些算法。

心理学的研究表明，人们在面对复杂、不确定的、缺乏现成算法的问题时所采取的是启发式决策过程方式进行决策，寻求解决问题的捷径。这种方法会导致人们形成一些经验规则，这些经验规则往往使得人们处理问题和决策判断时有了一些相对迅速、简单的方法和标准。在日常生活中，启发式决策经常被采用而且十分有效。比如，商店打折促销时，商品价格会便宜一些等。在这些情况下人们不用经过论证就知道结果是正确的。但是当涉及与统计有关的投资行为时，大量的行为学研究发现，人的心理状况会扭曲推理过程，常常会导致一些不自觉的偏误，这些过程的推理结果就表现为一系列心理偏差，即所谓的“启发式偏误”。

**2. 框架依赖**

人们在决策过程中，并不仅仅依赖于已有知识和记忆，心理状态、问题表达方式同样会影响人们对一个事物的认知和判断。框架依赖就是指个人会因为情景或问题表达的不同而对同一种选项表现出不同的偏好序列，从而做出不同的选择。框架依赖体现出人是有限理性的，同一个选择的不同表达方式可能会引导我们关注问题的不同方面，致使我们在寻找真实、潜在的偏好时犯错误。

由框架依赖导致的认知与判断偏差即为“框架偏差”，它是指人们的判断和决策很多时候依赖于问题的表面形式。在日常生活中，人们的框架依赖所导致的偏误主要表现形式有过度自信、交易过度、后见之明、反应过度、反应不足、损失厌恶等。

**3. 非有效市场**

EMH 提出后，引起了投资者和理论研究者的广泛关注，研究人员对此进行了大量的研究。从理论上来说，套利理论论证了金融市场的有效性，基于证券市场的大量数据资料所进行的实证检验也几乎都肯定了该理论的正确性。然而 20 世纪 80 年代以来，EMH 不断受到挑战。按照 EMH 理论，如果证券市场上的证券价格能够迅速充分反映所有有关证券价格的信息，投资者就不可能利用某些分析模式和相关信息始终如一地在证券市场上获得超额利润。然而，大量的实证研究和观察结果表明股票市场存在着收益异常现象，这些现象无法用 EMH 和现有的定价模型来解释，因此，被称为“异象”或者“未解之谜”。比如易获得性偏误、代表性偏误和锚定性偏误、价格反转、价格惯性等。

## 三、行为金融学对主要投资行为的理论解释

### （一）价格惯性

价格惯性在证券市场上源于投资者的“有限理性”，它导致了证券价格持续性的上涨或者下跌。早在 1967 年，利维（Levy）就发现采用相对强势的策略，即买入现价远高于过去 27 周平均价的股票，可以获得显著的异常收益。1993 年，杰加迪西（Jegadeesh）和梯特曼（Titman）采用 1965 ~1989 年间纽约证券交易所和美国证券交易所的上市公司股票进行抽样研究，他们进行了 16 种惯性交易策略研究，发现这 16 种惯性交易策略中，几乎所有的策略都能够获得显著正的利润，即使是在经过风险调整之后、扣除交易费用之后依然显著，而且惯性现象的存在得到了后续实证研究的支持。这主要是基于投资者的有限理性，投资者在进行投资决策时，对相对较近的数据更为重视，而对相对较远的历史数据更为忽视，主要利用近期数据进行投资决策。当近期证券价格上涨时，投资者预计会继续上涨从而采取买入证券策略，从而推动证券价格继续上涨；当近期证券价格下跌时，投资者预计会继续下跌从而采取卖出证券策略，从而推动证券价格继续下跌，导致了相对短期内的证券价格惯性现象，使惯性交易策略成为一种超额获利交易策略。

### （二）反应过度和反应不足

传统金融理论把反应过度和反应不足解释为“异常现象”。法玛认为股票价格对信息的反应过度和反应不足是同样普遍的，这与市场有效性假说是一致的：这种异常现象只不过是偶然性结果，但是这种解释被越来越多的人怀疑，因为这种异常行为普遍存在于世界各地的证券市场中。德邦特（DeBondt）和泰勒

(Thaler) 指出，过去较长时间里表现较差的股票在未来 3 到 5 年的市场表现超过过去表现较好的股票，这表明股票在长期区间存在过度反应现象。而前面提到的杰加迪西和梯特曼的研究结果则表明股票市场在中期存在一定的反应不足特征。

近年涌现出的一些有关人的心理行为描述的模型，可以用来很好地解释过度反应和反应不足现象，其中最具有代表性的主要有四个，包括 BSV 模型、DHS 模型、HS 模型以及 BHS 模型。这些模型从行为人不同的主观判断以及行为人对于信息的不同反应等多个角度解释了股票市场上普遍存在的短期动量效应，即反应不足现象以及长期反转效应，即过度反应现象，其对反应过度和反应不足的解释已经远远超出了传统金融学的研究范畴。

以 BSV 模型为例，BSV 模型通过投资者心态模型对反应不足和过度反应现象在同一架构下进行了解释。该模型是这样定义上述两个概念的：过度反应的含义是在足够多的正向冲击之后预期投资收益要低于同样数量的负向冲击后的预期收益；反应不足意味着在正向冲击之后的预期投资收益要高于负向冲击后的预期收益。其概念的含义就是投资者容易对单个的收益变动产生反应不足，而对同方向收益的连续变动产生过度反应。

BSV 模型将选择性偏差和保守主义情绪这两个认知心理学的概念同投资者对有关收益的信息反应有机地结合在一起，来解释市场中反应不足和过度反应现象。所谓选择性偏差是指投资者常常根据自身对某一类特定事物的代表性观点，来预测某些事件的发生概率；而保守主义情绪是指人们对于新事物和新信息的思维变化是相对缓慢的。很多心理学家证实存在这样的现象，即人们对于其信念或者主观判断的改变需要一定的时间，虽然他们会根据新的信息调整其想法，但这种调整往往是不充分的。总之，过分重视近期的数据是导致投资者对于短期投资收益的惯性行为和长期投资收益的反转行为的重要原因，从而形成了上述反应过度和反应不足现象。

### （三）羊群效应

金融市场的特征之一，是市场运行由个体和组织的相互作用所决定，而每个个体和组织又涉及具体的投资决策过程和定价过程。金融市场中的“羊群效应”与此特征密切相关，它是指由于受其他投资者采取的某种投资策略的影响而采取相同的投资策略，即投资人的选择完全依赖于舆论，或者说投资人的选择是对大众行为的模仿，或者过度依赖于舆论，而不是基于自己所挖掘的信息。这一效应的关键在于其他投资者的行为会影响个人的投资决策，并对他的决策结果造成影响。

金融市场中的“羊群效应”只是社会上诸多从众现象中的一种。社会心理学的实验证实，当客观现实很模糊时，大众的行为就成为信息源，或者说大众的行为提供了一个人应如何行动的信息。在某种环境约束下，大众行为所传递的如何行动的信息成为各种可获得信息中的有效信息时，人们的决策就会以此为依据，因此出现了各种从众现象。“羊群效应”可分为“理性羊群效应”和“非理性羊群效应”两类，这取决于羊群行为是否可以使得参与者的经济利益增加。如果参与羊群行为可以增加参与者的经济福利，那么这种行为就是属于理性羊群行为，反之就是非理性羊群行为。

## 四、积极投资策略和消极投资策略

### （一）主动投资策略和消极投资策略的含义

积极投资策略是投资者主观判断证券市场目前还未达到充分有效的前提下，通过对相关信息进行深入研究挖掘，发现价格与价值相背离的股票。积极投资策略的选择是基于市场的无效性，其绩效取决于投资者的个人投资能力。积极投资的目标就是通过采取相应的积极交易策略，通过选择购买股票或者基金的时机和品种，以期获取超过市场平均水平的超额投资收益。

消极投资策略建立在随机漫步理论和混沌理论之上，认为单个证券的非系统风险是很难避免的，其价格的变化用任何方法也无法准确预测，只有通过建立一个充分分散化的证券投资组合才能够完全化解非系统风险，消极投资以获取市场平均收益为目标，而不是去寻找那些定价过低或过高的证券。

### （二）积极投资策略和消极投资策略的区别

积极投资与消极投资是经典的股票投资战略，二者的根本区别源于投资理念，即对“人是否能够战胜市场”这一问题的回答。前者认为，人可以有效识别并捕捉市场定价无效的区间，从而持续稳定地预测资本市场的未来运行轨迹，并根据这一预测体系形成以“时机抉择”为特征的投资策略，从而由市场无效中获得超过其风险承担水平之上的超额收益，达到战胜市场的目标。后者则认为，市场定价机制是有效率的，投资人可能在短期内偶然取得超额收益，但无法对投资时机作出长期、系统、正确的判断，因此放弃对投资对象价格转折点作出系统预测的努力，而以现代数理统计为基础，根据投资对象价格的规律性特征选择自己的投资战略与投资策略，取得与所承担的风险相适当的收益。

投资的过程中，积极投资与消极投资战略存在明显区别：

在资产配置上，最积极的是战术性资产配置，最消极的是买入并持有策略，介于二者之间的是固定比例策略、混合保险策略等。

在投资风格上，最消极的是不进行选择，即构造指数基金，购买整个市场；比较积极的是选择并保持某种投资风格，如只投资于价值股、成长股、小盘股等股票类型中的一种或多种；最积极的是在不同投资风格之间进行转换。

在个股选择上，最消极的是在每个细分市场上不刻意选择个股，而是构造所选细分市场的指数基金；最积极的是对个股的积极选择与转换；介于二者之间的是买入并长期持有某些个股，或同时在几个细分市场上投资，但在某些细分市场进行积极的个股选择，在另一细分市场构造指数基金。

### （三）积极投资策略和消极投资策略的争论

积极投资战略以战胜市场、获取市场超额收益为目标，主要包括以技术分析为基础的投资战略、以基本分析为基础的投资战略和市场异常策略三类。20 世纪 80 年代以前，积极投资策略一直是主流的投资策略，实务界普遍都奉行积极投资策略。人们相信出色的基金管理人可以取得比市场平均水平更好的业绩，即战胜市场。采取积极投资策略的基金认为有效市场理论有缺陷，市场并不那么有效，至少不是任何时候都完全有效，有低估的证券，有价值未被发现的证券，有错误定价的证券，这类证券不仅有而且还不少。因此通过收集和挖掘来自多方面的信息，如宏观经济、行业前景及上市公司财务状况等，寻找价值被低估的股票，并在其价值得到合理定位后抛售，获得高于市场指数的收益，即战胜市场。事实上，的确有人持续地战胜了市场，取得了非凡的业绩，如人们熟知的巴菲特。

有效市场理论支持者的看法则完全相反，他们认为，因为市场是有效的，以至于关于某种股票的任何信息都迅速地反映在当前价格中。除非靠运气，否则不能指望战胜市场。因此，收益预测、投资策略建议等统统是在浪费时间。夏普认为，扣除成本，积极管理下的投资组合平均回报一定低于消极管理下的投资组合。积极管理人要战胜消极管理人，业绩必须高好过平均水平，这是由于存在成本因素。进入 20 世纪 90 年代，具有低成本、低风险、长期收益稳定优势的消极投资策略被广泛采用。消极投资策略主要依靠分散化投资与市场指数的表现相匹配，通常采用指数化投资方法。

国外基金业的实践表明，与主动投资相比，指数化投资具有如下优势：一是投资的风险较小。指数化投资实现了较为充分的分散化，使组合的非系统风险降到很低的水平，同时还降低了基金经理判断失误所带来的风险。二是指数化投资成本较低。投资者不用投入过多的精力进行时机选择和个股筛选，同时指数投资组合一旦确定，就不需要再进行大规模的调整，因而交易的佣金和税负支出远低于积极投资者。三是指数化投资流动性较强。进行指数化投资时，投资者根据指数编制方法计算出单只股票在组合内的权重，以此为参考分配投资资金，因此只要选择了编制合理的指数作为跟踪目标，便可以避免投资过分集中，有效降低了资产的流动性风险。四是指数化投资是被动型运作，由于可投资的股票数量较多，又必须按照各只股票在指数内的权重来分配资金，基金管理人很难操纵投资过程，从而大大减少了委托—代理风险，体现出投资过程监控相对简单，投资操作透明度高的优势。五是指数化投资长期收益稳定。

通常用跟踪误差来测度指数基金经理的运作能力，即基金业绩最终低于或超出市场基准的幅度。基金经理必须经常审核其跟踪误差，并尽可能地采取纠正措施，努力实现拟合市场基准的目标。衡量指数基金是否成功，主要考察基金与市场基准的拟合程度。

如果市场分析完备有效，组合管理灵活专业，扣除相关的运作费用后，指数基金理论上可以提供市场基准指数的收益水平。但实践中，由于成分股调整、现金流管理、择机投资以及交易费用等因素影响，几乎没有指数基金可以达到与指数的完全拟合。

## 实验一　弱式有效市场的检验

【实验目的与要求】

本实验的目的是深入理解有效市场的概念和分类，充分认识弱式有效市场的特征，并通过对葛兰碧法则这一常用技术分析方法有效性的检验，判断我国股票市场是否达到弱式有效。要求学生能从我国证券市场的实际出发，举一反三，掌握弱式有效市场的检验方法。

【实验准备】

1. 复习葛兰碧法则的原理和使用方法；
2. 根据实验目的与要求，做好实验准备工作；

3. 按照实验课教师的安排，在指定设备上机；
4. 调试设备，保证实验设备正常运行以及相关网络设备连接通畅。

【实验步骤】

1. 选择一台能够正常运行并且联网的计算机；
2. 检查是否安装有证券分析软件系统和证券模拟交易系统，并能正常运行；
3. 检查网络连接和证券行情数据接收是否正常；
4. 启动证券行情分析软件；
5. 设置移动平均线的参数；
6. 以一年为时间周期，以30日移动平均线为标准，根据葛兰碧法则买入法则和卖出法则，进行模拟交易。

具体实验流程如图7－2所示。

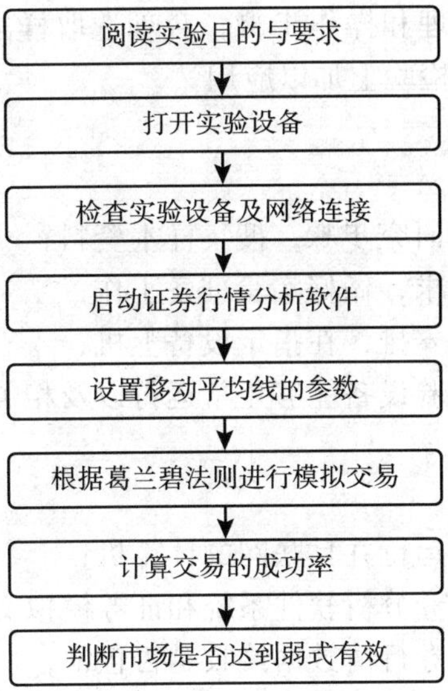


**图7－2　实验一基本流程**

【实验总结】

如果市场达到弱有效程度，则技术分析方法无效；反之，则技术分析方法是股票市场上获利的有力武器。通过对葛兰碧法则成功与失败次数的统计，可以从一个侧面观察我国股票市场上使用技术分析方法是否可以稳定地获得交易盈利，从而判断市场的有效性程度。

【思考题】

1. 什么是弱式有效市场？

2. 我国的证券市场是否适合采用技术分析方法？

## 实验二　半强式有效市场的检验

【实验目的与要求】

本实验的目的是深入理解有效市场的概念和分类，充分认识半强式有效市场的特征，并运用事件研究法，判断我国股票市场是否达到半强式有效。要求学生熟练掌握事件研究法的原理和操作步骤，合理选取样本公司、事件和时间窗口，并在股票市场半强有效的检验上加以应用。

【实验准备】

1. 熟悉事件研究法的研究步骤，搜集样本资料；

2. 根据实验目的与要求，做好实验准备工作；

3. 按照实验课教师的安排，在指定设备上机；

4. 调试设备，保证实验设备能够正常运行以及相关网络设备连接通畅。

【实验步骤】

1. 选择一台能够正常运行并且联网的计算机；

2. 检查是否安装有证券分析软件系统和证券模拟交易系统，并能正常运行；

3. 检查网络连接和证券行情数据接收是否正常；

4. 启动证券行情分析软件；

5. 选择将要进行配股或者增发等再融资操作的上市公司作为研究对象，按照本章前面所介绍的事件研究法的操作步骤，对我国股票市场是否达到半强有效进行检验。

具体实验流程如图 7－3 所示。

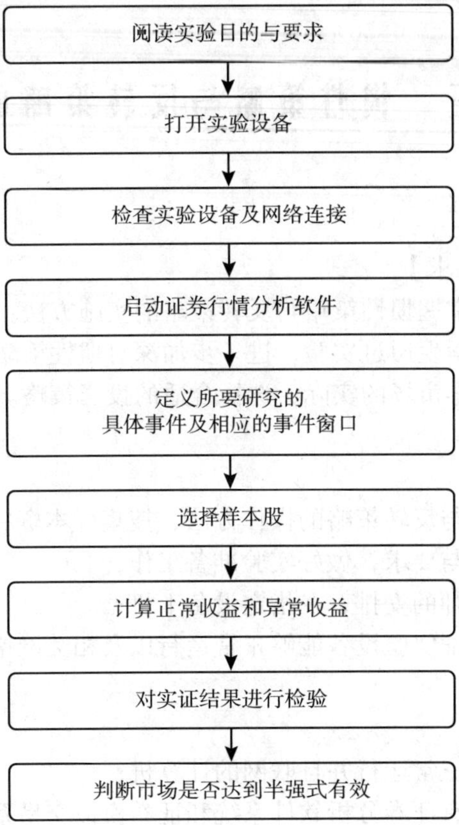


**图 7－3　实验二基本流程**

【实验总结】

在半强式有效市场中，证券价格反映了所有公开可用的相关信息，投资者不仅无法从历史信息中获取超额利润，还无法通过分析当前的公开信息获得超额利润，基于公开资料进行的基本分析毫无用处。因此，在进行基本分析以前，必须首先判断股票市场是否达到半强式有效。如果已经达到半强式有效，则基本分析无效，否则，基本分析将是获取盈利的有效工具。

【思考题】

1. 事件研究法的原理是什么？
2. 使用事件研究法时，如何计算正常收益？

# 实验三 惯性策略与反转策略的比较

【实验目的与要求】

本实验的目的是掌握惯性策略与反转策略的实施方法，并比较惯性策略与反转策略的差异。要求学生通过实验，进一步加深对惯性策略与反转策略基本原理的理解，结合中国证券市场的实际，选择合适的投资策略。

【实验准备】

1. 熟悉惯性策略与反转策略的操作方法，搜集样本资料；
2. 根据实验目的与要求，做好实验准备工作；
3. 按照实验课教师的安排，在指定设备上机；
4. 调试设备，保证实验设备能够正常运行以及相关网络设备连接通畅。

【实验步骤】

1. 选择一台能够正常运行并且联网的计算机；
2. 检查是否安装有证券分析软件系统和证券模拟交易系统，并能正常运行；
3. 检查网络连接和证券行情数据接收是否正常；
4. 启动证券行情分析软件；
5. 以一个完整年度作为样本期，以沪深300指数的成份股作为样本股，在样本期的第一季度，计算每只股票在该季度的平均收益率；
6. 按平均收益率排序，平均收益率最大的50只股票构成赢者组合，最小的50只股票构成输者组合；
7. 最后计算赢者、输者组合在组合形成后的第二季度和第三季度的平均月收益率，其中赢者组合的收益率记为RW，输者组合收益率记为RL，并记$\Delta R = RL - RW$。若$\Delta R$大于0，则表现出反转，若小于0，则表现出惯性效应。

具体实验流程如图7－4所示。

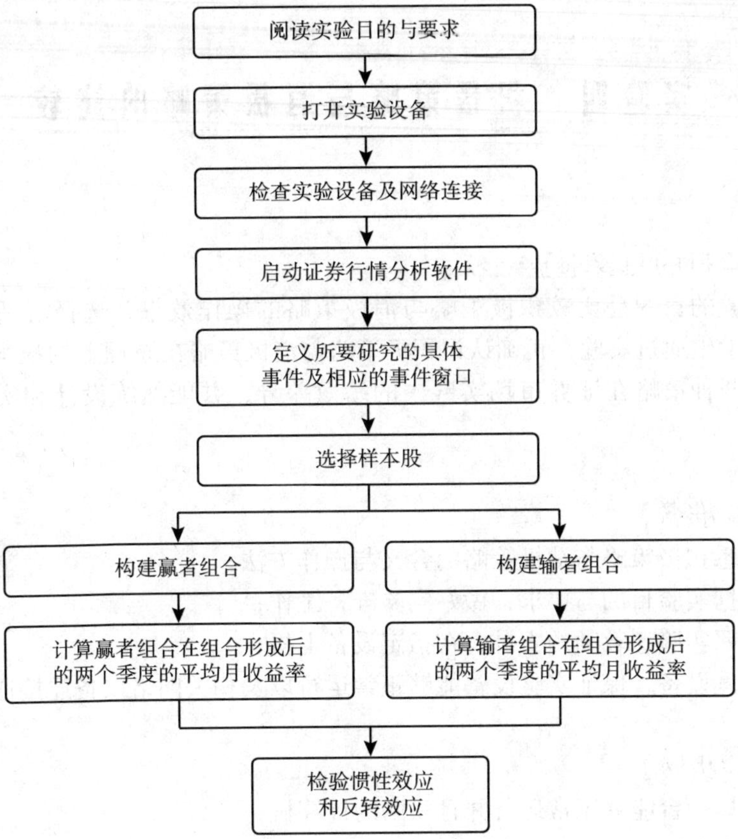


**图 7－4　实验三基本流程**

【实验总结】

惯性策略与反转策略是证券市场上投资者普遍采用的两种投资策略，从理论上可以用行为金融理论加以解释。在实践中，特别是在中国证券市场上，更适合采用哪一种策略、策略如何具体实施才能取得良好的效果，都需要在实验中加以尝试。

【思考题】

1. 如何运用行为金融理论解释惯性策略与反转策略？
2. 在我国股票市场上，适合采用惯性策略还是反转策略？

# 实验四　积极策略与消极策略的比较

【实验目的与要求】

本实验的目的是比较积极策略与消极策略的操作效果，选择合适的投资策略。要求学生通过实验，正确认识积极策略与消极策略在原理上的根本差别，深入体会这两种策略在证券市场实践中的绩效差异，并能熟练设计和实施这两种策略。

【实验准备】

1. 熟悉积极策略与消极策略的含义与操作方法；

2. 根据实验目的与要求，做好实验准备工作；

3. 按照实验课教师的安排，在指定设备上机；

4. 调试设备，保证实验设备能够正常运行以及相关网络设备连接通畅。

【实验步骤】

1. 选择一台能够正常运行并且联网的计算机；

2. 检查是否安装有证券分析软件系统和证券模拟交易系统，并能正常运行；

3. 检查网络连接和证券行情数据接收是否正常；

4. 启动证券行情分析软件；

5. 实施积极策略，综合运用基本分析和技术分析方法，构建个人模拟投资组合，计算该组合1周、1个月和3个月的收益率；

6. 实施消极策略，以指数化的方式作为消极投资策略，计算上证180指数、深证100指数、沪深300指数的同期收益率；

7. 对两种策略的收益率进行比较。

具体实验流程如图7－5所示。

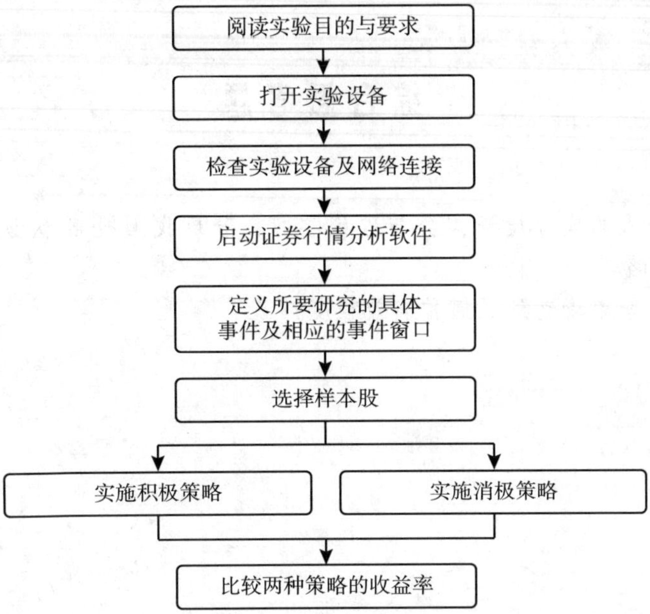


**图 7－5　实验四基本流程**

【实验总结】

积极投资的目标就是通过采取相应的主动交易策略，通过选择购买股票或者基金的时机和选择购买股票时大盘的点位，以期获取超过市场平均水平的超额投资收益；消极投资则以获取市场平均收益为目标，而不是去寻找那些定价过低或过高的证券。通过实验，可以亲身体验积极投资策略与消极投资策略哪一种在国内证券市场上更加适合，并在实施的过程中加以不断改进和完善。

【思考题】

1. 沪深两市的指数基金有哪些？各自有何差异？

2. 我国股票市场上，更适合采用何种投资策略？

3. 我国股票市场上，购买指数基金有何优势？

4. 对于进取型的年轻投资人和稳健保守型的老年投资人，你对他们的投资建议有何差异？

5. 在你模拟交易中，如果主动投资策略的业绩要高于被动投资策略的业绩时，你是否认为自己对市场的把握能力更强一些？

## 综合思考题

1. 结合个人的模拟投资体会与理论学习，分析我国股票市场上适合采用什么样的投资策略。

2. 我国股票市场达到了何种有效程度？

第八
实验单元

# 金融衍生工具与风险管理实践

- 实验一　股指期货的投机性交易
- 实验二　股指期货的套期保值交易
- 实验三　国债期货的投机性交易
- 实验四　国债期货的套期保值交易

## 实验目的

1. 了解金融衍生工具的基本知识；
2. 熟悉股指期货、国债期货的基本知识、交易原理；
3. 了解期货投机交易的杠杆性与高风险性；
4. 掌握股指期货、国债期货在风险管理实践中的应用。

## 本单元知识要点

### 一、金融衍生工具概述

#### （一）金融衍生产品简述

金融衍生工具，又称金融衍生产品，与基础性金融工具相对应，是指在一定的基础性金融工具的基础上派生出来的金融工具，一般表现为一些合约，其价值由作为标的物的基础性金融工具的价格决定。金融衍生工具可以简单地定义为价值依赖于基本标的资产价格的金融工具。目前，在国际金融市场上最为普遍运用的衍生工具有金融期货、金融期权、金融远期和金融互换。

随着金融国际化和自由化的发展，由传统金融工具衍生出来的金融衍生工具不断创新，交易量迅速增长，市场规模急速扩大，交易手段日趋多样化、复杂化。20 世纪 90 年代以来，金融衍生产品已成为国际金融市场上频繁运用的交易手段和国际金融市场的主角。

#### （二）金融衍生产品特点

**1. 价值受制于基础性金融工具**

金融衍生工具是由传统的基础性金融工具派生出来的。由于它是衍生物，不能独立存在，因此其价值的大小在相当程度上受制于相应的基础性金融工具价格的变动。

**2. 具有高杠杆性和高风险性**

金融衍生工具在运作时多采用财务杠杆方式，即采用交纳保证金的方式进入市场交易。市场的参与者只需动用少量资金即可买卖交易金额巨大的金融合约。期货交易的保证金和期权交易中的期权费都属于这种情况。一些国际性大型金融机构在衍生工具交易方面的失利真实地展现了金融衍生工具交易的高风险性。

**3. 构造复杂，设计灵活**

相对于基础性金融工具而言，金融衍生工具具有构造复杂，设计灵活的特征。

**4. 跨期交易**

金融衍生工具的交易，通常是双方约定在未来某一时间、按照约定的条件进行交易或是否交易。

### （三）金融衍生产品的分类

根据金融衍生工具自身交易的方法及特点，可以分为远期、期货、期权和互换这四个基本类型。

**1. 远期**

远期指双方约定在未来某一确定的时间，按确定的价格买卖一定数量的某种金融资产的合约。它通常是在两个金融机构之间或金融机构与其公司客户之间签署的，一般不在规范的交易所内交易，无标准化合约。

**2. 期货**

期货是指协议双方同意在将来确定的时间按照约定的条件（包括价格、交割地点和交割方式等）买入或卖出一定标准数量的某种金融资产的标准化合约。期货交易均在交易所进行，交易双方并不直接接触，而是各自和交易所的清算公司进行结算。

**3. 期权**

期权指赋予其购买者在规定期限内按双方约定的执行价购买或出售一定数量标的资产的权利的合约。是买卖权利的交易。期权合约规定了期权的买方有权在约定的时间或时期内、以约定的价格买进或卖出某一特定种类、数量、质量资产的权利，但不负有必须买进或卖出的义务。

**4. 互换**

互换是指两个或两个以上的当事人按照商定条件，在约定的时间内交换一系列资产的合约。更为准确地说，互换合约是当事人之间签订的在未来某一期间内相互交换他们认为具有相等经济价值的现金流的合约。较为常见的是利率互换合约和货币互换合约。

### （四）金融衍生产品的功能

**1. 价格发现功能**

衍生工具的市场价格会伴随着交易者对交易标的物未来价格预期的改变而波动。因此，如果市场竞争是充分和有效的，那么，衍生工具的市场价格就是对标的物未来价格的事先发现，能够相对准确地反映交易者对标的物未来价格的预期。

**2. 套期保值功能**

套期保值是金融衍生工具市场最早具有的基本功能。所谓套期保值是指交易者为了配合现货市场交易，而在期货等金融衍生工具市场上进行与现货市场方向相反的交易，以便达到转移、规避价格变动风险的交易行为。

**3. 投机功能**

投机的目的是获取价差。投机者的投机行为完全是一种买空卖空的行为。当投机者预测资产价格会上升时，便做多头，买进期货等金融合约，并在价格涨到自己理想的价位时适时卖出合约平仓，从而获得价差收益；相反，当投机者预测资产价格会下跌时，做空头卖出期货等金融合约，并在价格下跌过程中适时买回相同的期货合约平仓，获取高卖低买的差价收益。综上所述，金融衍生工具市场在为市场参与者提供灵活便利避险工具的同时，也促成了巨大的世界性投机活动，加剧了国际金融市场的不稳定性。

**4. 套利功能**

套利通常指在某种实物资产或金融资产（在同一市场或不同市场）拥有两个价格的情况下，以较低的价格买进，较高的价格卖出，从而获取低风险的收益。套利在衍生品市场上的功能主要表现在期货市场和期权市场。

## 二、股指期货的投机交易与风险管理

### （一）股指期货的概念与特点

**1. 股指期货的概念**

股指期货是指以股票价格指数作为标的物的金融期货合约。在具体交易时，股指期货合约的价值是用指数的点数乘以事先规定的单位金额来加以计算的，如标准普尔指数期货规定每点代表500美元，香港恒生指数期货每点为50港元等。股指期货交易的实质是投资者将其对整个股票市场价格指数的预期风险转移全期货市场的过程，其风险是通过对股市走势持不同判断的投资者的买卖操作来相互抵消的。股指期货交易的对象是股票指数，是以股票指数的变动为标准，以现金结算，交易双方都没有现实的股票，买卖的只是股票指数期货合约，而且在任何时候都可以买进卖出。

**2. 股指期货的特点**

股指期货交易具有如下特点：

（1）股指期货采用保证金交易制度。保证金交易制度使得股指期货交易具有一定的杠杆性，投资者不需要支付合约价值的全额资金，只需要支付一定比例的保证金就可以交易。保证金制度的杠杆效应在放大收益的同时也成倍地放大风险，在发生极端行情时，投资者的亏损额甚至有可能超过所投入的本金。

（2）股指期货交易采用当日无负债结算制度。在该制度下，期货公司在每交易日收市后都要对投资者的交易及持仓情况按当日结算价进行结算，计算盈亏及相关费用，并实际进行划转。当日结算后保证金不足的投资者必须及时采取相关措施以达到保证金要求，以避免被强行平仓。

（3）股指期货合约有到期日。每个股指期货合约都有到期日，不能无限期持有。投资者要么在合约到期前平仓，要么在合约到期时现金交割。

（4）股指期货的交易对象是标准化的期货合约。股指期货交易的对象不是股票价格指数，而是（以股票价格指数为基础资产的）标准化的股指期货合约。在标准化的股指期货合约中，除了合约价格以外，包括标的资产、合约月份、交易时间等其他要素都是事先由交易所固定好的。需要提醒的是，合约价格是该合约到期日的远期价格，而非交易时点的即期价格。

### （二）沪深300股指期货简介

沪深300股指期货是指以沪深300指数作为标的物的金融期货合约。沪深300股指期货合约的合约月份为当月、下月及随后两个季月。季月是指3月、6月、9月、12月。沪深300股指期货合约的最后交易日为合约到期月份的第三个周五，最后交易日即为交割日。最后交易日为国家法定假日或者因异常情况等原因未交易的，以下一交易日为最后交易日和交割日。到期合约交割日的下一交易日，新的月份合约开始交易。沪深300股指期货合约的基本要素可参见本书第一实验单元中的表1－3。

### （三）股指期货的交易盈亏计算

现实中股指期货市场中有大量的投机交易者，由于大部分投机者关心的是结算收益，在此详细介绍股指期货交易的平仓盈亏与结算盈亏的计算方法。

现实交易中，平仓盈亏的计算公式为：

原买方的平仓盈亏（先买后卖操作的盈亏）=（以平仓价计的合约价值－以开仓价计的合约价值）×合约数量=（平仓价－开仓价）×合约乘数×合约数量

原卖方的平仓盈亏（先卖后买操作的盈亏）=（以开仓价计的合约价值－以平仓价计的合约价值）×合约数量=（开仓价－平仓价）×合约乘数×合约数量

如果在股指期货合约的最后交易日之后某交易者仍有持仓，那么他必须按规定进行现金交割。现金交割时，交割盈亏的计算公式为：

原买方的交割盈亏=（以最终结算价计的合约价值－以开仓价计的合约价值）×合约数量=（最终结算价－开仓价）×合约乘数×合约数量

原卖方的交割盈亏=（以开仓价计的合约价值－以最终结算价计的合约价值）×合约数量=（开仓价－最终结算价）×合约乘数×合约数量

### （四）股指期货的投机性交易

**1. 股指期货投机交易的概念**

股指期货投机交易是指投机者通过预测股价指数的未来变化而单向交易股指期货合约的交易方式。投机的目的是博取上涨或下跌时产生的差价利润。但由于股指期货实行保证金交易，相对于投入的少量初始资本，投机者可能获得的利润率和可能遭受的损失率都被成倍的放大了，因而具有极大的交易风险。

**2. 股指期货投机交易分类**

股指期货投机交易主要有两种方式：

（1）多头投机。投机者认为股指未来将会上涨，于是买入某月份的股指期货合约，一旦上涨则在高位卖出平仓并获取差价。

（2）空头投机。投机者认为股指未来会下跌，于是卖出某月份的股指期货合约，一旦股指下跌后在低位买入平仓并获得差价。

**3. 股指期货投机交易的特点**

和其他交易行为相比，股指期货投机交易行为具有以下几个特征：

第一，以获取利润为目的。投机者参与期货交易的目的是在汇集各方面市场信息的基础上，采用一定的分析方法对期货价格走势进行预测，通过低价买进、高价卖出获得价格变动的差额收益，因此，投机交易目的是赢利。

第二，主动承担风险。投机行为和套期保值行为对待风险的态度是完全不同的。套期保值的目的是规避价格波动的风险，而投机交易则是主动承担价格波动的风险，因此，参与投机交易的投资者应当具备较强的风险承受能力，交易者应审慎评估，谨慎决策。

第三，持仓的合约一般不进行交割。投机者没有买卖合约标的物的实际需求，一般不会在期货市场上进行交割，而是选择在期货合约到期之前将合约平仓。所以，投机者关心的并不是实际的标的物，而是合约价格变动的趋势和差额。

### （五）股指期货的套期保值交易

#### 1. 股指期货套期保值的概念

股指期货套期保值是指以某一股票指数为标的的期货合约的套期保值行为。主要操作方法与商品期货套期保值相同，即在股票现货与期货两个市场同时进行反向交易。

由于股票指数期货与股票指数受到相同或者相近因素的影响，价格变动具有趋同性。并且随着股指期货交割日的临近，两者必将趋于一致。因此，理想的套期保值理论认为，只需在股票市场和股指期货上建立价值相等、方向相反的头寸，待合约到期日来临时，不管股票价格如何变动，投资者都能很好地规避系统性风险。

#### 2. 股指期货套期保值的类型

（1）卖出套期保值。也叫空头套期保值，是指已经持有股票或者即将持有股票的投资者，如预测股市未来会下跌，为了防止股票组合下跌风险，在期货市场上卖出股指期货的交易行为。

（2）买入套期保值。也叫多头套期保值，是指持有现金或即将持有现金的投资者，预计股市上涨，为了控制交易成本而先买入股指期货，锁定将来购入股票的价格水平。在未来有现金投入股市时，再将期货头寸平仓交易。

#### 3. 股指期货套期保值的合约数量的确定

由于沪深300股指期货实行的是标准化合约，投资者在套期保值时只能尽量让期货价值和现货价值接近。因此，投资者在确定何种套期保值方式后，需要计算出所需标准化合约的份数，以尽可能地达到完全套期保值的效果。

合约数量＝投资组合修正市值/沪深300股指期货合约市值＝（$\sum$ 投资组合中每只股票的市值×该股票对于沪深300指数的β值）/（HS300点数×合约乘数）

或者，合约数量＝投资组合总市值/沪深300股指期货合约市值×投资组合对于沪深300指数的加权β值

## 三、国债期货的投机交易与风险管理

### （一）国债期货概念、特点、交易方式

**1. 国债期货的概念**

国债期货是指通过有组织的交易场所预先确定买卖价格并于未来特定时间内进行钱券交割的国债派生交易方式。国债期货属于金融期货的一种，是一种高级的金融衍生工具。它是在20世纪70年代美国金融市场不稳定的背景下，为满足投资者规避利率风险的需求而产生的。国债期货以国债为标的，是用来规避利率波动所引起的国债价格及收益变动风险的重要工具，国债期货的买卖双方承诺以约定的价格，于未来特定日期买卖一定数量的国债。

**2. 国债期货的特点**

国债期货交易具有以下特点：

第一，国债期货交易不牵涉国债券所有权的转移，只是转移与这种所有权有关的价格变化的风险。

第二，国债期货交易必须在指定的交易场所进行。期货交易市场以公开化和自由化为宗旨，禁止场外交易和私下对冲。

第三，所有的国债期货合同都是标准化合同，实行保证金制度，是一种杠杆交易。

第四，国债期货交易实行无负债的每日结算制度。

第五，国债期货交易一般较少发生实物交割现象。

**3. 国债期货转换因子的计算**

为了帮助国债期货投资者在交割时计算最终的国债期货交割价格，国债期货在交割中设计了国债期货转换因子制度。对于现货市场而言，不同债券的价格总是存在联动性。由于国债期货的实质是标的债券远期价格的反映，因此，国债期货的价格也应当与具有不同到期日和息票利率的债券具有联动性。在国债期货的到期日尤其如此。因此，我们可以通过某种比价关系，由国债期货的价格计算得到其他可交割债券的交割价格。在国债期货市场上，这种制度就是国债期货转换因子制度。

（1）转换因子的含义。中国金融期货交易所规定，在计算某种可交割债券的转换因子时，首先必须确定该债券在国债期货到期日的剩余期限，然后以期

货合约名义债券利率3%作为贴现率，将面值为1元的该种债券在其剩余期限内的所有现金流量折算为现值，这个现值就是该债券的转换因子。因此，直观上讲，转换因子实际上是一种债券价格，只不过这种债券价格是通过假定市场收益率为期货票面利率，且收益率曲线为水平时计算出来的对应可交割债券的债券价格。

（2）转换因子的作用。由于可交割国债票面利率、剩余期限与名义标准券不同，通过转换因子消除国债期货合约的虚拟标准券与不同可交割国债之间的差异性，使得不同可交割国债之间能够比较。

5年期国债期货转换因子和应计利息计算公式：

（1）转换因子的计算。国债期货转换因子可通过下列公式计算得到：

$$CF = \frac{1}{\left(1+\frac{y}{f}\right)^{\frac{d}{TS}}} \times \left[\frac{C}{f} + \frac{C}{y} + \left(1-\frac{C}{y}\right) \times \frac{1}{\left(1+\frac{y}{f}\right)^{n-1}}\right] - AI$$

$$AI = \frac{C}{f} \times \left(1-\frac{d}{TS}\right)$$

其中，$CF$：转换因子。

$AI$：1元面额国债应计利息。

$y$：国债期货合约标准票面利率。

$C$：以年利率表示的可交割国债票面利率。

$f$：债券年付息频率。

$d$：合约最后交易日后的第一个星期三（债券日期计算方法是算头不算尾；如果这天刚好是付息日，则 $d=TS$）到与随后可交割国债第一次票息支付之间的实际天数。如果此星期三不是工作日，$d$ 也不作调整。

$n$：合约最后交易日后的第一个星期三到债券到期日的债券付息次数。如果这天刚好是付息日，则当天支付的付息不计算在 $n$ 中。

$TS$：可交割国债在相邻两次利息支付期间的实际间隔天数。

计算结果四舍五入至小数点后4位。

（2）应计利息。应计利息的日计数基准为“实际天数/实际天数”，每100元可交割国债的应计利息计算公式如下：

$$应付利息 = \frac{可交割国债票面利率 \times 100}{每年付息次数} \times \frac{配对缴款日-上一付息日}{当前付息周期实际天数}$$

计算结果四舍五入至小数点后7位。

## （二）国债期货的投机性交易

### 1. 国债期货投机交易的概念

投机就是在价格的变动中通过低买高卖获得利润的交易行为。国债期货的价格也会随着基础资产国债现货价格的变动而变动，因此也会存在投机的交易行为。

### 2. 国债期货投机的分类

投机交易根据预测涨跌方向的不同而分为多头投机和空头投机。

（1）多头交易：多头投机就是预计未来价格将上涨，在当前价格低位时建立多头仓位，持券待涨，等价格上涨之后通过平仓或者对冲而获利。

（2）空头交易：空头投机就是预计未来价格将下跌，在当前价格高位时建立空头仓位，等价格下跌之后再平仓获利。

从策略上划分，一般分为下面几种：

（1）部位交易。部位交易就是指投机者预测未来一段时间内将出现上涨行情或下跌行情，在当前建立相应头寸并在未来行情结束时进行对冲平仓。这是大多数专业投资者使用的策略。这种交易策略的特点就是持续时间较长，主要基于基本面走势的判断，是最常见的交易策略之一。

（2）当天交易。当天交易就是指投机者只关注当天的市场变化，在早一些的时间建立仓位，在当天闭市之前结束交易的策略。这是少数非专业投机者使用的策略。这种交易属于搏短线，初级交易者或者消息派经常使用。

（3）频繁交易。频繁交易就是指投机者随时观察市场行情，即使波动幅度不大，也积极参与，迅速买进或卖出，每次交易的金额巨大，以赚取微薄利润。这样的策略特点是周转快，盈利小。一般是程序式量化投资方式或者操盘手操作方式。

## （三）国债期货的套期保值交易

### 1. 国债期货套期保值的概念

与沪深300股指期货套期保值的概念类似，国债期货也可以套期保值，都是为了规避价格波动的风险，对冲现货价格波动的风险。由于国债主要受利率风险的影响，因此利用国债期货进行套期保值主要是为了规避利率风险。

### 2. 国债期货套期保值的分类

（1）多头套期保值。又称买入套期保值，是指准备将来某一时期投资于国债的投资者担心因价格上涨而使购买国债的成本增加，而先在国债期货市场上买入一笔期货合约，以便对冲未来价格的不确定性。

（2）空头套期保值。又称为卖出套期保值，是指投资者准备将来某个时期卖出国债以变现，担心届时价格下跌而受损失，于是先卖出一笔期货合约，届时再买入等额期货合约，以便对冲价格的不确定性。

## 实验一　股指期货的投机性交易

【实验目的与要求】

本实验的主要目的是帮助学生在理解和熟悉沪深300股指期货投机性交易的内涵的基础上进行实际操作，以使学生熟悉沪深300股指期货投机的操作过程。

【实验准备】

1. 熟悉股指期货行情分析软件的基本操作，复习股指期货投机交易的概念与内涵；
2. 根据实验目的与要求，做好实验准备工作；
3. 按照实验课教师的安排，在指定设备上机；
4. 选择一台能够正常运行的计算机；
5. 检查是否装有沪深300股指期货模拟交易系统；
6. 检查网络连接和证券行情数据是否显示正常。

【实验步骤】

1. 启动沪深300股指期货行情分析软件；
2. 启动沪深300股指期货模拟交易系统；
3. 根据自己的投资策略，进行开仓操作；
4. 按照自己的投资计划，在适当时机进行与开仓方向相反的操作，以平仓结算；
5. 评估此次投资盈亏情况。

本实验具体流程如图8－1所示。

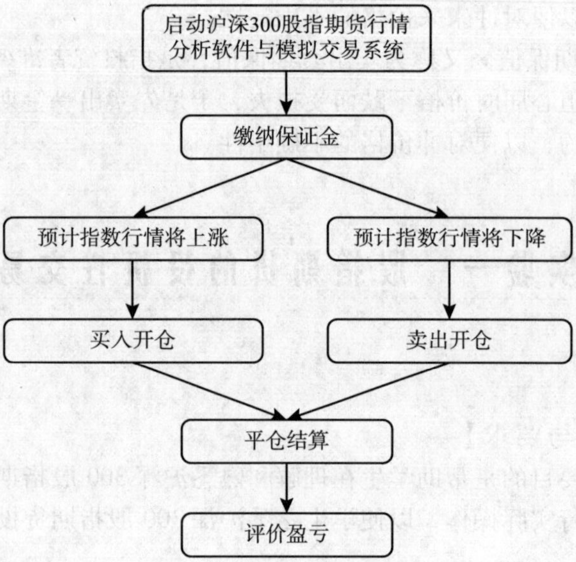


**图8-1　实验一基本流程**

【实验总结】

沪深300股指期货投机交易具有和现货股票投机交易相同的特点，也要进行基本分析（包括宏观经济分析、成份股行业和公司分析等）以及技术分析（包括K线分析、移动平均线分析、KDJ分析等）。与股票现货相比，股指期货可以进行买空卖空操作。在对沪深300股指期货进行分析时，要同时对其重要成份股进行分析，以弥补单纯分析沪深300股指期货走势的不足。投机交易不需要最终交割，投资者最终平仓结算计算盈亏。最终盈亏相差很大，股指期货风险较大。

【思考题】

1. 在开始建仓时，你买入或卖出的依据是什么？

2. 在平仓结算时，你判断进行平仓时间的依据是什么？

3. 与股票现货相比，相同交易时期的股指期货的收益率和风险（用标准差表示）有什么特点？

# 实验二　股指期货的套期保值交易

【实验目的与要求】

本实验的主要目的是帮助学生在理解和掌握沪深300股指期货套期保值的基础上在实践中进行操作，以使学生熟悉沪深300股指期货和现货的关联关系以及具体的操作方法，并对套期保值的效果进行评价。

【实验准备】

1. 熟悉股指期货行情分析软件的基本操作，复习股指期货套期保值的概念与内涵，合约份数的计算，套机保值率的计算等；
2. 根据实验目的与要求，做好实验准备工作；
3. 按照实验课教师的安排，在指定设备上机；
4. 选择一台能够正常运行的计算机；
5. 检查是否装有沪深300股指期货模拟交易系统；
6. 检查网络连接和证券行情数据是否显示正常。

【实验步骤】

1. 启动沪深300股指期货行情分析软件；
2. 启动沪深300股指期货模拟交易系统；
3. 从沪深300指数成份股股票中选择10～15只股票构造股票组合模拟沪深300指数，根据自己对股市行情的判断，若预计指数将上涨，而未来才会持有现金买入，则可以做买入套期保值，即同时买入相应数量的股指期货合约；
4. 若现在已经买入了一定数量的“一篮子”股票而预计行情将下降，则可做卖出套期保值，即同时卖出相应数量的股指期货合约；
5. 当按自己的时间安排与投资计划，应该在现货市场买入或卖出“一篮子”股票时，对进行买入套期保值或卖出套期保值的股指期货进行卖出或卖出平仓结算；
6. 评估此次套期保值交易盈亏情况，并计算套期保值比率，已评价套期保值效果。

本实验具体流程如图8－2所示。

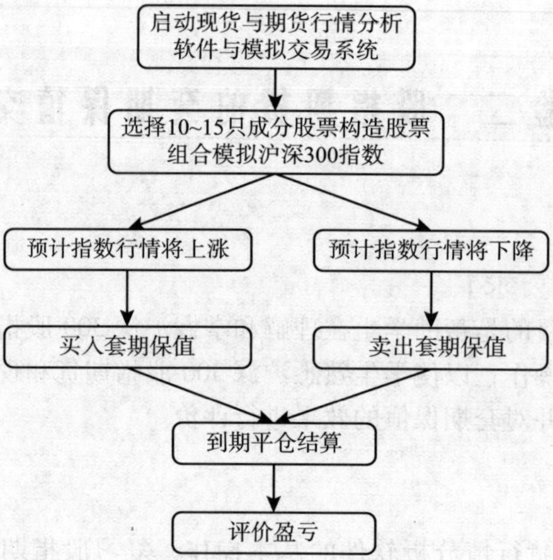


图 8－2　实验二基本流程

【实验总结】

在选择沪深 300 指数的成份股时要选择市场份额较大的个股，以较好的拟合沪深 300 指数的行情，从而进行套期保值。不管是买入套期保值还是卖出套期保值，都能够对现货市场起到很好的对冲作用，即用期货市场的盈利或亏损弥补现货市场的亏损或者盈利。

【思考题】

1. 进行套期保值时，选择买入或卖出套期保值的依据是什么？
2. 评价套期保值的效果如何？
3. 与商品期货相比，股指期货套期保值有什么特点？

## 实验三　国债期货的投机性交易

【实验目的与要求】

本实验的主要目的是帮助学生在理解和掌握中金所的 5 年期国债期货的基础上在实践中进行操作，以使学生熟悉国债期货投机交易过程的并评价投机交易的盈亏情况。

【实验准备】

1. 熟悉国债期货行情分析软件的基本操作，复习国债期货投机交易的概念与内涵；

2. 根据实验目的与要求，做好实验准备工作；

3. 按照实验课教师的安排，在指定设备上机；

4. 选择一台能够正常运行的计算机；

5. 检查是否装有国债期货模拟交易系统；

6. 检查网络连接和证券行情数据是否显示正常。

【实验步骤】

1. 启动国债期货行情分析软件；

2. 启动国债期货模拟交易系统；

3. 根据自己的投资策略，进行开仓操作，并交纳相应数量的保证金；

4. 按照自己的投资计划，在适当时机进行与开仓方向相反的操作，以平仓结算；

5. 评估此次投资盈亏情况。

本实验具体流程如图 8 - 3 所示。

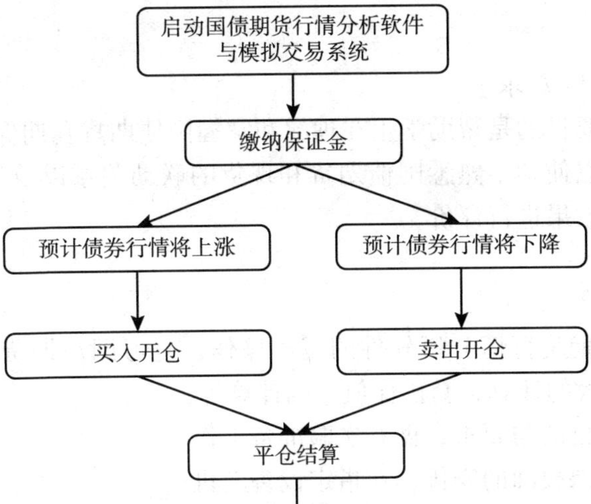


**图 8 - 3　实验三基本流程**

【实验总结】

国债期货投机交易具有和现货股票投机交易相同的特点，也要进行基本分析（包括宏观经济分析、成份股行业和公司分析等）以及技术分析（包括 K 线分析、移动平均线分析、KDJ 分析等）。国债现货与期货市场受利率的影响最大，因此要对影响利率的宏观与微观因素进行分析。与现货相比，国债期货可以进行买空卖空操作。投机交易不需要最终交割，投资者最终平仓结算计算盈亏。最终盈亏相差很大，国债期货风险较现货交易大。

【思考题】

1. 在开始建仓时，你买入或卖出的依据是什么？

2. 在平仓结算时，你判断进行平仓的时间的依据是什么？

3. 与国债现货相比，相同时期的国债期货的收益率和风险（用标准差表示）有什么特点？

## 实验四　国债期货的套期保值交易

【实验目的与要求】

本实验的主要目的是帮助学生在理解和掌握国债期货套期保值的基础上在实践中进行操作，以使学生熟悉国债期货和现货的联动关系以及如何进行的操作，并对套期保值的效果进行评价。

【实验准备】

1. 熟悉国债期货行情分析软件的基本操作，复习国债期货套期保值的概念与内涵，合约份数的计算，套机保值率的计算等；

2. 根据实验目的与要求，做好实验准备工作；

3. 按照实验课教师的安排，在指定设备上机；

4. 选择一台能够正常运行的计算机；

5. 检查是否装有中金所 5 年期国债期货模拟交易系统；

6. 检查网络连接和证券行情数据是否显示正常。

【实验步骤】

1. 启动国债期货行情分析软件；

2. 启动国债期货模拟交易系统；

3. 选择要交易的国债种类，根据自己对股市行情的判断，若预计国债期货价格将上涨，而未来才会持有现金买入，则可以做买入套期保值，即同时买入相应数量的国债期货合约；

4. 若现在已经买入了一定数量的国债而预计行情将下降，则可做卖出套期保值，即同时卖出相应数量的国债期货合约；

5. 当按自己的时间安排与投资计划，应该在现货市场买入或卖出一定数量的国债时，对进行买入套期保值或卖出套期保值的国债期货进行卖出或卖出平仓结算；

6. 评估此次套期保值交易盈亏情况，并计算套期保值比率，已评价套期保值效果。

本实验具体流程如图 8 -4 所示。

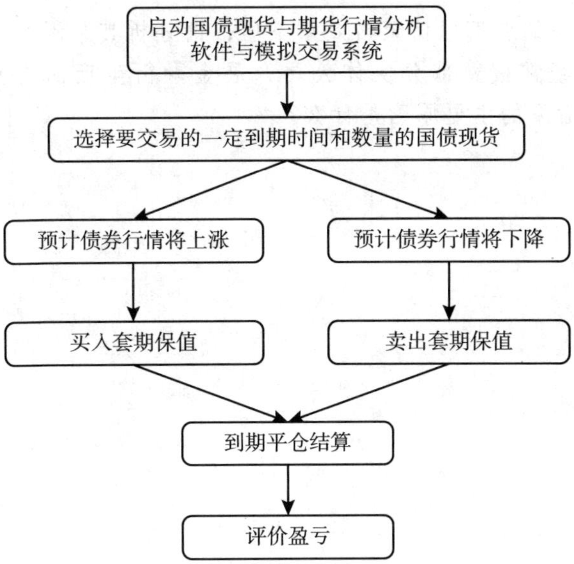


**图 8 -4　实验四基本流程**

【实验总结】

CPI、货币供应量、国家信用、全球经济环境还有政府财政收支等都是影响国债期货价格波动的主要因素，而最核心的因素是利率因素，国债期货的价格与利率成反比，利率涨得越高，国债价格下滑的幅度越大。不管是买入套期保值还是卖出套期保值，都能够对国债现货市场起到很好的对冲作用，即用期货市场的盈利或亏损弥补现货市场的亏损或者盈利。国债期货本身是一个利率衍生品，它肯定会影响利率，它对利率市场的影响，还不是简单影响某一个利率，而是整个利率市场化，是整个利率体系很重要的环节。

【思考题】

1. 进行套期保值时，选择买入或卖出套期保值的依据是什么？
2. 评价套期保值的效果如何？
3. 如何评价各种经济因素对国债现货和期货价格的影响？

## 综合思考题

1. 如果你构造的套期保值策略效果不佳，请分析其原因。

2. 新闻媒体经常披露部分实体公司开展金融衍生产品交易导致巨额亏损，你认为造成这一后果的主要原因是什么？

第九
实验单元

# 量化投资实践

- 实验一　统计套利策略实践
- 实验二　股指期货期现套利实践

# 实 验 目 的

1. 了解量化投资的基本原理，掌握基本的量化投资策略；
2. 掌握量化投资的一般实施步骤；
3. 比较量化投资和传统证券投资方法的异同。

# 本单元知识要点

量化投资是近年来国际金融市场上兴起的一种新型证券投资技术。量化投资就是利用基于数字和信息技术的量化投资方法来管理投资组合。数量化投资的组合构建注重的是对宏观数据、市场行为、企业财务数据、交易数据进行分析，利用数据挖掘技术、统计技术、计算方法等处理数据，以得到最优的投资组合和投资机会。

与传统的证券投资方法相比，量化投资的优势主要体现在：第一，快速高效。量化投资的实现主要依赖数量化方法和计算机技术，可复制性较强，有效地降低了投研成本。同时，数量化方法的研究和选择范围可以覆盖整体市场，有利于建立更加分散化的投资组合。第二，客观理性。传统投资方法受限于交易者的专业胜任能力和风险偏好，而完全的量化分析过程将极大地减少投资者情绪的影响。

目前，量化投资已经发展成为一个复杂的体系，大体上可以分为量化交易、量化选股、量化择时、量化配置四个方面。本单元主要介绍统计套利、股指期货套利和因子选股这三种基本的量化策略。

## 一、统计套利

### （一）统计套利的原理

统计套利就是通过对历史数据的分析，发现资产价格间长期、有规律的波动关系，构建中性的套利组合，对冲市场风险，获取稳定的收益。

统计套利属于股票中性策略，所谓股票中性策略是指通过卖空和买入股票对冲市场风险，无论在什么样的市场环境下，都可以获得稳定的、持续的收益，这种收益来源于市场的暂时失效，通过同时持有多空头寸建立投资组合，在上升的行情中，持多头的股票的价格上涨的速度大于持有空头的股票，这样投资者获得的投资收益是多头盈利减去空头的亏损；反之当市场下降时，获得的收益是空头头寸获得的收益减去多头的亏损，所以市场中性策略在牛市的行情中表现并不突出，但是在熊市下，市场中性表现出较高的优越性。

霍甘（Hogan，2004）给出了统计套利的数学定义，认为统计套利是一种初始投资成本为 0 的自融资策略。设初始投入为 0 的自融资交易策略在 $t$ 时刻经无风险利率折现后的价值为 $v(t)$，如果满足如下条件：

$$v(0)=0$$

$$\lim E(v(t))>0$$

$$\lim\frac{Var[v(t)]}{t}=0$$

$$\lim P(v(t)<0)=0$$

则称该交易策略为统计套利。

## （二）统计套利的类型

统计套利主要包括配对交易、主成分分析法、均值回归策略和协整投资策略。

**1. 配对交易**

配对交易让交易者维持对市场的中性头寸，可以捕捉到两只股票或者股票篮子之间相互关系的异象，这来源于个股的相对估值或者基本面的差异。

配对交易策略的具体原理为：假设两只证券具有长期均衡趋势，如果在某个时刻这种均衡被打破，也就是说两者之间出现了一种超过交易成本的价差，这时融资买入某只证券建立多头头寸，同时融券卖空与该证券具有长期均衡趋势的另一只证券建立空头头寸，将两者匹配构成“证券对”，一旦它们之间的价格关系又回归到长期均衡关系时则平仓了结交易，由此赚取两证券之间价差收敛的报酬。此策略可以有效对冲两证券所处的市场或行业风险，形成低风险的套利机会，收益则来源于这二者之间价格的相对变动，而市场的整体走势在这里不起作用。因此，这种策略并非建立在整体市场走势的判断上，只基于特定公司或者特定行业的相关性。

**2. 主成分分析法**

主成分分析法的主要思路是从成份股股价的历史信息中提取主成份，以捕捉所有成份股的主要趋势，当某一成份股和主要趋势产生较大偏离时，入场套利。也可以利用成份股的收益率来提取主成分，并以此构建“主成分组合”来替代市场基准，再将单只成份股的收益率表达为主成分组合的线性方程，再根据此方程残差的偏离进行统计套利，当回归方程的残差偏离达到一定程度时，做空被高估的证券或主成分证券组合，同时做多被低估的主成分证券组合或证券。

**3. 均值回归策略**

均值回归策略认为证券的交易价格是存在长期均值趋势的，股票价格无论高于或低于均衡价格，在不远的将来都会以极高的概率向价值中枢回归。依据这个理论，股票价格总是围绕其均值水平上下波动。偶尔的上涨或者下跌的短暂背离不管其延续的时间长短都不可能永远持续下去，最终均值回归的现象一定会出现：涨得太高了，就会向平均价格下跌；跌得太低了，就会向平均价格上升。所以，可以利用统计手段确定一个相对合理的均值走势和相对正常的波动范围，如果在短期内证券价格出现偏离，则卖出超出预期的证券，同时买入低于预期的证券，当价格回归到均值时，平仓出场，因此这也相当于是一种逆向交易的方法。

**4. 协整策略**

在各种统计套利策略中，协整套利是理论基础最坚实、应用最广泛的一种策略。协整策略的主要思路是先找出相关性最好的若干对股票，再找出每一对股票的长期均衡关系（协整关系），当某一对股票的价差（协整方程的残差）偏离到一定程度时开始建仓——买进被相对低估的股票、卖空被相对高估的股票，等到价差回归均衡时获利了结即可。当残差序列是平稳的，并且服从正态分布时，统计套利就会变得很容易——投资者只需在价差出现在分布的尾部时建仓，在价差出现在零附近时平仓即可。

## （三）协整策略的主要流程

**1. 寻找股票对，检验历史价差的走势，判断是否可控**

（1）行业划分。为了保证选出的股票对在主营业务上相近，对股票进行行业划分，在同一行业内筛选股票对。需要注意的是，行业划分得越细，同行业内公司的“相似度”可能会越高，但相应的行业内个股数目会减少，能筛选出的股票对数目也就越少，因此行业划分需要把握一定的尺度。

（2）收益率相关性。配对的股票在股价走势上应具备一定的正相关性，配对的股票历史收益率的相关系数要达到一定的标准。

（3）股价序列的协整性检验。通过统计方法来检验配对股票的股价序列是否满足协整关系。

（4）价差形态过滤。对于满足协整关系的配对股票，还要判断价差回复到均值的速度是否足够快，是否能够产生足够多的交易机会。

**2. 对选定的股票对建立动态跟踪模型**

在建立动态跟踪模型时，需要判断配对股票之间的价差服从何种分布，具有长期均衡还是短期均衡特性，价差跳跃的频率如何，据此确定相应的价差拟合模型，分析可能的风险点。

**3. 确定交易规则**

根据统计价差的性质，设置套利交易的触发条件和止损规则，这是统计套利成功与否的关键点所在。触发条件一般通过分析配对股票的价差偏离均值的程度而产生，即当配对股票价格满足触发条件时，在买入股价相对低估的股票的同时，做空股价相对高估的股票，并持有至均值回归时进行平仓。

止损规则是统计套利交易中必不可少的环节。由于价差的序列依一定概率向均值收敛，其间可能会出现价差过大、收敛较慢的情形。考虑到交易中的风险控制，必须制定止损规则，当价差偏离均值达到一定程度时，将头寸进行平仓止损。在触发条件和止损规则方面，必须考虑到交易成本和风险。

**4. 执行交易**

按照交易规则进行交易，跟踪价差走势，做好风险控制并评估交易收益状况。如果交易情况与预期有较大变化，则及时调整套利模式和交易模式。

## 二、股指期货套利

股指期货套利是套利交易的一种，它是股指期货合约同股票市场指数或以相同、类似指数为标的物的股指期货合约之间的价格关系出现偏差的时候进行套利交易方式。股指期货套利的实质是对基差或合约的价差进行投机，即利用股指期货合约和股票市场指数价格偏离合理价格区间的短暂机会，建立相应头寸，以期在两种资产价格返回到合理区间时，对两种持有头寸进行平仓处理，来获得利润。

### （一）股指期货期现套利

股指期货的期现套利交易，就是当股指期货与股票现货指数之间出现偏离合理的区间时，通过卖出被高估的期货合约或股票现货、同时买入被低估的股指期货合约或股票现货，以达到获利的目的。

在股指期货的交割日，股指期货指数最终收敛于现货指数。在交割日前正常的交易期间，期指和现指维持着动态一致关系，期指围绕着现指存在一个无套利区间，此时期指与现指之间不存在套利机会。但是，由于某些因素的影响，期指的市场价格常常偏离其理论价格，当这种偏离超出一定的范围（无套利区间的上限或下限），就产生了期指与现指之间的套利，投资者可以在期货市场与现货市场上通过低买高卖获得利润。也就是说，在股票市场和股指期货市场中，当两者价格的不一致达到一定程度时，就可以在两个市场同时进行交易以获得利润。

**1. 股指期货期现套利的类型**

（1）正向套利。正向套利又叫空头套利，正向套利出现在股指期货的价格被高估的时候，即股指期货的市场价格高于理论模型所确定的均衡价格的上限。当这种机会出现时，投资者应在卖出股指期货合约的同时买入同现货指数相匹配的股票组合，并在未来某个时点在股指期货价格回归到其均衡水平时，如到交割日股指期货价格被强制收敛于股票市场指数时，均衡价格关系成立，此时买入期货合约同时卖出股票组合，结束交易，以获得无风险收益。

（2）反向套利。反向套利又称多头套利，反向套利出现在股指期货价格被低估的时候，即股指期货的实际市场价格低于理论模型所确定的均衡价格的下限的时候。当这种机会出现时，投资者应在买入股指期货合约的同时卖空同股票指数相应的股票组合（但这种情况应视股票市场是否允许卖空、对卖空的基本要求和卖空量的限制），等未来两者价格趋于均衡水平时，再同时将两个市场的头寸进行平仓处理，以获取无风险收益。进行这种套利交易的前提是能够卖空指数现货，如果不能够进行卖空，那么也就无法进行反向套利。

**2. 股指期货期现套利的现货构建方法**

（1）完全复制模拟指数法。完全复制模拟指数法是指直接按照标的指数中各个成份股的权重来买卖成份股构建现货组合，并使用该现货组合与股指期货进行套利交易。把指数中所包含的股票全部复制到投资组合中，个股投资比例和标的指数完全相同。因为投资组合依据指数编制的成份股和权重买进股票，是指数的完全复制，显然其与标的指数股票完全相同。

（2）优化抽样法复制指数法。优化抽样法复制指数法是指首先把标的指数各个成份股按照一定的标准进行标示，然后使用计量模型拟合成分股和指数，选择使现货组合跟踪误差最小的成份股及其权重。

（3）市值加权法。市值加权法是根据股票指数成份股的市值权重，按从大到小的顺序，选取排在前 N 位的股票来模拟股票指数，各股票在模拟组合的权重比例与成份股在指数中的市值比例一致，但由此产生的问题是挑选出来的成份股的市值权重之和小于 100%。因此，在模拟组合的总权重和指数总权重之间有一个权重放大系数。

（4）ETF 组合法。使用 ETF 基金来模拟标的指数是较好的现货模拟方法，拟合度较高，跟踪误差较小。ETF 的优点在于：首先，ETF 基金具有交易成本低、交易方便、交易效率高等特点；其次，ETF 采用完全被动的指数化投资策略，管理费较低，操作透明度较高，可以让投资者以较低的成本投资于一篮子标的指数成份股。

**3. 股指期货期现套利模型**

整个期现套利活动的交易成本和跟踪误差损益为：

$$\text{交易成本} + \text{跟踪误差损益} = 2(F_{(t)} + S_{(t)})C_R + S_{(t)}T_E$$

股指期货期现套利的无套利区间为：

$$\left[\frac{e^{\frac{(r-d)(T-t)}{365}} - 2C_R - T_E}{1 + 2C_R}, \frac{e^{\frac{(r-d)(T-t)}{365}} + 2C_R + T_E}{1 - 2C_R}\right]$$

其中，$t$ 为时间变量。$T$ 为股指期货近月合约的到期交割日。

$F_{(t)}$ 为 $t$ 时的股指期货价格。

$S_{(t)}$ 为 $t$ 时的股指现货价格。

$r$ 为无风险年利率。

$d$ 为指数的年股息率。

$T_E$ 为套利期间（$T-t$ 期）现货模拟的跟踪误差，它表示从套利现货头寸建立之日起到期货合约到期日止的期间内现货模拟组合与标的指数的收益率误差值。

$C_R$ 为期现套利的单向交易成本（包括：单向期货与现货买卖的融资成本、交易手续费、市场冲击成本等），用百分比表示。

$P_R$ 为股指期货与股指现货的价格比。即：$P_R = \frac{F_{(t)}}{S_{(t)}}$

根据上述无套利区间，当期现价格比 $P_R$ 处于无套利区间之外时，即为可触发条件。

（1）正向套利的触发条件、终止条件与收益。

正向套利的触发条件：期现价格比 $P_R > \frac{e^{\frac{(r-d)(T-t)}{365}} + 2C_R + T_E}{1 - 2C_R}$

终止条件：期货合约到期或期现价格比 $P_R$ 回落到无套利区间内。

正向套利的总收益率为：

$$\frac{S_{(t2)}}{S_{(t1)}}-\frac{F_{(t2)}}{F_{(t1)}}-2C_R-T_E$$

（2）反向套利的触发条件、终止条件与收益。

反向套利的触发条件：期现价格比 $P_R<\dfrac{e^{\frac{(r-d)(T-t)}{365}}-2C_R-T_E}{1+2C_R}$

终止条件：期货合约到期或期现价格比 $P_R$ 回落到无套利区间内。

反向套利的总收益率为：

$$\frac{F_{(t2)}}{F_{(t1)}}-\frac{S_{(t2)}}{S_{(t1)}}-2C_R-T_E$$

### （二）股指期货跨期套利

股指期货跨期套利是指利用不同月份的两种股指期货合约的价格或者价差关系，在买入或者卖出某一月份的股指期货合约的同时，卖出或者买入另一月份的股指期货合约，并在未来某个时间，如期货合约的到期日，同时将两个期货合约进行平仓的套利交易方式。股指期货跨期套利主要包括三种类型：

（1）牛市套利：当投资者当预期股票指数继续上涨（股市牛市），即预期较近月份合约的价格上涨幅度大于较远月份合约的价格上涨幅度，或者预期较近月份合约的价格下降幅度小于较远月份合约的价格下降幅度时，无论市场是处于上升态势还是处于下降态势，投资者均可以买进较近月份合约的同时，卖出较远月份的合约进行套利，这种套利方法，就称为牛市套利。

（2）熊市套利是指买入较远月份的合约同时卖出近期月份的合约的套利。当预计较远月份的合约价格上涨幅度大于较近期合约的上涨幅度，或者较远月份的合约价格下降幅度小于较近期的下降幅度时，可通过熊市套利获利。因为这两种情况均表示近期合约的市场走势弱于远期合约，所以称为熊市套利。

（3）蝶式套利是由两个方向相反、共享中间交割月份的跨期套利的组合，可以看作是一个牛市“套利”与一个熊市“套利”的组合，即同时进行三个交割月份的合约买卖，通过中间交割月份合约与前后两交割月份合约的价差的变化来获利。

### （三）跨市场套利

跨市场套利是指在不同市场之间进行的套利行为，尤其是当同一股指期货合约在两个或更多的交易所进行交易时，由于区域间的时区差别和地理差别，各合约间存在一定的价差关系。套利者可以在两个交易所对两种类似的期货合约同时进行方向相反的交易。

### （四）跨品种套利

跨品种套利指的是利用两种不同的、但相互关联的股指期货产品之间的价差进行交易。这两种指数之间具有相互替代性或受同一供求因素制约。跨品种套利的交易形式是同时或几乎同时买进和卖出相同交割月份但不同种类的股指期货合约。

## 三、因子选股

因子选股的基本假定就是股票的未来收益率受到上市公司的财务指标以及其他市场指标的影响，并且相信历史能够重演，期望通过历史数据找到有效因子，继而通过有效因子寻找那些有投资价值的公司股票，构建可以战胜市场、获得稳定超额收益的投资组合。

### （一）常用选股因子

（1）估值因子：市盈率，市净率，市销率，市现率，企业价值倍数，PEG；

（2）盈利能力因子：销售净利率，毛利率，净资产收益率，资产收益率，营业费用比例，财务费用比例，管理费用比例，息税前利润与营业总收入比；

（3）成长因子：营业收入增长率，营业利润增长率，净利润增长率，每股收益增长率，净资产增长率，股东权益增长率，经营活动产生的现金流增长率，ROA 增长率，ROE 增长率，毛利率增长率；

（4）规模因子：流通市值，总市值，自由流通市值，流通股本，总股本；

（5）营运类因子：总资产周转率，存货周转率，应收账款周转率；

（6）技术类因子：1 个月日均换手率，3 个月日均换手率，量比，股价振幅，日收益率标准差。

### （二）多因子模型的构建

#### 1. 基于因子排序的多因子模型

基于因子排序的多因子模型的主旨思想是将多个因子按照大小分别排序，选择出排名靠前的股票构建投资组合。该模型认为因子的大小与股票的未来收益之间存在着一定的相关关系。不论这个相关关系是正向的还是反向的，只要这个相关关系得到确认，就可以作为选股的依据。基于因子排序的多因子模型在排序前需要明确因子的重要程度，重要的因子放在前面，次要的因子放在后面。也就是说先按照重要的因子排序选出一个股票集合。然后再按照次要的因子排序，选出一个股票集合。最终选出符合要求的投资组合。具体操作步骤如下：

（1）明确需要因子的个数以及因子的类型，构建合理的选股逻辑。

（2）从各大类因子中选择合适的具体因子，寻找最优秀的因子组合，对因子组合进行排序，确定主要选股因子和次要选股因子。

（3）依次按照主要选股因子和次要选股因子进行排序。

（4）对因子组合的超额收益和因子组别进行相关性分析，如果通过检验，就可以认为该因子组合有效。然后从时间序列维度对因子组合的历史表现的稳定性做进一步的检验。如果不能通过稳定性检验，就认为该因子组合是无效的，则需要重复第（2）到第（4）步的操作。

（5）对于能够在实盘交易中获得稳定收益的因子组合予以保留；反之则删除。

**2. 基于因子回归的多因子模型**

基于因子回归的多因子模型采用多元线性回归的方法，通过线性回归，对因子和未来收益之间的线性关系进行评估。基于因子回归的多因子模型具有基于数据挖掘量化投资模型的特性，可以更高效地在历史数据中发现一些有效的因子组合。具体操作步骤如下：

（1）对单因子进行因子有效性检验，如果因子表现与因子的取值具有较强的线性关系，那么就可以将该因子纳入多因子模型中进行回归，然后选出股票进行评估。

（2）用 Fama－Macbeth 的检验方法对上面的多因子模型进行检验。如果通过检验，那么就认为该因子的线性关系可以得到确认，否则需要导入其他的因子，重新构建回归方程。

（3）假定上述回归关系是可以在下一期继续得到保留，则将最新一期的因子值代入到回归方程中，得到回归方程的预测值，然后根据预测值的大小对股票进行排序，选出取值较高的那一组股票作为投资组合。

（4）把根据多因子模型选出的股票进行历史回测，通过观察投资组合在历史行情中的表现检测其稳定性。

**3. 基于打分的多因子模型**

基于打分的多因子模型通过对因子打分，赋予因子权重，并对得分进行加总的方式从股票池中筛选出符合投资管理人风格的股票。该模型适合具有较丰富投资经验的投资经理进行实盘跟踪和维护。

# 实验一　统计套利策略实践

【实验目的与要求】

本实验的目的在于深化对统计套利原理的理解，熟悉统计套利的交易步骤，掌握统计套利重要参数的设置方法。

【实验准备】

1. 理解统计套利原理，熟悉协整检验等相关统计操作；
2. 根据实验目的与要求，做好实验准备工作；
3. 按照实验课教师的安排，在指定设备上机；
4. 调试设备，保证实验设备能够正常运行以及相关网络设备连接通畅。

【实验步骤】

1. 选择一台能够正常运行并且联网的计算机；
2. 检查是否安装有证券分析软件系统和证券模拟交易系统，并能正常运行；
3. 检查网络连接和证券行情数据接收是否正常；
4. 启动证券行情分析软件；
5. 在银行业上市公司中，从收益率相关性、股价协整性检验以及价差形态三个方面选择合适的配对公司股票；
6. 计算配对股票之间价差的标准差 $\sigma$；
7. 分别以配对股票价格的价差达到 $0.75\sigma$、$\sigma$ 和 $1.5\sigma$ 作为开仓触发条件，价差回复到均值时平仓，价差达到 $2\sigma$ 作为止损标准，进行模拟交易；
8. 比较不同开仓触发条件下的模拟交易收益率，并分析影响收益率的原因；
9. 尝试调整开仓、平仓和止损的条件参数，观察模拟交易收益率的变化情况，寻求最优参数设置。

具体实验流程如图 9 – 1 所示。

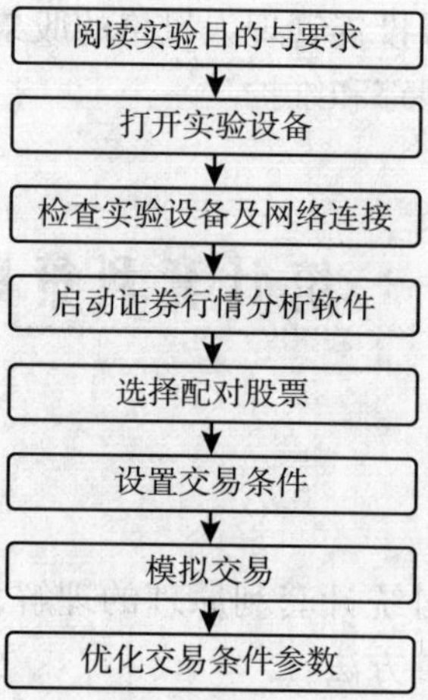


**图9-1　实验一基本流程**

【实验总结】

统计套利能够基于股票交易历史数据的分析，发现股票价格间长期有规律的相关性，构建中性的套利组合，对冲市场风险，捕捉更多的交易机会，获取稳定的回报。统计套利的交易参数需要通过理论计算和实践操作不断进行调整和优化。

【思考题】

1. 什么是统计套利的原理？
2. 如何调整统计套利交易的交易条件参数？

## 实验二　股指期货期现套利实践

【实验目的与要求】

本实验的目的是学习股指期货的套利原理，掌握股指期货期现套利交易条件的设置和收益率计算方法，熟悉股指期货期现套利的操作流程。

【实验准备】

1. 熟悉股指期货期现套利的原理和交易思路；

2. 根据实验目的与要求，做好实验准备工作；
3. 按照实验课教师的安排，在指定设备上机；
4. 调试设备，保证实验设备能够正常运行以及相关网络设备连接通畅。

【实验步骤】

1. 选择一台能够正常运行并且联网的计算机；
2. 检查是否安装有证券分析软件系统和证券模拟交易系统，并能正常运行；
3. 检查网络连接和证券行情数据接收是否正常；
4. 启动证券行情分析软件；
5. 下载沪深300指数期货主力合约近三个月的交易数据；
6. 合理设置无风险年利率、股票指数的年股息率和现货指数跟踪误差；
7. 计算期现套利的交易条件并进行模拟交易；
8. 计算模拟期现套利交易的收益率；
9. 分析期现套利交易收益率的影响因素。

具体实验流程见图9－2。

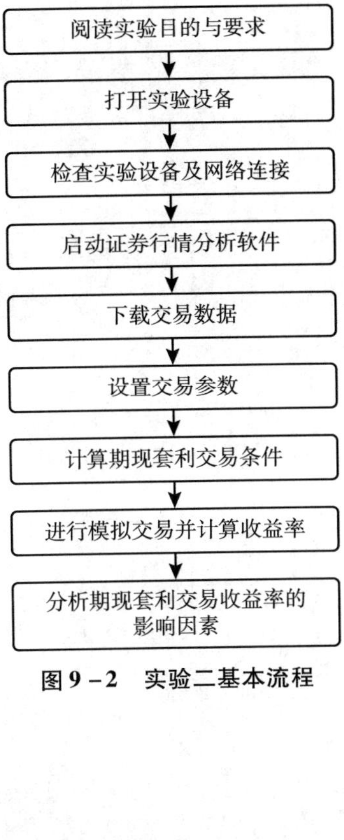


**图9－2　实验二基本流程**

【实验总结】

期现套利是一种重要的股指期货套利策略。通过实验，加深对股指期货期现套利原理的理解，掌握套利触发条件和终止条件的判别方法，以及关键参数的设置方法和套利收益的计算方法。

【思考题】

1. 什么是股指期货期现套利的原理？
2. 股指期货期现套利的触发条件如何计算？

## 综合思考题

1. 量化投资的关键技术环节是什么？
2. 如何控制量化投资的风险？

第十
实验单元

# 综合性证券模拟投资实践

- 实验一　基本分析和技术分析方法在投资决策中的配合应用
- 实验二　投资组合思想在投资实践中的应用
- 实验三　风险控制技巧在投资实践中的应用

# 实 验 目 的

1. 进一步理解基本分析法和技术分析法在证券投资决策中的应用及各自优势、劣势，学会将两种分析方法结合起来进行证券投资决策。在投资实践中，培养投资者全面综合的投资分析意识和缜密的分析能力。

2. 进一步理解组合投资的意义，将分散化投资的思想应用于投资管理实践，体会组合投资的意义。

3. 通过综合性模拟训练体会主动投资策略和被动投资策略的差异。

4. 掌握常见的风险控制技巧与策略，并在投资实践中能加以适当的运用。

5. 根据投资者的收益与风险偏好，制订合适的投资计划。

# 本单元知识要点

## 一、基本分析和技术分析方法的比较及其在投资实践中的应用

基本分析法和技术分析法是证券投资决策最常用的方法。两种分析方法的假设前提、理论基础、具体的分析方法和应用的侧重点各不相同，但两者的根本目的都在于帮助投资者进行证券投资决策，同时两种方法也各有特点。

第一，基本分析法和技术分析法的假设前提不同。基本分析派认为：(1) 证券都有内在价值，其高低主要取决于发行公司的获利能力等基本因素。(2) 证券价格经常偏离其内在价值，但迟早会向它的内在价值调整。(3) 基本分析就是对证券内在价值和未来成长性的分析，通过理论价值与市场价格相比较，确定交易时机和交易对象。而技术分析派认为：(1) 市场行为包容消化一切，价格反映所有信息。(2) 价格以趋势方式演变。(3) 历史会重演。由此可见，基本分析和技术分析基于完全不同的假设前提。

第二，基本分析法和技术分析法的分析方法不同。基本分析从宏观经济、产

业发展、区域发展和公司基本面入手，通过宏观经济变量、产业生命周期、公司财务指标等因素，分析证券的内在价值及其未来走势。技术分析预测市场价格变化的未来趋势，以图表分析和指标分析为主要手段。技术分析基于市场的过去行为，包括价格、成交量、时间、空间，目的是揭示市场行为将引起价格作何种变化。技术分析主要有以下流派：K 线图分析法；趋势分析法；形态分析法；技术指标分析法；波浪理论。

第三，基本分析法和技术分析法的应用侧重的方面不同。基本分析是根据宏观经济、产业发展和公司状况的未来走势进行推断，从而预测证券的未来走势，分析的结果具有超前性。而技术分析是基于已经实现了的各种技术指标进行未来趋势的预测，分析结果具有滞后性。基本分析通过对证券内在价值的估计进行投资决策，应用于选择股票的类别。而技术分析通过对股票价格的变动趋势进行预测，应用于买卖股票的具体时机。

第四，基本分析是对宏观经济和公司前景的预测，而宏观经济形势和公司发展状况具有长期延续性，因而基本分析主要应用于中长线投资。技术分析以股票价格的变化趋势为基础，主要应用于短线投资。

第五，基本分析和技术分析各自的局限性。基本分析以证券内在价值的判断为基础，以宏观经济形势、公司发展趋势的判断为手段，精于长期预测，对影响证券走势的短期事件反应不敏感，对短线操作缺乏指导意义。而技术分析以历史趋势预测未来证券价格走势，精于证券短期走势的判断，在预测证券的长期走势中存在必然的局限性，对中长线投资缺乏说服力。

总之，在进行证券分析中，基本分析和技术分析是最普遍的两种分析思路。然而，基于不同的假设前提和分析方法，基本分析和技术分析应用的角度也各不相同。实际上，基本分析和技术分析应该作为证券分析这个整体性任务中的不同分工，统一于投资者的投资决策活动。根据具体情况而侧重于基本分析或技术分析，当出现价值变化时，首先利用基本分析进行价值判断，分析价格与价值的偏离程度，并利用技术分析把握恰当的交易时机。

## 二、组合投资思想在投资实践中的应用

哈里·马柯维茨于 1952 年建立现代资产组合管理理论，说明风险和收益之间的权衡关系。由于马柯维茨资产组合理论要求有完整的证券收益、方差、证券间的协方差的数据，现实中的应用对数据处理要求较高，限制了其理论的广泛运用。其学生威廉·夏普对这方法进行了改进，把单个证券与某一个共同因素联系

起来，使得证券间的协方差的计算通过这个共同因素而大大简化，在实际中把这个共同因素假定为某一市场指数，从而使得理论很好地应用于投资实践，这一理论被称为单指数模型（single index model）。随着计算机技术的发展，现代投资组合理论越来越多地应用于投资实践活动中。

根据组合分散化非系统风险的特点，当组合中证券的数量达到10~20种时，可以将大部分的非系统风险加以分散，因此，在实际的投资组合管理中，并不意味着组合中证券的数量越多越好。

另外，投资者在构建分散化组合时，除了考虑组合中证券的数量外，分散化思想还包括资产大类的分散、同类资产中不同证券的分散、交易时间的分散、证券期限的分散等方面。

首先，在资产组合的资产大类的选择上，可以考虑在债券、股票、衍生证券、不动产、黄金、外汇等各类资产上的分散。

其次，在同类资产中，也要考虑在不同种类证券上的分散。比如，在股票类资产的选择上，需要在不同行业、同行业股票在不同公司上进行分散配置。

再次，要考虑在交易时间的分散。投资者在实际投资决策中，根据宏观经济形势、公司的兼并、重组、扩股等重要事项、技术指标的未来走势等，选择入市的具体时机和投入资金的比例。通常，投资者为了分散未来的不确定性风险，把资金分为几个部分，在不同的时点分别进行买卖操作，在一定程度上避开了特定时期、特定事件对股票价格走势的影响，适时买入和卖出。

最后，要考虑投资的资产在期限上的搭配。各个资产的不同期限对应不同的风险和收益。根据宏观经济的变化、公司发展的状况、技术指标的指示等，灵活配比组合中的证券的投资期限，使风险和收益达到最优的权衡关系。比如，在债券的组合管理中，合理利用债券的久期进行资产配置，可以有效地控制金融机构的资产和负债的利率风险。

组合投资是在具体分析了单个资产的收益、风险之后，根据资产间的协方差寻找各个证券的持有的最佳比例，以达到投资组合资产的收益、风险最优权衡，满足投资者的效应最大化要求。

## 三、常见的投资策略与风险控制技巧

投资者的风险厌恶等级、专业知识、时间充裕度、资金来源成本等都导致不同的投资者采取不同的投资策略。以下介绍一些主要的投资策略，在实际投资决策中，投资者可根据自身的情况和投资理念的不同加以选择。

### （一）投资三分法

投资三分法是最普遍、最流行的一种方法，它的主要思想是将投资者的资金分为三部分，分别投资于高、中、低三种风险的投资对象上，从而使资产组合的风险和投资者的风险厌恶等级相匹配，使风险和收益达到最优权衡。

一般的做法是：把1/3的资金存入银行；1/3的资金用来投资风险较小的债券；1/3的资金投资于风险相对较大，收益较高的股票。而在股票上也可同样采用三分法：把1/3的资金投资于风险相对较低的优先股；1/3的资金投资于有发展前景的成长性股票；1/3的资金购买收益较高的普通股股票。

采用投资三分法，既考虑了降低风险的要求，又考虑了收益增长的需要，是一种稳健的投资方式。

### （二）顺势投资法

顺势投资法是指投资者顺着股价走势买卖股票，根据股价变动特点采取相应行动。

一方面，投资者可根据股价的周期性变动进行投资。股价变动具有周期性，可以分为三种趋势：长期趋势、中期趋势和短期趋势。长期趋势可持续一年以上，一个长期趋势包括上涨趋势的多头市场和下降趋势的空头市场。中期趋势是长期趋势的中间性离心变化，是上升的多头市场跌落，下跌的空头市场股价上升，一般持续到两周到三个月之间。短期趋势是指股价两周以内的变动。投资者进行长期投资时，可在长期趋势的底段和中期买入，持有到高段卖出。若进行中期投资，可在股价中期趋势的底段买入，于股价上涨一段后卖出。

另一方面，投资者可根据股价变动的阶段性进行投资。在股价变动的一个周期内，可分为上升阶段、下跌阶段和盘整阶段。投资者可根据具体时机适时买入卖出，而在股价盘整阶段需要谨慎投资，等待趋势明朗再做决策。

### （三）保本投资法

首先明确证券投资中的“保本”，不是指保住投资者投入的总金额，而是投资者在投资决策之前主观预期的不能被亏损的那部分资金，它只占投资总金额的一部分。保本投资法是投资者避免资金“血本无归”的一种策略，适用于经济前景不明朗，投资者对未来股价走势不能做出明确判断的情形。

保本投资法主要强调的是卖出决策的选择，包括对获利卖出点和停止损失点的选定。获利卖出点，即投资者的资产获得一定的收益率的时候，果断卖出的那一点。这个时候只是卖出投资者保本的那一部分，并不是卖空所有头寸。停止损失点，即股价下跌以致资产缩减到投资者主观预期的“本”的时候，坚决卖出的点。停止损失点是为了避免过分亏损而制定的。需要强调的是，在确定好获利卖出点和停止损失点后，要坚决予以执行。不能抱着侥幸心理认为股价会继续涨停或改跌为涨而放弃原则，其目的是锁定既得收益或避免损失的进一步扩大。

### （四）基本的风险控制技巧

除了上述的一些投资策略之外，掌握必要的风险控制技巧，同样是投资者的投资决策不可或缺的。

证券投资的风险通常分为两类：系统风险和非系统风险。系统风险主要有市场风险、利率风险、政治风险等，与市场的整体运行状况相关联；非系统风险主要有经营风险、违约风险、财务风险等，与某个具体的证券相关联，而与其他证券无关。

止盈、止损点的选择是最常见的风险控制技巧，投资者可以根据自身的风险厌恶等级进行具体的选择。

**1. 止损点的选择**

投资者投资于证券市场，最重要的是控制风险，保护投入资金的安全，在此基础上才是考虑获得收益的可能性。投资者应根据自身风险厌恶等级，结合基本分析和技术分析的结论，设立恰当的止损点。止损点的设立一般有三种方式：

（1）设立止损比例。例如，买入某只股票后股价下跌超过10%，则卖出该股票，避免更大的损失。

（2）设立止损价位。假设以10元价格买入某只股票，当股价跌破9元时，果断卖出，防止股价进一步下跌造成更大的损失。

（3）设立止损时间。当买入某只股票后，根据该股票的基本分析和技术分析的结论，预期在买入后的某一特定的时点卖出，无论此时股价是涨或跌。

**2. 止盈点的选择**

止盈点的选择在牛市尤为重要。投资者买进某只股票后，应根据投资者的收益预期、股票的支撑价位、未来前景等综合考虑设立止盈点，从而避免由于判断失误或过于乐观而丧失已经获得的潜在收益。止盈的方式有静态止盈和动态止盈两种方式。

（1）静态止盈：投资者买入某只股票后，当股价达到预定的目标价位时，坚决卖出，锁定收益，避免股票由涨入跌，投资受损。

（2）动态止盈：当买入股票盈利时，若股票的基本面完好，股价上升趋势依旧，题材未尽等原因导致股票上涨空间较大，此时应继续持有，并且根据市场行情的变化不断调整止盈点的位置，从而使收益最大化。

## 四、投资计划的制订

在掌握了基本分析和技术分析方法，建立了组合投资思想，学会了常见的投资策略和风险控制技巧之后，在进行具体的投资活动之前，投资者应结合自身风险厌恶等级、收益预期、投资环境和条件等主观因素制订具体的投资计划，明确投资活动中的各个步骤，对投资活动有宏观的布局和考虑，以实现投资效用最大化。投资计划的制订包括以下几个方面：

### （一）确立投资目标

确立投资目标是制订证券投资计划的第一步，证券投资的目的是投资者的效用最大化。然而，在实际中不同的投资者各自拥有不同的动机。通常投资者有以下几种投资目标：

（1）追求证券收益最大化；
（2）对原有资产进行套期保值的需要；
（3）期望掌握上市公司的经营权；
（4）着眼于上市公司的特有资产如专利、技术、商标等。

### （二）收集、整理、分析资料

在投资者确立投资目标之后，进行证券信息的收集、整理、分析工作是非常重要的。投资者所需要的资料信息通常来源于以下几个方面：

（1）来自上市公司的公开资料如招股说明书、财务报表等；
（2）来自证券监督管理委员会的资料如统计年鉴、统计月报、公告白皮书等；
（3）来自沪、深交易所的公告、交易信息披露等资料；
（4）来自大众传媒的信息如新闻报道、公告、报刊等；
（5）来自证券分析专家的评论。

投资者收集到的资料纷繁复杂，需要进行甄别处理并加以分析。

### （三）投资环境和条件分析

投资者在制订证券投资计划时，最重要的是客观地评判自身的风险承受能力和预期的收益要求。投资者据此确定投资对象，选择恰当的投资策略和风险控制技巧，实现投资目标。

在实践中，需要考虑以下投资环境：

（1）投资资金的来源及其稳定性；

（2）对投资收益的依赖程度；

（3）自身的专业投资知识和经验的多寡；

（4）投资者进行投资活动的时间充裕度；

（5）投资者对证券价格波动的心理承受能力。

### （四）投资策略的制定

由于不同投资者有不同的投资目标和风险承受能力，因此，在投资计划中要根据具体的情况选择适合的投资策略。

### （五）风险控制技巧

在证券投资活动中，收益与风险一般表现为正相关关系，因此风险和收益的权衡就显得尤为重要。证券的风险既有系统性风险，又有非系统性风险。投资者在自身风险厌恶等级的约束下，选择恰当的风险控制技巧使得在一定的风险范围内收益最大或一定的收益下风险最小，最终达到投资效用最大化。

### （六）投资决策动态实时调整

由于投资环境是动态变化的，影响证券价格波动的因素也实时变化，致使当前环境下做出的最优决策在未来某一时间变成次优决策甚至导致可能损失的投资决策。因此，投资者在确定了投资目标，选择了恰当的投资策略和风险控制技巧之后，还应该根据证券实时行情的变化进行投资决策的动态调整。

## 实验一　基本分析和技术分析方法在投资决策中的配合应用

【实验目的与要求】

1. 帮助学生进一步理解基本分析法和技术分析法在证券投资决策中的应用，熟悉两种分析方法各自存在的优、劣势和主要应用范围。

2. 学会在证券投资决策中配合使用两种分析方法，以提高决策的科学性和准确性。要求学生在实验过程中，能同时应用基本分析法和技术分析进行投资决策训练。

3. 通过模拟操作体会基本分析和技术分析在具体的实践应用中各有侧重。

【实验准备】

1. 选择一台能够正常运行并且联网的计算机；

2. 检查是否安装有证券分析软件系统和证券模拟交易系统，并能正常运行；

3. 检查网络连接和证券行情数据接收是否正常。

【实验步骤】

1. 启动证券行情分析软件；

2. 启动证券模拟交易系统；

3. 连接行情服务器；

4. 根据基本面分析法在沪深两市上市的 A 股中选择 5 ~ 8 种股票作为潜在的投资对象，依据技术分析法选择恰当的买卖时机进行模拟投资训练；

5. 跟踪基本面和技术面的变化，及时调整投资对象，把握交易时机，时间至少 3 个月。

具体流程如图 10 – 1 所示。

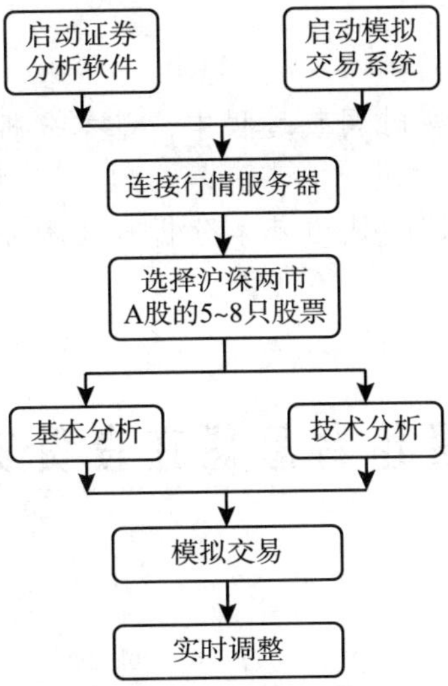


**图 10 – 1　基本分析和技术分析综合应用**

【实验总结】

基本分析法和技术分析法是投资决策总常用的两种分析方法，二者各有优、劣势。在实际投资决策活动中，常把二者结合起来应用，统一于投资者的投资决策过程中，根据不同情况而有所侧重。

基本分析从宏观经济、行业发展状况和公司基本面入手，通过宏观经济变量、行业生命周期、公司财务指标等因素，分析证券的内在价值及其未来走势。技术分析预测市场价格变化的未来趋势，以图表分析和指标分析为主要方法。技术分析基于市场的过去行为，包括价格、成交量、时间、空间，目的是揭示市场行为将引起价格作何种变化。

基本分析是根据宏观经济、产业发展和公司状况的未来走势进行推断，从而预测证券的未来走势，分析的结果具有超前性，而宏观经济形势和公司发展状况具有长期延续性，因而基本分析主要应用于中长线投资。而技术分析是基于已经实现了的各种技术指标进行未来趋势的预测，分析结果具有滞后性，主要应用于短线投资。基本分析通过对证券内在价值的估计进行投资决策，应用于选择股票的类别。而技术分析通过对股票价格的变动趋势进行预测，应用于买卖股票的具体时机。

基本分析精于长期预测，对影响证券走势的短期事件反应不敏感，对短线操作缺乏指导意义；而技术分析精于证券短期走势的判断，在预测证券的长期走势中存在必然的局限性，对中长线投资缺乏说服力。

【思考题】

1. 在对投资决策进行实时调整过程中，基本分析和技术分析各自对哪些因素反应敏感？

2. 通过模拟交易实践，你认为基本分析和技术分析方法哪个更适合中国的证券市场？

## 实验二　投资组合思想在投资实践中的应用

【实验目的与要求】

本实验的主要目的是于帮助学生进一步了解现代投资组合理论的发展脉络及

其主要思想的基础上，根据证券风险和收益的关系，通过分散化投资理解组合投资的好处和意义。

【实验准备】

1. 选择一台能够正常运行并且联网的计算机；

2. 检查是否安装有证券分析软件系统和证券模拟交易系统，并能正常运行；

3. 检查网络连接和证券行情数据接收是否正常。

【实验步骤】

1. 启动证券行情分析软件；

2. 启动证券模拟交易系统；

3. 连接行情服务器；

4. 在沪深 A 股市场中选择一定数量的股票构建一投资组合进行组合投资；同时选择一只股票进行集中投资；

5. 跟踪组合中每只股票的基本面和技术面的变化，根据市场环境的变化调整组合中各个股票的比例，使得资产组合的风险和收益在动态中达到最佳的匹配；

6. 跟踪投资 3 个月后，比较股票组合和单一股票收益的变化。

具体流程如图 10－2 所示。

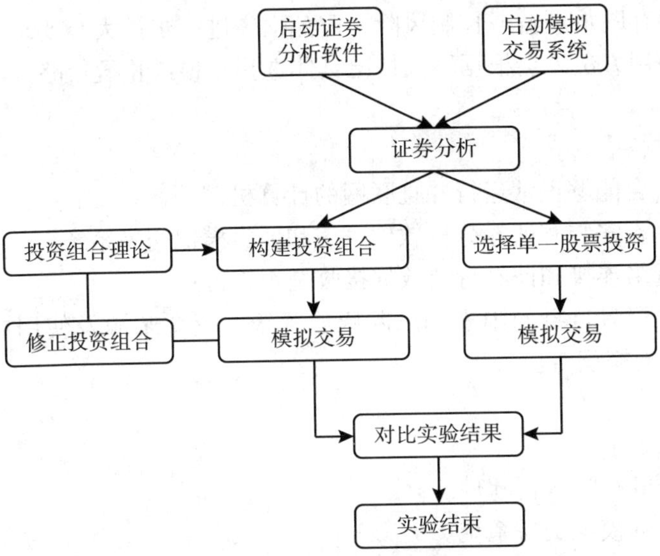


**图 10－2　投资组合思想在实践中的应用**

【实验总结】

从长期来，组合投资在不至于大幅降低组合的收益的同时可以有效地降低组合的非系统性风险，提高投资者的效用水平；而单一的集中投资则有可能承担较大的风险，甚至存在产生巨大亏损的可能。通过实验，大家应该树立分散投资的理念，避免单一投资可能造成巨大风险的情况。

【思考题】

1. 有些分析师认为散户投资者由于资金量小，没必要将资金进行分散投资，建议集中投资。你对此有何看法?

2. 你在构建证券组合的时候主要考虑了哪些因素?

## 实验三　风险控制技巧在投资实践中的应用

【实验目的与要求】

本实验的主要目的是帮助同学们学会在投资管理实践中通过采取恰当的风险控制技术来保存既得利益或控制风险，避免损失进一步扩大。要求同学们要风险控制技巧的使用方法，会根据不同情况具体选择止损或止盈策略。

【实验准备】

1. 选择一台能够正常运行并且联网的计算机；

2. 检查是否安装有证券分析软件系统和证券模拟交易系统，并能正常运行；

3. 检查网络连接和证券行情数据接收是否正常；

4. 确定投资者自身的因素如风险厌恶等级、资金来源及使用成本、投资专业知识、时间充裕度等。

【实验步骤】

1. 启动证券行情分析软件。

2. 启动证券模拟交易系统。

3. 连接行情服务器。

4. 根据投资者自身的风险厌恶等级、资金来源及使用成本、投资专业知识、时间充裕度选择恰当的投资策略和风险控制技巧。在此模拟活动中，分别选择严格执行止损（止盈）策略和不严格执行止损（止盈）策略以对比两者的投资业绩的差异。

5. 根据市场行情的变化，实时调整投资者的投资策略，修正投资者的风险控制技巧，使投资者的效应达到动态最大化。

6. 对投资业绩进行评估，比较严格止损（止盈）策略和不严格止损（止盈）策略在投资业绩的差别。

具体流程如图 10－3 所示。

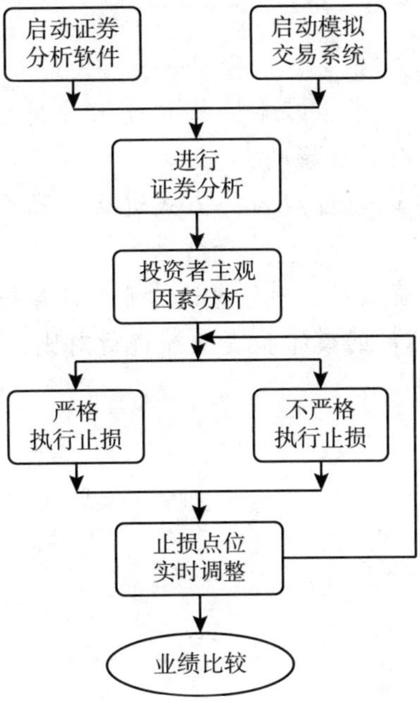


**图 10－3　风险控制技巧的综合应用**

【实验总结】

证券投资是一项高风险的活动，在价格瞬息万变的市场中，学会采取必要的措施控制风险、保存实力是投资成功的关键。在投资实践活动中，应该根据具体的市场行情设立恰当的止损点位，并且严格执行。尽管某些时候不严格执行止损点位能获得更好的投资业绩，但是严格执行止损点位避免了损失的进一步扩大，控制了风险，保证了投资资金的安全。因此，投资者在实际投资活动中应该严格执行止损措施，理性投资。通过本实验，同学们应深刻理解止损在证券投资活动中的重要意义。

【思考题】

1. 你的投资策略是否带来预期的投资结果？结合你的投资业绩进行分析。

2. 在你的模拟投资实践中，止损策略是否坚决执行？如果不严格执行止损的业绩比严格执行止损的业绩高，分析其原因？

# 综合思考题

1. 在你的投资实践环节中，基本分析和技术分析担当什么角色？二者分析结果的准确度对投资结果有什么影响？

2. 消除非系统风险可以通过组合的方式进行。那么对于系统性风险应当如何防范？

3. 通过综合性模拟投资训练，对你身边的业余证券投资者你有何理性的建议？

4. 跟你的同学（小组）的模拟投资业绩进行对比，总结你的经验和教训。

# 主要参考文献

[1] 吴晓求:《证券投资学》(第四版), 中国人民大学出版社 2014 年版。

[2] 丁忠明:《证券投资综合实验教程 (新 1 版)》, 高等教育出版社 2015 年版。

[3] 张文云:《证券投资实验教程》, 中国金融出版社 2006 年版。

[4] 杨伯元、赵宝元:《证券投资实务实验教程 (第 2 版)》, 东南大学出版社 2008 年版。

[5] 林玮、陈宝熙:《证券投资实验》, 经济科学出版社 2008 年版。

[6] 李健元: 《证券、期货、外汇模拟实验》, 东北财经大学出版社 2008 年版。

[7] 张为群:《证券投资实验与实训》, 化学工业出版社 2008 年版。

[8] 杨老金、邹照洪:《证券市场基础知识》, 经济管理出版社 2008 年版。

[9] 苏杨:《证券交易》, 上海财经大学出版社 2007 年版。

[10] 周佛郎:《经典股市理论及零风险实战策略》, 清华大学出版社 2006 年版。

[11] [美] 沙伊莫 (Sheimo. M.) 著, 金德环译:《国际证券市场百科全书》, 上海财经大学出版社 2005 年版。

[12] 中国证监会证券从业人员资格考试委员会办公室:《证券投资分析》, 上海财经大学出版社 2004 年版。

[13] 谢百三:《证券市场的国际比较》, 清华大学出版社 2003 年版。

[14] 顾顺、戴涛译:《股票市场导论》, 北京大学出版社 2001 年版。

[15] 陈共等:《证券投资分析: 基本分析 · 技术分析 · 风险管理》, 中国财政经济出版社 2000 年版。

[16] 周正庆:《证券市场导论》, 中国金融出版社 1998 年版。

[17] 陈晓云:《中国股票市场》, 商务印书馆 1998 年版。

[18] 徐国祥:《证券投资分析》, 上海三联书店 1997 年版。

[19] 杨惠民:《实用证券投资手册》, 立信会计图书用品社 1993 年版。

［20］崔越等：《证券投资实验》，经济科学出版社 2018 年版。

［21］刘俊棋：《证券投资实验教程》，大连理工大学出版社 2017 年版。

［22］王朝晖等：《证券投资学实验教程》，人民邮电出版社 2014 年版。

［23］赵鹏程：《证券投资实验教程（第二版）》，中国人民大学出版社 2018 年版。

［24］Hogan，S.，Jarrow，R.，Theo，M. and Warachka，M. Testing Market Efficiency Using Statistical Arbitrage with Application to Momentum and Value Strategies. Journal of Financial Economics，2004，73：525－565.

［25］中国证券监督管理委员会：http：//www. csrc. gov. cn。

［26］上海证券交易所：http：//www. sse. com. cn/。

［27］深圳证券交易所：http：//www. szse. cn/。

［28］同花顺财经网站：http：//www. 10jqka. com. cn。

［29］东方财富网：http：//www. eastmoney. com。

［30］通达信公司网站：http：//www. tdx. com. cn/。

［31］纽约证券交易所：http：//www. nyse. com。

［32］纳斯达克证券交易所：http：//www. nasdaq. com/。

［33］叩富网：http：//www. cofool. com/。